Open Water

DIVER MANUAL

PADI®

_____

Alumno de Buceo

_____

Domicilio

_____

Población / Estado/Provincia

_____

Teléfono

_____   _____

Instructor   Fecha

PADI
Open Water
Diver Manual

Published by PADI
30151 Tomas
Rancho Santa Margarita, CA 92688-2125 USA

ISBN # 978-1-61381-988-3

Printed in Canada

Product No. 79180S (Rev 1/11) Version 2.11

Agradecimientos

Desarrollo, Consultas y Revisiones
Drew Richardson, Lori Bachelor-Smith, John Kinsella,
Karl Shreeves, Brad Smith, Bob Wohlers, PADI Americas;
Henrik Nimb, Julie Taylor Shreeves, PADI Asia-Pacific;
Richard Evans, PADI Australia; Jean-Claude Monachon,
PADI Europe; Akiyoshi Kubo, PADI Japan; Colin Melrose,
PADI New Zealand; Trond Skaare, PADI Norway;
Hans Olsson, PADI Sweden; Mark Caney, Suzanne Pleydell,
PADI International Ltd.

Jefe de Edición
Drew Richardson

Escritor Técnico
Karl Shreeves

Diseño y Producción
Greg Beatty
Carol Porter
Dail Shroeder
Joy Zuehls

Ilustraciones
Greg Beatty

Fotografía
Karl Shreeves, Bob Wohlers, Michel Verdure

Tabla de contenidos

Introducción

INTRO

Requisitos del curso

PADI

Estructura del curso
Open Water Diver

Cómo usar este
manual y tener éxito
en el curso

Resulta raro la primera vez. Tu máscara. El incómodo equipo, un poco pesado. Te relajas en el agua y sumerges la cara. Inhalas; el aire sale con un silbido reconfortante y, por primera vez, respiras bajo el agua. En un instante te olvidas de tu máscara. Tu equipo se transforma y parece ligero, y te sientes libre como nunca antes te habías sentido. Con esta primera respiración bajo el agua se abre una puerta a un mundo diferente. No es un mundo aparte, pero sin embargo, es diferente.

Atraviesa esa puerta. Tu vida ya no volverá a ser la misma.

Nadie más que tú puede decir qué es lo que te atrae del buceo. Si buscas aventura, la encontrarás en abundancia, ya sea descubriendo secretos en un barco hundido, en un lejano rincón del mundo entre otras gentes y culturas, o a la vuelta de la esquina – más cerca de lo que creías posible.

Si te gusta la naturaleza, has llegado al sitio indicado. Ningún otro entorno ofrece la abundancia, diversidad, dinamismo y cantidad de vida de un arrecife de coral intacto. Puedes ver en diez minutos más especies diferentes que en diez horas en el lugar más salvaje fuera del agua. Pero con el tiempo, te darás cuenta de

que incluso sitios que parecen vacíos y estériles para un ojo inexperto – como un lago o un estanque artificial – están llenos de organismos interesantes – un recordatorio de que la imaginación de la naturaleza supera a la nuestra.

Si te atrae descubrir nuevas cosas, bienvenido a este mundo. Se dice mucho, aunque es cierto, que conocemos mejor la superficie de la luna que el fondo de los océanos. Incluso en los sitios de buceo más populares, verás cosas que la mayoría de la gente nunca va a ver. Incluso después de cientos de inmersiones, visitar un nuevo sitio de buceo te produce la emoción de descubrir algo nuevo, y visitar un sitio familiar de buceo es un poco como volver a casa.

Y el buceo con equipo autónomo supone afrontar nuevos retos. Es una de esas raras actividades que te ofrecen adrenalina e intensidad o serenidad y paz. Puedes aceptar desafíos que requieren entrenamiento, planificación, equipo y concentración: buscar y recuperar objetos perdidos, descender por debajo de 30 metros/100 pies (si tu nivel de buceo te lo permite) o explorar tu sitio favorito de buceo después de que el sol se ponga. O puedes relajarte flotando en alguno de los sitios más bellos y tranquilos del mundo, teniendo que decidir sólo si te vas a parar a fotografiar una estrella de mar o no. En cualquier caso, el buceo crece contigo – siempre hay algo nuevo que ver, algún lugar nuevo para explorar, alguna nueva forma de disfrutar la experiencia. Nada se adapta tan fácilmente a lo que tú quieras, hoy mismo, mañana y dentro de diez años. Nunca serás demasiado viejo.

Probablemente hayas visto fotos, programas de televisión y películas sobre buceo, pero hasta que no lo pruebes tú mismo, no podrás comprender realmente cómo es. Nada en el mundo se puede comparar a las sensaciones que vas a experimentar – la emoción de respirar bajo el agua, la libertad de la "ingravidez", y sonidos e imágenes únicas.

PADI
Open Water Diver
y Scuba Diver

Certificación

El curso PADI Open Water Diver te conduce a dos posibles certificaciones: PADI Scuba Diver y PADI Open Water Diver.

La titulación Open Water Diver es una certificación de nivel de iniciación completa que obtienes realizando con éxito el curso Open Water Diver completo. La certificación PADI Open Water Diver te prepara para:

- Bucear de forma independiente aplicando las técnicas y conocimientos que aprendes en este curso dentro de los límites de tu experiencia y entrenamiento.

- Obtener cargas de aire, equipo de buceo y otros servicios.

- Planificar, realizar y registrar en el diario de buceo inmersiones en aguas abiertas sin paradas (sin descompresión) si estás adecuadamente equipado y acompañado por un compañero en condiciones en las que tengas experiencia y/o entrenamiento.

- Continuar tu entrenamiento de buceo con una inmersión de especialidad en el programa PADI Adventures in Diving y/o en los cursos de Especialidad PADI.

Consigues la titulación PADI Scuba Diver completando sólo una parte del curso PADI Open Water Diver. La titulación Scuba Diver es una titulación de nivel de *pre-iniciación* y te prepara para:

- Bucear bajo la supervisión de un PADI Divemaster (o alguien con nivel profesional superior) aplicando las técnicas y conocimientos que aprendes en este curso dentro de los límites de tu experiencia y entrenamiento.

- Obtener cargas de aire, equipo de buceo y otros servicios para utilizarlos buceando bajo supervisión.

- Bajo supervisión, planificar, realizar y registrar en el diario de buceo inmersiones en aguas abiertas sin paradas (sin descompresión) si estás adecuadamente equipado y acompañado por un divemaster, asistente de instructor o instructor certificado en condiciones en las que tengas experiencia y/o entrenamiento.

- Continuar tu entrenamiento de buceo para completar la titulación PADI Open Water y algunos cursos de especialidad PADI.

El curso PADI Open Water Diver abre este mundo para ti. Durante este curso, aprenderás lo que necesitas para explorar el mundo subacuático, ya sea nadando en la zona poco profunda con máscara, tubo y aletas, o visitándolo más tiempo y a mayor profundidad utilizando el equipo autónomo (scuba – una palabra derivada de self contained underwater breathing apparatus – equipo autónomo de respiración subacuática). Para la mayoría de la gente aprender a bucear es un reto divertido que no resulta difícil ni agotador.

Bienvenido a un mundo de emoción y aventura. Este curso es sólo el principio.

Requisitos previos del curso

Para convertirte en buceador autónomo, has de demostrar que te encuentras cómodo en el agua y que posees algunas habilidades básicas de natación. Tu instructor hará que te mantengas a flote en el agua durante diez minutos y que nades 200 metros/yardas (sin límite de tiempo) o bien que nades 300 metros/yardas con la máscara, el tubo y las aletas

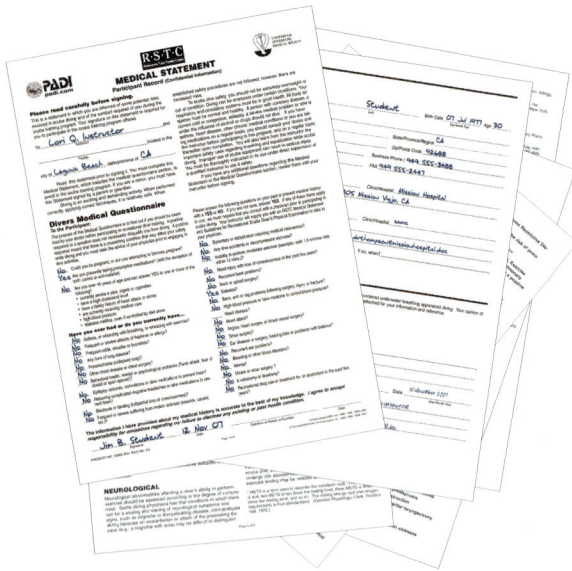

Por tu seguridad
La información que aparece en la Declaración Médica es confidencial. Como identifica condiciones médicas que pueden verse afectadas por el buceo, por tu seguridad es importante que la rellenes completamente y con exactitud.

Todos los caminos

Como la mayor organización de enseñanza de buceo del mundo, PADI cuenta con la afiliación profesional más diversa de toda la comunidad de buceo. Este es el grupo de profesionales de buceo recreativo más variado del mundo tanto cultural como étnicamente. En el momento de escribir estas líneas, más de 130.000 PADI Instructor, Assistant Instructor y Divemaster enseñan a bucear y ofrecen servicios de buceo en más de 183 países y territorios. Puedes encontrar materiales de buceo PADI en más de 24 idiomas. Hoy en día, prácticamente todo el que quiera aprender a bucear puede encontrar cerca un Instructor PADI que hable su mismo idioma y que proceda de la misma cultura.

¿Qué supone esto para ti? Significa que dondequiera que te lleven tus viajes de buceo puedes estar seguro de que la comunidad de buceo de la zona reconocerá tus credenciales de buceo – incluso si "PADI" es la única palabra que puedes pronunciar en el idioma local.

Señas de distinción
La profesionalidad de los Instructores, Dive Center y Resorts PADI ha hecho que las certificaciones PADI sean las credenciales de buceo más respetadas y solicitadas del mundo. Puedes estar seguro de que tu certificación será reconocida prácticamente en cualquier lugar al que vayas a bucear, y que la reputación de PADI la avala.

(sin límite de tiempo), nada exagerado, lo necesario para determinar que tienes una capacidad básica para nadar. No necesitas ser un atleta, pero deberías tener un buen estado de salud general, particularmente en los sistemas circulatorio y respiratorio. Mentalmente necesitas una actitud madura, buen juicio y la autodisciplina para seguir las directrices y principios necesarios para el buceo seguro.

Antes de cualquier inmersión en aguas confinadas o sesión de ejercicios en el agua, tu instructor te hará rellenar una declaración médica. La información que aparece en ella es confidencial. Como identifica condiciones médicas que pueden verse afectadas por el buceo, por tu seguridad es importante que la rellenes completamente y con exactitud. Si alguna de las condiciones indicadas se te pueden aplicar, como precaución, tu instructor te pedirá que consultes a un médico antes de participar en cualquier actividad en el agua. Además, en algunas zonas, las leyes locales exigen que todos los que empiezan un curso de buceo reciban un certificado médico antes de bucear.

La edad mínima para la certificación de buceo es de 10 años para Junior Open Water Diver o Junior Scuba Diver (para bucear bajo la supervisión de un adulto), y 15 años para la de Open Water Diver o Scuba Diver. Estas certificaciones indican que has realizado el curso con éxito según los estándares y requisitos de entrenamiento establecidos por PADI. Los dive center y resorts exigen que una persona sea buceador certificado o en entrenamiento antes de alquilar o vender equipo de buceo, cargar botellas o permitirle participar en actividades de buceo.

PADI

PADI es la Professional Association of Diving Instructors (Asociación Profesional de Instructores de Buceo), la mayor organización de enseñanza de buceo del mundo. PADI desarrolla programas, estándares y materiales de enseñanza, controla su calidad, certifica a instructores y proporciona servicios de apoyo a los miembros profesionales de PADI. La profesionalidad de los Instructores, Dive Center y Resorts PADI ha hecho que

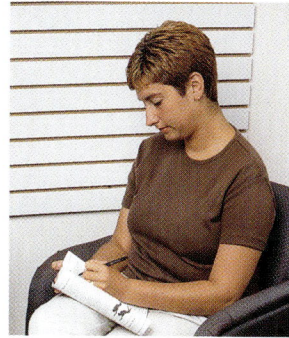

Dive Today
Te encontrarás cómodo manipulando tu equipo y maniobrando bajo el agua al bucear con tu instructor en una piscina o en aguas confinadas así como en aguas abiertas. Aprenderás los conceptos básicos del buceo y sus fundamentos trabajando con los materiales del curso y los repasarás con tu instructor.

Enseñanza autorizada

Las Oficinas PADI de todo el mundo trabajan constantemente para impedir que otras personas se representen a sí mismas para enseñar cursos PADI cuando en realidad no están autorizadas. ¿Cómo puedes verificar que la persona que dirige tu programa es un PADI Instructor autorizado? Muy fácil, Primero, si haces tu curso PADI Open Water Diver en un PADI Resort y Dive Center autorizado (ver en padi.com una lista completa), probablemente tu instructor sea un PADI Instructor autorizado. Segundo, para estar seguro debes pedir que tu instructor te muestre su tarjeta de certificación. Comprueba la foto y anota el número de instructor. Para más verificación, puedes llamar a tu Oficina PADI local, o bien visitar www.padi.com para comprobar que esa persona está autorizada para dirigir el programa PADI que estás haciendo. Si en cualquier momento durante tu programa tuvieras dudas acerca del instructor que lo dirige, por favor, ponte en contacto con tu Oficina PADI local. Puedes encontrar la información de contacto de la Oficina PADI más cercana en padi.com.

las certificaciones PADI sean las credenciales de buceo más respetadas y solicitadas del mundo. Puedes estar seguro de que tu certificación será reconocida prácticamente en cualquier lugar al que vayas a bucear, y la reputación de PADI la avala.

Estructura del curso Open Water Diver

El curso PADI Open Water Diver se compone de tres apartados: inmersiones en aguas confinadas, desarrollo de conocimientos e inmersiones en aguas abiertas. Cada uno de ellos juega un importante papel en el aprendizaje de buceo y para cumplir los objetivos necesarios para cualificarte como buceador.

La diversión comienza en las inmersiones en aguas confinadas, en las que aplicas las bases del buceo y aprendes y practicas técnicas y procedimientos de buceo. Realizarás todo esto en una piscina o en una zona con condiciones similares a las de una piscina, bajo la guía y supervisión de tu instructor. Hay cinco inmersiones en aguas confinadas que se corresponden con los cinco apartados del desarrollo de conocimientos (tres para el Scuba Diver).

El desarrollo de conocimientos establece los fundamentos y la información básica que todos los buceadores necesitan conocer para divertirse buceando con seguridad. Está dividido en cinco apartados que realizarás principalmente a tu conveniencia utilizando este manual y el PADI *Open Water Diver Video*. (En algunos casos puedes ver o repetir el vídeo en la clase). Para cada uno de los apartados, tu instructor repasa y desarrolla la materia, aplicando lo que estás aprendiendo a tus intereses, necesidades y al entorno de buceo de la zona. Un pequeño cuestionario confirma que estás asimilando la información que necesitas.

Las inmersiones en aguas abiertas completan tu entrenamiento como buceador de nivel inicial aplicando y desarrollando tus técnicas y conocimientos en un entorno de buceo bajo la guía y supervisión de tu instructor. Realizarás al menos cuatro inmersiones con equipo autónomo, y quizá una

Aprendizaje basado en el rendimiento y una Filosofía de accesibilidad

Aprender a bucear supone cumplir requisitos de ejecución específicos necesarios para un buceo seguro y agradable. Tu instructor, este manual y el *Open Water Diver Video* sugieren métodos para cumplir esos requisitos pero no son los *únicos* métodos.

La gente difiere en sus capacidades y fuerza, límites y debilidades, y los cursos PADI son flexibles para adaptarse a estas diferencias, incluyendo las causadas por limitaciones físicas e intelectuales. Esto hace que el buceo sea accesible a una amplia gama de personas sin comprometer los requisitos necesarios para bucear con seguridad.

Por ejemplo, aunque la mayoría de los buceadores entre al agua dando un paso al frente, una persona con limitaciones en el uso de las piernas puede no tener esta opción. Pero hay muchas formas de entrar al agua que cumplen el requisito de ejecución; esa persona puede entrar al agua rodando hacia atrás.

Deficiencias limitadas, no limitados por las deficiencias
Aprender a bucear con el sistema PADI permite a las personas cumplir sus objetivos.

Por ello, si una técnica recomendada para cumplir un requisito de ejecución no funciona debido a tu situación personal, pide ayuda a tu instructor para conseguir tu objetivo de convertirte en buceador adaptando o desarrollando técnicas que cumplan el objetivo de otra manera. Necesitas cumplir los objetivos para recibir una certificación PADI pero hay muchas formas de hacerlo además de las que aparecen indicadas en este manual.

inmersión opcional en apnea, durante esta parte del curso Open Water Diver. Antes de la certificación, cumplirás objetivos de aprendizaje concretos que leerás en este manual y de los que hablarás con tu instructor.

Aprenderás siguiendo una secuencia que fija las técnicas y conocimientos partiendo de los más simples y llegando a los más complejos, de forma que los ejercicios y conocimientos que aprendes se basan en lo que has aprendido antes. Por esto, es importante realizar con éxito cada uno de los apartados antes de pasar al siguiente. Por ejemplo, necesitas realizar con éxito la Sección de Desarrollo de conocimientos Dos antes de realizar la Sección de Desarrollo de conocimientos Tres, y debes realizar con éxito la Inmersión en aguas confinadas 2 antes de comenzar con la Inmersión en aguas confinadas 3.

Sin embargo, tu instructor te ofrece una gran flexibilidad para adaptarse a diferentes programaciones y cumplir los requisitos del curso. Tu instructor repasará la programación y tareas para tu curso.

Todos los cursos PADI aplican el concepto de *aprendizaje basado en el rendimiento*, que significa que progresas cumpliendo unos requisitos de ejecución concretos bajo la guía de tu instructor. Si tienes dificultades, no "fracasas" – simplemente tienes que seguir trabajando hasta que lo consigas – pero, del mismo modo, no recibirás la certificación simplemente por asistir a clase. Tu Instructor PADI es un profesional entrenado comprometido para ayudarte a conseguir tu objetivo de convertirte en buceador guiándote para cumplir los requisitos de ejecución del curso.

Cómo usar este manual y tener éxito en el curso

Te darás cuenta de que aprender a bucear te resulta divertido y emocionante, pero *es* una experiencia de aprendizaje y estás haciendo *un curso*. Esto supone un poco de preparación y estudio independiente con este manual, el PADI *Open Water Diver Video* o el *CD-ROM*. Es imprescindible que te prepares adecuadamente para cada sesión con tu instructor; si no lo cumples haces que el progreso resulte difícil o imposible, requiriendo normalmente ciertos ajustes en la programación hasta que puedas lograr el aprendizaje necesario. Lo que tienes que hacer no es especialmente complejo ni excesivamente largo – y esperamos que se te escape al menos una sonrisa al hacerlo. Pero es importante: como verás,

en el buceo, lo que no sabes *puede* causarte problemas, pero no te preocupes – cuando estás adecuadamente informado y sigues las directrices que has aprendido, puedes evitar o reducir al mínimo los riesgos del buceo.

Dive Today

En el curso Open Water Diver se pone énfasis en aprender a bucear buceando. Tu instructor te

llevará al agua a bucear lo antes posible porque de eso se trata el buceo. Sin embargo, el buceo implica aprender algunos conceptos y normas básicos. Normalmente lo harás mediante el estudio independiente y los repasos con tu instructor.

Estudio independiente

Dependiendo de la programación de tu curso, puedes realizar el estudio independiente realizando una sección, reuniéndote con tu instructor para un repaso y una inmersión en aguas confinadas, y pasando a la siguiente sección.

O también, puedes realizar el estudio independiente estudiando todas las secciones antes de tu primera reunión con el instructor. En cualquier caso, utiliza los siguientes pasos para prepararte:

1. Comienza por echar un vistazo a los encabezamientos de la Sección Uno de este manual. Esta rápida ojeada ayuda al aprendizaje ofreciéndote una idea general de lo que vas a estudiar. También te darás cuenta de que este manual no es simplemente un texto, sino una herramienta interactiva que te sirve de guía y confirma tu aprendizaje con objetivos, cuestionarios rápidos y repasos de conocimientos. Veremos más sobre esto enseguida.

2. A continuación, lee la Sección Uno y mira la sección correspondiente del PADI *Open Water Diver Video*. Realmente no importa qué haces primero, así que puedes elegir. La gente difiere en la forma de aprender, así que la forma que más te guste es probablemente la mejor para ti.

3. Al principio de cada apartado en la Sección Uno, observa los *objetivos* de estudio, que aparecen en forma de pregunta. Para tener éxito en este curso, necesitas ser capaz de responder a todas estas preguntas. Así que, conforme vayas leyendo, orienta tu aprendizaje buscando las respuestas. Cuando las encuentres, subraya o márcalas. Es importante que marques/subrayes *realmente* en el manual – no sólo mentalmente – porque la acción de pararte y escribir refuerza tu aprendizaje.

4. Después de cada apartado encontrarás un Cuestionario rápido que comprueba y refuerza lo que has leído. De nuevo (¡importante!) escribe realmente en el libro, responde a cada pregunta, y después comprueba las respuestas que aparecen al final del cuestionario. Si has fallado alguna y no entiendes por qué, retrocede a la sección correspondiente y repásala hasta que lo comprendas.

5. Al final de la Sección Uno, encontrarás un Repaso de conocimientos. Rellénalo y llévaselo a tu instructor cuando te reúnas con él para la sesión de repaso y desarrollo de esa sección. Si hay una

Aprendizaje Independiente

Observa este símbolo

Conforme leas el *Open Water Diver Manual*, te darás cuenta de este símbolo. Te avisa de información importante relativa a la seguridad. Presta mucha atención cuando lo veas y consulta con tu instructor si no comprendes el material.

Este símbolo de Project AWARE destaca una información o una técnica de buceo específica que te permite interactuar en armonía con el entorno acuático.

El éxito está en los detalles

Durante la demostración, presta atención a los detalles – especialmente a aquellos que tu instructor exagera o destaca. Cuanto antes los captes, antes dominarás el ejercicio.

pregunta que no puedes responder, repasa la parte correspondiente de la Sección Uno hasta que lo consigas. Si hay algo que no comprendes incluso después de haberlo vuelto a leer, puede que lo comprendas mejor después de ver el vídeo (si aún no lo has visto) o repasándolo (si ya lo has visto). Si a pesar de ello no lo comprendieras, pide a tu instructor que te lo explique hasta que *ambos* estéis satisfechos.

Si estás realizando el estudio independiente con anticipación (o simplemente si te gusta ir adelantado), repite los Pasos 1–5 para las secciones Dos a Cinco. Si la programación de tu curso distribuye el estudio a lo largo del curso, puedes comenzar la siguiente sección después de realizar el repaso y desarrollo de la sección Uno y la Inmersión en aguas confinadas Uno. Asegúrate de completar los pasos de vídeo, la lectura, el Cuestionario rápido y los Repasos de conocimientos de la próxima sección *antes* de la sesión de desarrollo y repaso.

Inmersiones en Aguas confinadas

Las inmersiones en aguas confinadas te resultarán muy divertidas. Unos cuantos consejos te ayudarán a aprovechar tu práctica al máximo:

1. Piensa en las inmersiones en aguas confinadas como simulaciones de las inmersiones en aguas abiertas; utilízalas para desarrollar buenos hábitos de buceo en aguas abiertas. Por ejemplo, el océano o un pantano no tienen bordes a los que te puedas agarrar, de forma que procura no agarrarte a los bordes de la piscina. Una embarcación de buceo se mueve y una botella de buceo desatendida se caerá, así que acostúmbrate a dejar la botella tumbada al preparar las inmersiones en aguas confinadas. Tu instructor te pedirá que desarrolles hábitos para bastantes cosas que no son necesarias para las inmersiones en aguas confinadas, pero sí para las inmersiones en aguas abiertas.

2. Si utilizas lentes de contacto, asegúrate de que lo sepa tu instructor. Si puedes ver bien para leer los instrumentos y ver a tu instructor, es mejor si puedes practicar sin ellas. Pero si necesitas tus lentillas, úsalas. Tu instructor simplemente hará que cierres los ojos cuando estés bajo el agua sin la máscara.

3. Tu instructor demostrará los ejercicios que necesitas aprender antes de que los practiques. Durante la demostración, presta atención a los detalles – especialmente a aquellos que tu instructor exagera o destaca. Cuanto antes los captes, antes dominarás el ejercicio.

4. Si no comprendes por qué estás practicando o haciendo algo, pregúntaselo al instructor. **No hay ejercicios arbitrarios en el curso PADI Open Water Diver – todo lo que aprendes tiene un objetivo real y práctico.** Por ello es importante que comprendas cuándo y por qué utilizarás el ejercicio que estás aprendiendo.

5. Recuerda que durante el curso no hay preguntas ridículas. Si tienes una duda, pregúntala.

Inmersiones en Aguas abiertas

Durante las inmersiones en aguas abiertas aprendes aplicando las técnicas y conocimientos que has asimilado durante el estudio independiente y en las inmersiones en aguas confinadas, y desarrollarás algunas capacidades nuevas que no puedes aprender en aguas confinadas. También tendrás tiempo para explorar y disfrutar del mundo subacuático con la supervisión de tu instructor.

1. Tu instructor hará probablemente recomendaciones para prepararte para las inmersiones en aguas abiertas, como qué ropa ponerse, si necesitas protección solar, etc. Pide ayuda a los profesionales de los PADI dive center y resort de tu zona para comprar equipo. Presta atención a estos detalles – tu instructor conoce bien el entorno de buceo de la zona y está intentando ayudarte a evitar problemas y a que tengas una experiencia agradable. Bucear con tu propio equipo es mucho más sencillo y más divertido por la comodidad y porque estás familiarizado con él.

Dominio en el campo de la enseñanza

¿**Q**ué se necesita para crear un programa de entrenamiento de buceo? PADI opina que se necesita aplicar teorías de diseño del sistema educativo, de psicología educativa y de psicología del conocimiento establecidas para crear cursos y materiales válidos y actuales. Aparentemente, las principales organizaciones de educación superior están de acuerdo: cada vez más las instituciones en los gobiernos y los sistemas educativos internacionales reconocen la calidad educativa del entrenamiento PADI. El American Council on Education (ACE) – Consejo Americano de Educación, evaluó independientemente los cursos PADI y recomienda varios de ellos como créditos académicos. Organismos similares autorizados en Australia, Canadá, Inglaterra, País de Gales, Irlanda del Norte, Japón y Nueva Zelanda reconocen los cursos PADI para créditos académicos competentes que pueden transferirse a otros campos. Para más información consulta el apartado "Consigue créditos por tu formación PADI" en la sección del Apéndice de este manual. Estos reconocimientos corroboran la validez educativa de los cursos PADI, y la capacidad de la organización PADI para cumplir sus objetivos educativos. Como organización de entrenamiento de buceadores, PADI destaca por recibir tal amplio abanico de reconocimiento académico internacional.

2. Si tienes tendencia a marearte y vas a bucear desde una embarcación, consulta a tu médico si es necesario acerca de una medicación adecuada para evitar el mareo. El mareo puede arruinar una excursión fabulosa – pero la mayoría de la gente puede evitarlo. No debes permitir que el mareo se interponga para disfrutar de tu primera aventura subacuática.

3. No necesitas ser un atleta para bucear, pero *es* una actividad física. Te divertirás mucho más si has descansado y comido adecuadamente antes de tus inmersiones en aguas abiertas.

Condición óptima para bucear
No necesitas ser un atleta para bucear, pero es una actividad física. Te divertirás mucho más si has descansado y comido adecuadamente antes de tus inmersiones en aguas abiertas.

El curso

PADI Scuba Diver

La certificación PADI Scuba Diver es una titulación *limitada* diseñada para aquellas personas que sólo bucean acompañadas de un buceador de nivel profesional PADI hasta una profundidad máxima de 12 metros/40 pies. El curso Scuba Diver es un subcurso dentro del curso Open Water Diver. Los Scuba Diver siguen la estructura y secuencia del curso Open Water Diver, pero sólo realizan:

▲ Las secciones de Desarrollo de conocimientos 1 a 3.
▲ Las Inmersiones en Aguas confinadas 1 a 3.
▲ Las Inmersiones en Aguas abiertas 1 y 2.

Es fácil pasar a PADI Open Water Diver después del curso Scuba Diver simplemente completando las secciones del curso que faltan.

Aprende a bucear – en cualquier momento y en cualquier lugar. Con **PADI** *e*Learning®

Los siguientes cursos PADI están ahora disponibles online:

- *Open Water Diver (disponible en inglés, español, alemán, japonés, italiano, holandés y francés)*
- *Advanced Open Water Diver*
- *Enriched Air Diver*
- *Digital Underwater Photographer*
- *Rescue Diver*
- *Scuba Tune Up*
- *Dive Theory (para Divemaster y candidatos al IDC)*
- *Instructor Development Course*

Simplemente realiza la parte teórica del curso online y haz la parte práctica del curso en tu PADI Dive Center o Resort.

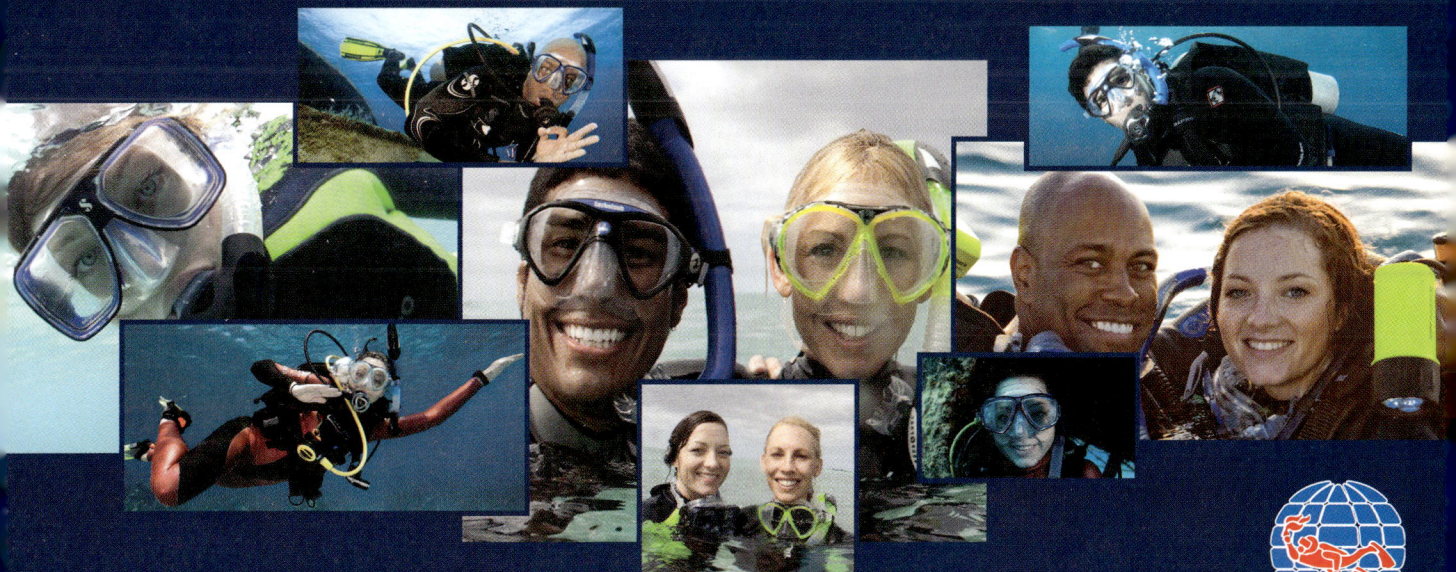

¡Visita padi.com/eLearning para saber más sobre los cursos PADI Online!

© PADI 2010

PADI
padi.com

¡**Ayuda** a que los tiburones tengan la oportunidad de sobrevivir!

Únete a los buceadores de todo el mundo y pide la protección que los tiburones merecen

Shark Fins Drying
Jessica King / Marine Photobank

© Project AWARE Foundation 2010

PROJECT
A·W·A·R·E®
www.projectaware.org

¡Implícate para los tiburones!

www.projectaware.org

El mundo subacuático

Si es la primera vez que utilizas el equipo autónomo para visitar el mundo subacuático, te va a encantar. Experimentarás inmediatamente nuevas sensaciones mientras te sumerges en un mundo en el que todo parece, suena y se ve un poco diferente. Esto forma parte de lo que hace que el buceo sea tan especial; al principio disfrutarás

Objetivos
principales

Marca/subraya las respuestas a las siguientes preguntas conforme vayas leyendo:

1. **¿Cómo será la flotabilidad de un objeto (positiva, negativa o neutra), si desplaza una cantidad de agua:**
   - **superior a su propio peso?**
   - **inferior a su propio peso?**
   - **igual a su propio peso?**

2. **¿Por qué el control de la flotabilidad, tanto en la superficie como en el fondo, es una de las técnicas más importantes que puede dominar un buceador?**

3. **¿Qué dos elementos se utilizan para controlar la flotabilidad de un buceador?**

4. **¿Cómo cambia la flotabilidad de un objeto en agua dulce y salada?**

5. **¿Cómo afecta el volumen pulmonar a la flotabilidad?**

UNO

de estas sensaciones porque son nuevas, pero incluso después de realizar cientos de inmersiones, seguirán siendo una parte importante de la experiencia de buceo.

Las nuevas sensaciones que tienes bajo el agua se derivan de las diferencias físicas que se producen al estar bajo el agua. Convertirse en buceador se basa en comprender cómo te afectan estos principios. En esta sección, comenzarás a aprender estos principios estudiando la *flotabilidad y la presión*. (y aprenderás algunas palabras extremadamente impactantes que puedes utilizar para impresionar a tus amigos).

Flotabilidad

¿Te has preguntado alguna vez por qué un enorme trasatlántico de acero flota y sin embargo un pequeño clavo de acero se hunde? La respuesta es sorprendentemente simple: El casco del barco de acero tiene una forma que desplaza – desaloja – mucha agua. La misma cantidad de acero con forma de un clavo gigante se hundiría, por supuesto, igual que el clavo de tamaño normal. Esto demuestra que el hecho de que un objeto flote depende de su *peso* y de cuánta agua desplaza – su *volumen.*

Puedes definir el principio de flotabilidad de esta forma: *Un objeto sumergido en el agua recibe un empuje hacia arriba igual al peso de la cantidad de agua que desplaza.*

Esto significa que si un objeto desplaza una cantidad de agua que pesa *más* que su propio peso, flotará. Si un objeto desplaza una cantidad de agua que pesa *menos* que su propio peso, se hundirá. Si un objeto desplaza una cantidad de agua *igual* a su propio peso, ni flotará ni se hundirá, sino que permanecerá suspendido en el agua. Si un objeto flota, podemos decir que tiene *flotabilidad positiva*; si se hunde, podemos decir que tiene *flotabilidad negativa*; y si ni flota ni se hunde podemos decir que tiene *flotabilidad neutra*. Un cambio de flotabilidad que hace que algo flote más se dice que hace que tenga "más" flotabilidad; un cambio que hace que algo se hunda se dice que hace que tenga "menos" flotabilidad.

Como buceador, es importante aprender a controlar tu flotabilidad en la superficie y bajo el agua porque te permite controlar dónde estás en el agua. Por ejemplo,

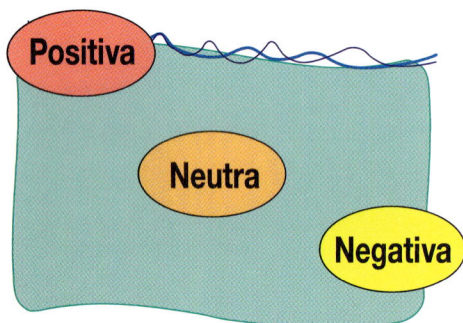

Flotabilidad
Si un objeto flota, decimos que tiene flotabilidad positiva; si se hunde, decimos que tiene flotabilidad negativa; y si ni flota ni se hunde decimos que tiene flotabilidad neutra.

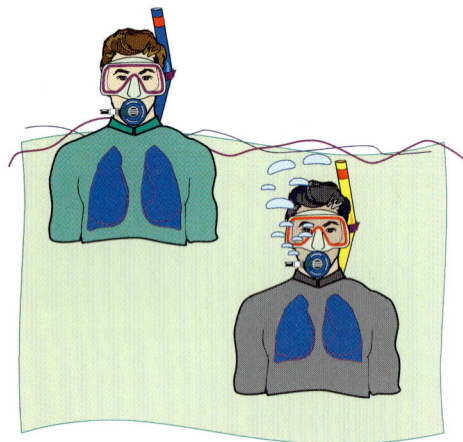

Control de flotabilidad incorporado
Cuando exhalas, reduces el volumen de tus pulmones y la cantidad de agua que desplazas, lo que hace que tengas menos flotabilidad.

aprenderás a establecer flotabilidad positiva en la superficie de forma que puedas ahorrar energía y descansar. Bajo el agua, te mantendrás con flotabilidad neutra la mayor parte del tiempo – casi ingrávido, como un astronauta – de forma que puedas nadar sin esfuerzo y moverte libremente en todas direcciones. Permanecer con flotabilidad neutra te mantiene apartado del fondo para evitar dañar la delicada vida acuática.

Tú controlas tu flotabilidad utilizando dos elementos del equipo. Los plomos y el dispositivo de control de flotabilidad (chaleco). Querrás comprar estos dos elementos lo antes posible. Utilizas los plomos en un sistema de lastre (como un cinturón de plomos o en un chaleco con lastre integrado) para ajustar tu *peso*. El chaleco es un dispositivo que hinchas (aumenta tu volumen) cambiando de esa forma tu flotabilidad en cualquier momento durante la inmersión. Durante las inmersiones en aguas confinadas aprenderás cómo empezar una inmersión con la cantidad correcta de plomo, y cómo ajustar tu flotabilidad cuando lo necesites utilizando tu chaleco.

Debido a que la flotabilidad depende del peso del volumen de agua desplazado, cuanto más pesada sea el agua, mayor será la flotabilidad para un determinado desplazamiento. El agua salada (debido a las sales en disolución) pesa más que el agua dulce, por lo que tienes más flotabilidad en agua salada que en agua dulce. Sin nada de equipo, la mayoría de la gente flota tanto en agua dulce como en agua salada. Al flotar inmóvil en la superficie, la mayoría de la gente necesita exhalar para hundirse. Cuando exhalas, reduces el volumen de tus pulmones y la cantidad de agua que desplazas, lo que hace que tengas menos flotabilidad. Durante las inmersiones en aguas confinadas te darás cuenta de que además de utilizar el plomo y tu chaleco para controlar tu flotabilidad puedes hacer pequeños ajustes de flotabilidad respirando más o menos profundamente.

La presión y tu cuerpo

Aunque normalmente no lo notas, el aire ejerce constantemente presión sobre ti. Si has caminado contra un fuerte viento, habrás notado su fuerza, demostrando que el aire puede ejercer presión.

Sentir la presión

Normalmente no notas la presión porque tu cuerpo está compuesto principalmente de líquido que es incompresible y reparte la presión por igual a lo largo de todo tu cuerpo. La excepción son los espacios aéreos de tu cuerpo que notan la presión debido a la compresión del aire en su interior.

Objetivos principales

Marca/subraya las respuestas a las siguientes preguntas conforme vayas leyendo:

6. **¿Por qué los cambios de presión, por lo general, sólo se aprecian en los espacios aéreos corporales?**

7. **¿Por qué los cambios de presión al ascender o descender en el agua son más notables que al ascender o descender la misma distancia en el aire?**

La presión del aire que te rodea ahora es simplemente el peso del aire – el resultado de la gravedad que mantiene a la atmósfera sobre la tierra. Normalmente no notas esta presión porque tu cuerpo está compuesto principalmente de líquido que es incompresible y reparte la presión por igual a lo largo de todo tu cuerpo. Los pocos espacios aéreos que tiene tu cuerpo – en los oídos, senos y pulmones – tienen aire dentro a la misma presión que la presión del aire en el exterior. Aunque el aire es compresible, tú no notarás la presión en los espacios aéreos del cuerpo mientras la presión sea la misma en el interior y en el exterior. Pero si la presión cambia, como por ejemplo ocurre al ascender a mayor altitud al volar o conducir por montañas, el aire en los espacios aéreos del cuerpo cambia su volumen y tú lo notas en tus oídos y, a veces en los senos.

Del mismo modo que el aire ejerce presión sobre ti, lo hace el agua cuando te sumerges. Pero debido a que el agua es mucho más densa y pesada que el aire, los cambios de presión son mucho más importantes al ascender o descender una distancia determinada. Igual que con la presión del aire, tú no notas la presión del agua excepto en los espacios aéreos, y una de las primeras cosas que notarás es que

Cuestionario Rápido
Autoevaluación 2

1. Normalmente notas la presión sólo en los espacios aéreos del cuerpo porque:
   - ☒ a. tu cuerpo está compuesto principalmente de líquido incompresible, pero el aire es compresible y cambia de volumen con los cambios de presión.
   - ❑ b. el agua es más densa que el aire y resiste mejor la presión.

2. Los cambios de presión en el agua para un determinado ascenso o descenso son mucho más significativos que el ascenso o descenso de la misma distancia en el aire porque el agua pesa más.
   - ☒ Verdadero ❑ Falso

¿Cómo lo has hecho?
1. a   2. Verdadero.

sentirás los cambios rápidamente, incluso si asciendes o desciendes sólo un metro. Estos cambios tienen algunos problemas asociados que aprenderás a evitar en esta sección y durante tus inmersiones en aguas confinadas.

Relaciones entre Presión, Volumen y Densidad

A nivel del mar, la presión del aire circundante permanece relativamente constante. Esta presión es una referencia estándar denominada una *atmósfera* (atm) porque es el peso/presión de la atmósfera. También se llama un *bar*; existe una pequeña diferencia técnica entre una atm y un bar, pero es tan pequeña que para las aplicaciones de buceo, podemos prescindir de ella.

Profundidad	Presión	Volumen de Aire	Densidad del Aire	
0 m/0 pies	1 bar/ata	1	x 1	
10 m/33 pies	2 bar/ata	1/2	x 2	
20 m/66 pies	3 bar/ata	1/3	x 3	
30 m/99 pies	4 bar/ata	1/4	x 4	

El mismo aire en un espacio menor
Si llevas un volumen de aire contigo bajo el agua en un recipiente flexible o en un vaso invertido, el volumen cambia proporcionalmente con la presión.

Diez metros/33 pies de agua (agua de mar, para ser más exactos) ejercen la misma presión que la atmósfera, o un bar. Por ello, se añade un bar/ata de presión por cada 10 metros/33 pies que desciendas. A 10 metros/33 pies, estás a dos bar/ata – uno del aire y uno del agua. A 20 metros/66 pies estás a tres bar, y así sucesivamente.

Si llevas un volumen de aire contigo bajo el agua en un recipiente flexible o en un vaso invertido, el volumen cambia proporcionalmente con la presión. Si bajas a 10 metros/33 pies, doblas la presión (dos bar) y el volumen se reduce a la mitad. A 20 metros/66 pies – tres bar/ata – tienes un tercio del volumen, y así sucesivamente.

Marca/subraya las respuestas a las siguientes preguntas conforme vayas leyendo:

8. ¿Qué relación hay entre el aumento y la disminución de la profundidad y la presión del agua?

9. ¿Cuál es la presión absoluta, en atmósferas o bar, para una profundidad de
   - ¿10 metros/33pies?
   - ¿20 metros/66 pies?
   - ¿30 metros/99 pies?
   - ¿40 metros/132 pies?

10. ¿Cuál es la relación entre el volumen y la densidad del aire y cómo cambian al aumentar y disminuir la presión?

Profundidad	Presión
0 m/0 pies	1 bar/ata
10 m/33 pies	2 bar/ata
20 m/66 pies	3 bar/ata
30 m/99 pies	4 bar/ata

Aire y agua
Diez metros/33 pies de agua de mar ejercen la misma presión que una atmósfera, o un bar. Por ello, se añade un bar/ata de presión por cada 10 metros/33 pies que desciendas.

La densidad también cambia proporcionalmente cuando cambia la presión. Al aumentar la presión al doble y reducir el volumen a la mitad, la reducción de volumen se produce al juntar el mismo número de moléculas de aire en la mitad del espacio. De esa forma, la densidad se dobla. Cuando aumentas la presión al triple (20 metros/66 pies), triplicas la densidad. Espero que te hayas dado cuenta del patrón.

Para mantener el volumen de aire cuando desciendes necesitas añadir aire al espacio para compensar la reducción del volumen. Este es el concepto que está detrás de la compensación (veremos más sobre ello enseguida); el aire que necesitas añadir es proporcional al aumento de presión.

Profundidad	Presión	Volumen de Aire
0 m/0 pies	1 bar/ata	Lleno
10 m/33 pies	2 bar/ata	1/2
20 m/66 pies	3 bar/ata	1/3
30 m/99 pies	4 bar/ata	1/4

Piensa en una mayor densidad
La densidad del aire también cambia proporcionalmente cuando cambia la presión.

El doble de presión, la mitad del volumen
Una botella de aire abierta invertida llevada desde la superficie a 10 metros muestra los efectos de la presión. La presión comprime el volumen de aire a la mitad del que había en la superficie. Como el mismo número de moléculas de aire ocupa la mitad del espacio, la densidad del aire será el doble.

Como ya te habrás imaginado, el aire se expande proporcionalmente conforme asciendes y disminuye la presión. Si llevas un volumen de aire a 30 metros/99 pies – cuatro bar/ata – se comprime a un cuarto de su volumen en la superficie. Cuando vuelves a la superficie, el aire se expande hasta su volumen original.

Profundidad	Presión	Volumen de Aire	Volumen Equivalene en Superficie
0 m/0 pies	1 bar/ata	1	x 1
10 m/33 pies	2 bar/ata	1/2	x 2
20 m/66 pies	3 bar/ata	1/3	x 3
30 m/99 pies	4 bar/ata	1/4	x 4

Más aire
Para mantener el volumen de aire cuando desciendes necesitas añadir aire para compensar la reducción del volumen.

Si has añadido aire al espacio aéreo para mantener su volumen, este aire se expande también cuando reduces la presión. Si el aire está en un recipiente abierto, el aire en expansión simplemente sale al agua circundante. En un recipiente flexible cerrado del tipo de una bolsa de plástico o un globo inflado a profundidad, el volumen de aire aumenta proporcionalmente al disminuir la presión. Si has inflado el globo a 30 metros/99 pies, será cuatro veces mayor en la superficie – ¡suponiendo que se pueda estirar tanto! En caso contrario, la bolsa explotará durante el ascenso; esto tiene importantes implicaciones con respecto a tus espacios aéreos que veremos enseguida.

Los efectos del aumento de presión

Basándonos en lo que acabas de aprender, podemos ver cómo las relaciones entre presión, volumen y densidad afectan a los espacios aéreos de tu cuerpo al bucear. Los espacios aéreos que te interesan como buceador son los naturales de tu cuerpo y los artificiales creados al llevar el equipo de buceo. Los dos principales espacios aéreos de tu cuerpo que se ven afectados más notoriamente por el aumento de presión son tus oídos y senos. El principal espacio aéreo artificial más afectado por el aumento de presión es el creado por tu máscara.

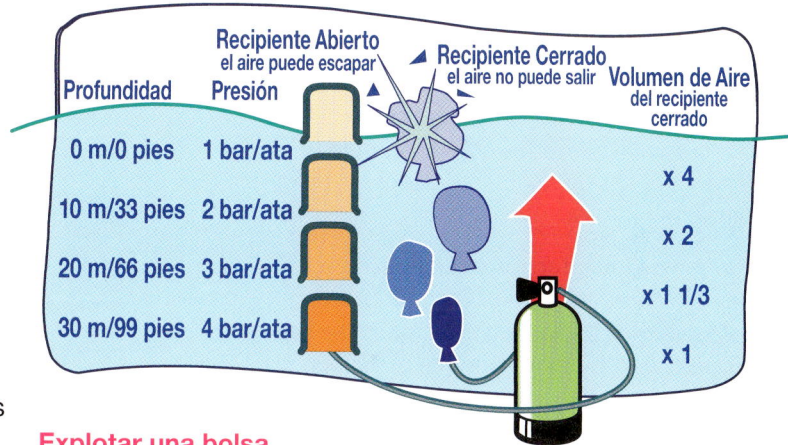

Profundidad	Recipiente Abierto el aire puede escapar Presión	Recipiente Cerrado el aire no puede salir	Volumen de Aire del recipiente cerrado
0 m/0 pies	1 bar/ata		x 4
10 m/33 pies	2 bar/ata		x 2
20 m/66 pies	3 bar/ata		x 1 1/3
30 m/99 pies	4 bar/ata		x 1

Explotar una bolsa

El aire añadido a un espacio aéreo para mantener su volumen se expande al reducir la presión. En un recipiente abierto, el exceso de aire en expansión simplemente sale al agua circundante. En un recipiente flexible cerrado, el volumen de aire aumenta proporcionalmente al disminuir la presión. Si has inflado una bolsa cerrada a 30 metros/99 pies, su volumen aumentará cuatro veces al subir hacia la superficie o la bolsa explotará durante el ascenso si no se puede estirar tanto.

⚠️ Durante el descenso, la presión del agua aumenta y comprime el aire en los espacios aéreos de tu cuerpo. Conforme el volumen disminuye, la presión empuja a los tejidos del cuerpo hacia el espacio aéreo, lo que tú notas en tus oídos, senos y máscara. Si continúas descendiendo, resulta incómodo, y si sigues descendiendo posiblemente doloroso. Esto se denomina *compresión* en un espacio aéreo. Puede que hayas notado una compresión en tus oídos al bucear hasta el fondo de una piscina. Una compresión es un desequilibrio de presión en el que la presión en el exterior de un espacio aéreo es mayor que la presión en el interior del espacio aéreo, produciendo molestias o dolor. Además de los oídos, los senos y la máscara, es posible experimentar una compresión en los pulmones, los dientes y otros espacios aéreos. Afortunadamente, puedes evitar fácilmente las compresiones.

Para evitar las molestias, debes mantener el volumen de un espacio aéreo normal añadiendo aire durante el descenso, manteniendo la presión en el interior del espacio aéreo igual a la presión del agua en el exterior. Esto se denomina *compensación*. Los espacios aéreos de tus oídos y senos se comunican con la garganta permitiendo que utilices el aire de tus pulmones para compensarlos. Puedes compensar el espacio aéreo de tu máscara a través de la nariz.

Aunque es muy raro, es posible que un espacio aéreo se produzca en un diente empastado si el diente o el empaste se han seguido estropeando. Durante el descenso, el aumento de presión sobre este pequeño espacio aéreo produce una compresión en el diente. En la mayoría de los casos, la molestia hará que interrumpas tu descenso. No puedes compensar un espacio aéreo debajo de un empaste, pero tu dentista puede eliminar el espacio aéreo, y las revisiones dentales regulares ayudan a evitar todos los problemas.

Aunque son un espacio aéreo, tus pulmones son grandes y flexibles y no son propensos a la compresión. Como buceador compensas automáticamente tus pulmones al respirar continuamente de tu equipo de buceo. Cuando buceas en apnea, aguantando la respiración, la presión que comprime tus pulmones no tiene efectos, suponiendo que hayas comenzado con una respiración normal. Disminuyen su volumen durante el descenso y vuelven a

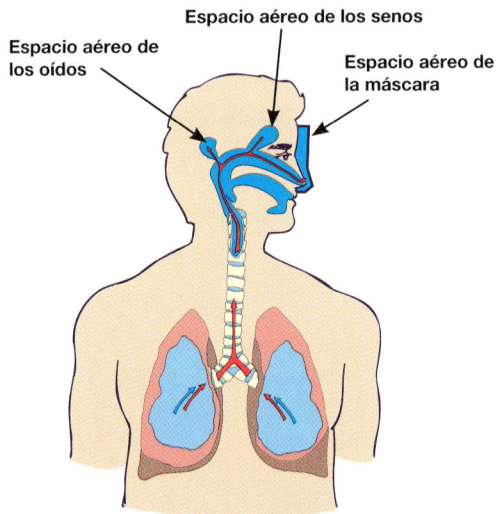

Espacio aéreo de los senos
Espacio aéreo de los oídos
Espacio aéreo de la máscara

Principalmente en tu cabeza

Los dos principales espacios aéreos de tu cuerpo que se ven más afectados por el aumento de presión son tus oídos y senos. El principal espacio de aire artificial más afectado por el aumento de presión es el creado por tu máscara.

Cuestionario Rápido

Autoevaluación 3

Completa el siguiente cuadro para un recipiente flexible sellado lleno de aire en la superficie.

Profundidad	Presión	Volumen	Densidad
0 m/0 pies	1 bar	1	x 1
10 m/33 pies	2 bar/ata	1/2	x 2
30 m/99 pies	4 bar	1/4	x 4
40 m/132 pies	5 bar/ata	1/5	x 5

¿Cómo lo has hecho? (Las respuestas aparecen en negrita)
Profundidad 0 metros/0 pies: **1 bar/ata,** 1, x 1.
Profundidad 10 metros/33 pies: 2 bar/ata, **1/2, x 2.**
Profundidad 30 metros/99 pies: **4 bar/ata,** 1/4, **x 4.**
Profundidad 40 metros/132 pies: 5 bar/ata, **1/5,** x 5.

recuperarlo durante el ascenso alcanzando prácticamente el volumen original al llegar a la superficie, habiendo utilizado una cantidad de aire sin importancia para compensar los otros espacios aéreos.

Si hubieras realizado una inmersión en apnea empezando con los pulmones *vacíos* (primero exhalas y después buceas) a varios metros/pies, o si desciendes realmente profundo (60 metros/200 pies) aguantando tu respiración, existe una posibilidad teórica de poder sufrir una compresión en los pulmones – pero éstas son situaciones muy poco probables para la mayoría de los buceadores.

Otro espacio aéreo que puedes necesitar compensar es un traje seco, que contiene una capa de aire alrededor de tu cuerpo para aumentar el aislamiento. Si vas a utilizar un traje seco dentro de este curso, tu instructor te mostrará cómo compensarlo. Si no estás familiarizado con él, la Sección Dos describe los trajes secos con más detalle.

Técnicas de compensación

Los espacios aéreos en tus oídos son los más sensibles al aumento de presión, pero suponiendo que estés sano (sin catarro ni congestión alérgica) puedes compensarlos fácilmente. Para hacerlo, cierra tu nariz pinzándola y sopla suavemente hacia ella con la boca cerrada; esto dirige el aire de tu garganta a los espacios aéreos de tus oídos y senos. Otra técnica es tragar y mover la mandíbula de un lado a otro. Una tercera técnica combina las dos – tragar y mover la mandíbula mientras soplas suavemente contra la nariz pinzada.

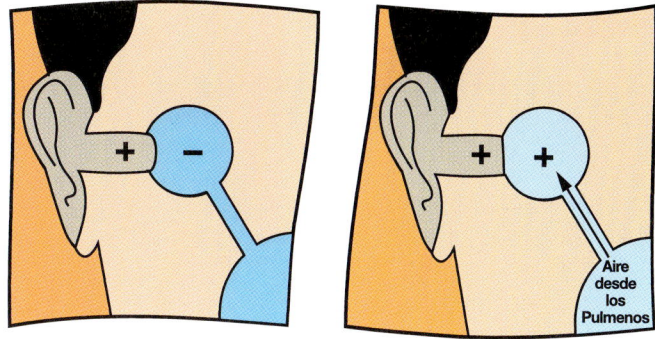

Aire desde los Pulmenos

Compensar impide la compresión

La presión empuja a los tejidos del cuerpo hacia el espacio aéreo, lo que tú notas en tus oídos, senos y máscara. Si continúas descendiendo, se produce una compresión en el espacio aéreo. Para evitar las molestias, debes mantener el volumen de un espacio aéreo normal añadiendo aire durante el descenso. Esto se denomina compensación. Los espacios aéreos de tus oídos y senos se comunican con la garganta permitiendo que utilices el aire de tus pulmones para compensarlos.

Objetivos principales

Marca/subraya las respuestas a las siguientes preguntas conforme vayas leyendo:

11. ¿Cuáles son los tres espacios aéreos principales afectados por la presión?

12. ¿Qué es "compresión"?

13. ¿Qué es la "compensación"?

14. ¿Cuáles son las tres técnicas que se pueden utilizar para compensar los espacios aéreos durante el descenso?

15. ¿Con qué frecuencia debes compensar durante el descenso?

16. ¿Qué tres pasos debes seguir cuando sientas molestias en un espacio aéreo durante el descenso?

La prevención es la clave

Compensa cada metro/pie al descender, antes de sentir molestias. Si sientes molestias en un espacio aéreo, asciende hasta que desaparezcan, compensa, y continúa un descenso lento compensando con más frecuencia.

¡Señala si no puedes compensar!

Si sientes molestias en los oídos u otros problemas de compensación, asegúrate de avisar inmediatamente a tu compañero o al instructor. Tu compañero o el instructor no pueden saber que tienes problemas si *tú no lo señalas.*

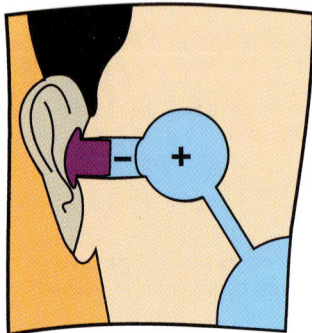

Incompensable

Los tapones convencionales de oídos o una capucha demasiado apretada pueden crear un espacio de aire entre tu tímpano y el tapón/capucha que no podrás compensar.

Compensa cada pocos metros al descender, *antes* de sentir molestias, si esperas hasta sentir molestias, puede que no seas capaz de compensar porque la presión del agua puede ser lo suficientemente fuerte para mantener cerrados los conductos aéreos. En vez de eso, si sientes molestias en un espacio aéreo, asciende hasta que desaparezcan, compensa, y continúa un descenso lento compensando con más frecuencia. Te resultará más fácil compensar cuando tengas más experiencia.

Si no puedes compensar, suspende la inmersión. Continuar descendiendo con un espacio aéreo sin compensar puede producir una rotura de tímpano o lesiones similares. **Nunca intentes compensar con mucha fuerza o durante mucho rato** – ello puede producir también lesiones graves, incluyendo rotura de tímpano, que puede provocar vértigo. Si esto ocurriera, suspende la inmersión. Si el ascender unos metros e intentarlo de nuevo no te permite compensar, no lo fuerces. Sé paciente y suave, o interrumpe la inmersión e inténtalo otro día.

La congestión (debida a catarros o alergias) puede bloquear el aire en los conductos aéreos, haciendo que la compensación resulte difícil o casi imposible. Los medicamentos, como inhaladores nasales y descongestivos, pueden liberar los conductos, pero no deberías hacerlo antes de bucear porque los medicamentos pueden tener efectos secundarios no deseados (tales como el mareo) y pueden perder su efecto mientras estás buceando y provocar problemas de compensación al intentar ascender.

También puedes crear un espacio incompensable en tu conducto auditivo, bien porque la capucha de tu traje sea demasiado estrecha y ocasione una estanqueidad inadvertida en tus oídos o bien porque uses tapones convencionales para los oídos. En cualquiera de los casos, el resultado es un espacio aéreo entre la membrana timpánica de tu oído y la capucha/tapón que no puedes compensar. Para evitarlo, estira hacia afuera la parte de la capucha que está en contacto con tus oídos brevemente para permitir compensar la presión, y nunca utilices tapones convencionales para los oídos mientras bucees. Las únicas excepciones son los protectores auditivos especiales y los tapones perforados para oídos fabricados especialmente para poder utilizarse en el buceo autónomo, los cuales permiten la compensación de la presión.

Compensas el espacio aéreo de tu máscara simplemente exhalando por la nariz. Si se te olvida compensar la máscara,

Cuestionario Rápido

1. Los tres principales espacios aéreos afectados por la presión durante el descenso son:
   - ☐ a. senos, pulmones, estómago
   - ☑ b. máscara, oídos y senos
   - ☐ c. pulmones, máscara y oídos.

2. Una compresión es:
   - ☐ a. un desequilibrio de presión en el que la presión en el interior de un espacio aéreo es mayor que la presión en el exterior del espacio aéreo provocando dolor o molestias.
   - ☑ b. un desequilibrio de presión en el que la presión en el exterior de un espacio aéreo es mayor que la presión en el interior del espacio aéreo, produciendo dolor o molestias.

3. La compensación consiste en añadir aire a un espacio de aire durante el descenso para que la presión en el espacio aéreo sea igual a la presión del agua circundante.
   - ☑ Verdadero ☐ Falso

4. ¿Cuáles son las técnicas para compensar tus oídos? (marca todas las correctas):
   - ☑ a. pinzarse la nariz y soplar suavemente por ella.
   - ☑ b. tragar y mover la mandíbula de lado a lado.
   - ☐ c. hacer un ruido fuerte.
   - ☐ d. Nada de lo anterior.

5. Debes compensar tus oídos:
   - ☐ a. cuando sientas molestias.
   - ☑ b. cada metro antes de sentir molestias.
   - ☐ c. sólo cuando te duela tanto que no puedas resistirlo.

6. Si notas molestias y no puedes compensar, asciende hasta que se pasen las molestias e inténtalo de nuevo. No hagas mucha fuerza para compensar. Si no puedes compensar, suspende la inmersión.
   - ☑ Verdadero ☐ Falso

¿Cómo lo has hecho?
1. b   2. b   3. Verdadero   4. a, b   5. b
6. Verdadero.

notarás una compresión en la máscara, que es una sensación de tirantez en la cara y los ojos. Probablemente te des cuenta de que compensar la máscara se convierte en algo que haces automáticamente. Ten en cuenta que como tu nariz debe estar dentro de la máscara para poder compensar, no puedes utilizar gafas de natación para el buceo con equipo autónomo – porque no incluyen la nariz y no pueden compensarse. Cuando compres una máscara, ten en cuenta esta consideración.

Los efectos de la disminución de presión

Como ya leíste en el tema de la compresión, tus pulmones no experimentan efectos perjudiciales debidos a los cambios de presión cuando aguantas la respiración al bucear en apnea. Tomas una respiración y desciendes y el aumento de la presión del agua comprime el aire de tus pulmones. Durante el ascenso, este aire se expande de forma que cuando llegas a la superficie, tus pulmones han recuperado aproximadamente su volumen original.

Sin embargo, al bucear con equipo autónomo, la situación cambia completamente. El equipo de buceo te permite respirar bajo el agua suministrando aire a una presión igual a la presión del agua circundante. Esto supone que tus pulmones tendrán un volumen normal mientras estén a profundidad. Este aire se expandirá cuando asciendas.

Si respiras normalmente manteniendo las vías aéreas hacia tus pulmones abiertas no hay ningún problema. El aire en expansión se escapa durante el ascenso y tus pulmones mantienen su volumen normal. Pero, si llegaras a aguantar tu respiración, bloqueando las vías aéreas al ascender, tus pulmones se sobreexpanderían, de forma parecida a la bolsa sellada o el globo llenados con aire a profundidad y llevados a la superficie.

El aire en expansión puede producir una sobrepresión pulmonar (rotura de los pulmones), la lesión más grave que puede sufrir un buceador. Por este motivo, **la regla más importante del buceo con equipo autónomo es**

Marca/subraya las respuestas a las siguientes preguntas conforme vayas leyendo:

17. **¿Cuál es la regla más importante del buceo con equipo autónomo?**

18. **¿Cuáles son las consecuencias de romper la regla más importante del buceo con equipo autónomo?**

19. **¿Qué es un "bloqueo inverso"?**

20. **¿Qué tienes que hacer si comienzas a sentir molestias durante el ascenso debido a la expansión del aire en los oídos, senos nasales, estómago, intestino o dientes?**

¡La regla más importante del buceo con equipo autónomo!

Los pulmones podrían resultar dañados si aguantas la respiración incluso por cambios de presión pequeños – incluso con sólo un metro/dos o tres pies. Por eso, es importante respirar siempre continuamente al utilizar el equipo autónomo incluso en agua poco profunda.

respirar continuamente y nunca, nunca aguantar la respiración. La sobrepresión pulmonar se producirá a no ser que permitas que se compense la presión respirando normalmente todo el tiempo. La *sobrepresión pulmonar* puede forzar el aire en el flujo sanguíneo y en la cavidad torácica, lo que produce lesiones graves incluyendo parálisis y muerte.

Algunas personas descubren que tienen una tendencia natural a aguantar la respiración cuando empiezan a aprender a bucear utilizando el equipo autónomo, pero esta tendencia debe cambiarse. Los pulmones podrían resultar dañados incluso por cambios de presión *pequeños* si aguantas la respiración – incluso algo tan pequeño como un metro. Por eso, es importante respirar *siempre* continuamente al utilizar equipo autónomo incluso en agua poco profunda.

Aunque las lesiones por sobrepresión pulmonar son muy graves y se encuentran entre las lesiones de buceo más difíciles de tratar, también son las más fáciles de evitar: Simplemente respira todo el tiempo y no aguantes la respiración cuando utilices el equipo autónomo. Durante tus inmersiones en aguas confinadas practicarás algunos ejercicios durante los cuales tendrás el regulador fuera de la boca, pero incluso entonces no debes aguantar la respiración. En vez de ello, aprenderás a exhalar un flujo continuo de pequeñas burbujas siempre que el regulador no esté en tu boca.

Tus otros espacios aéreos generalmente no causan problemas durante el ascenso. Normalmente, el aire en expansión sale de ellos sin necesidad de ningún esfuerzo consciente. Sin embargo, es posible sentir dolor y molestias en tus senos y oídos al ascender debido a un *bloqueo inverso*, a veces llamado "compresión inversa". Un bloqueo inverso se produce cuando el aire en expansión no puede salir de un espacio aéreo durante el ascenso. En este caso, notarás molestias porque la presión en el interior del espacio aéreo es mayor que la presión del agua circundante.

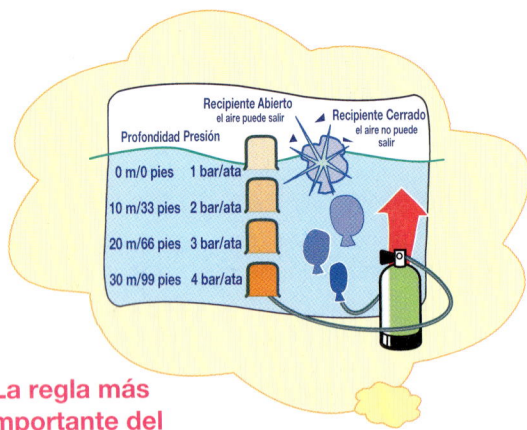

Lee mis labios
Durante tus inmersiones en aguas confinadas practicarás algunos ejercicios durante los cuales tendrás el regulador fuera de la boca. Para no aguantar la respiración exhalas un flujo continuo de pequeñas burbujas.

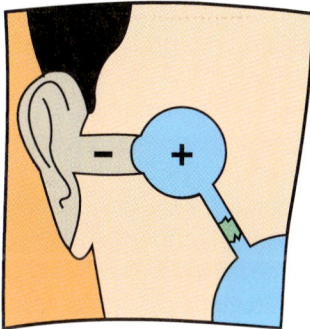

No sale
Un bloqueo inverso se produce cuando el aire en expansión no puede salir de un espacio aéreo durante el ascenso. En este caso, notarás molestias porque la presión en el interior del espacio aéreo es mayor que la presión del agua circundante.

Los bloqueos inversos no son normales y generalmente son resultado de bucear con una congestión que se ha liberado utilizando medicamentos, si el medicamento pierde su efecto bajo el agua. Para evitarlo, no bucees con catarro o congestión por alergia, incluso si has utilizado descongestivos u otros medicamentos.

El gas que se forma en el estómago o los intestinos durante el buceo también puede expandirse durante el ascenso y causar molestias. Esto no es muy normal y puedes prevenirlo evitando alimentos que pueden producir gases antes de bucear. Algunas personas tienen tendencia a tragar aire cuando respiran por la boca a profundidad; este aire también puede expanderse durante el ascenso y provocar alguna molestia. Si te ocurre esto prestar atención a tu respiración y a la acción de tragar romperá normalmente este hábito.

Es posible, aunque muy raro como la compresión en los dientes, que ocurra un bloqueo inverso en un espacio aéreo debajo de un empaste no completamente relleno o en un empaste con erosión posterior. El aire se filtra lentamente en el espacio aéreo durante la inmersión, y no puede salir con la suficiente rapidez cuando comienzas el ascenso. Puedes evitar este bloqueo inverso, igual que la compresión en un diente, mediante controles dentales frecuentes.

Si notas una molestia de bloqueo inverso – ya sea en tus oídos, senos, estómago, intestinos o dientes – ralentiza o para el ascenso, desciende unos metros para dar tiempo al aire de salir. Si experimentas frecuentes bloqueos inversos consulta con un médico que tenga conocimientos de medicina de buceo.

Los efectos del aumento de densidad

Cuando digas a tus amigos que estás aprendiendo a bucear, seguro que más de uno te pregunta cuánto tiempo puedes estar debajo del agua con una botella de buceo. Una respuesta educada es, "Oh, alrededor de una hora, más o menos", pero como verás, la respuesta

Cuestionario Rápido

1. La regla más importante en el buceo con equipo autónomo es: **Respira continuamente y no aguantes nunca la respiración.**
   - ☑ Verdadero ☐ Falso

2. Ascender aguantando la respiración (marca todas las correctas):
   - ☑ a. puede producir lesiones por sobrepresión pulmonar.
   - ☑ b. puede producir lesiones graves, incluyendo parálisis y muerte.
   - ☑ c. produce lesiones que son fáciles de evitar no aguantando la respiración.

3. Un bloqueo inverso es:
   - ☑ a. dolor y molestias causadas por el aire en expansión atrapado en el interior de un espacio aéreo durante el ascenso.
   - ☐ b. dolor y molestias causadas por la presión exterior en un espacio aéreo.

4. Si sientes molestias durante el ascenso debido a un bloqueo inverso debes:
   - ☑ a. frenar o detener el ascenso y dar tiempo para que el aire atrapado salga.
   - ☐ b. descender para comprimir el aire y permitir que pase a otra parte del cuerpo.
   - ☐ c. nada de lo anterior.

¿Cómo lo has hecho?
1. Verdadero   2. a, b, c   3. a   4. a.

Objetivos principales

Marca/subraya las respuestas a las siguientes preguntas conforme vayas leyendo:

21. ¿Cómo afecta el aumento de profundidad a la duración del suministro de aire?

22. ¿Cuál es el método más eficaz de respirar aire denso bajo el agua?

---

técnicamente correcta es, "Depende". Es así, depende de la profundidad a la que bucees (así como de tu ritmo respiratorio).

El equipo de buceo proporciona aire a una presión igual a la presión ambiente. Si aplicas lo que aprendiste antes sobre presión y volumen, verás que gastas el aire más rápido cuanto más profundo vayas. Por ejemplo, la presión a 20 metros/66 pies es igual a tres bar, por lo que en cada respiración necesitas tres veces más moléculas de aire para llenar tus pulmones con el mismo volumen. Por eso, si todos los factores son iguales, tu suministro de aire te durará a 20 metros/66 pies, sólo un tercio del tiempo que te dura en la superficie.

Asimismo, como ya has aprendido, cuanto mayor sea la profundidad, más denso es el aire. El aire más denso es más difícil de inhalar y exhalar que el aire a la presión y densidad normales en la superficie, haciendo que el esfuerzo acelere de forma exponencial el ritmo respiratorio. Es decir, te cuesta aproximadamente cuatro veces más esfuerzo respirar el aire dos veces más rápido. Por eso, debes hacer respiraciones profundas y lentas al respirar aire más denso al bucear. Para un ahorro mayor de aire, ahorra energía y no te agotes. Busca tu propio ritmo de forma que respires normalmente durante toda la inmersión. Relájate. No deberías perder el ritmo respiratorio

Profundidad	Presión	Volumen de Aire	Volumen Equivalente en Superficie
0 m/0 pies	1 bar/ata	1	x 1
10 m/33 pies	2 bar/ata	1/2	x 2
20 m/66 pies	3 bar/ata	1/3	x 3
30 m/99 pies	4 bar/ata	1/4	x 4

Más profundo = Más rápido

El equipo de buceo proporciona aire a una presión igual a la presión ambiente. Esto significa que cuanto más profundo vayas más rápido gastarás el aire.

al bucear – bucear es divertido y emocionante, pero no se supone que tengas que terminar agotado bajo el agua.

Equipo de buceo

Ya te habrás dado cuenta de que necesitas equipo para bucear. Es posible que incluso ya tengas parte de tu propio equipo. Así que, probablemente, ya estás familiarizado con los tipos básicos de equipo de buceo. Pero puede que no estés tan familiarizado con algunas de las características u opciones específicas que se aplican a cada tipo, o en qué se diferencia el equipo utilizado principalmente para bucear con tubo del equipo diseñado para el buceo con equipo autónomo. Además, puede que todavía no seas consciente de algunos elementos del equipo que utilizarás. Este apartado se dedica a los fundamentos de la máscara, tubo, aletas, chalecos, botellas de buceo, reguladores y manómetros, todos los cuales utilizarás en tus inmersiones en aguas confinadas.

Puntos clave

En este subapartado sobre el Mundo subacuático has aprendido que:

▲ Un objeto se hunde, flota o no hace ni una cosa ni la otra dependiendo de su peso y de su desplazamiento.

▲ Para controlar tu flotabilidad, utilizarás el sistema de lastre y el chaleco, además del volumen pulmonar.

▲ El cuerpo está compuesto principalmente de líquido incompresible, por lo que sólo notas la presión en los espacios aéreos, que contienen aire compresible.

▲ Existe una relación proporcional entre presión, volumen y densidad del aire.

▲ Puedes utilizar una de las tres técnicas cada metro/pie para compensar tus oídos y evitar una compresión cuando desciendes.

▲ Exhalas en tu máscara por la nariz para prevenir la compresión.

▲ Nunca debes continuar descendiendo si no has compensado.

▲ La regla más importante del buceo con equipo autónomo es no aguantar nunca la respiración.

▲ No debes bucear con congestión por catarro o alergia, incluso aunque tomes descongestivos.

▲ Cuanto más profundo vayas, más rápido gastarás el aire.

▲ Al bucear con equipo autónomo debes respirar lenta y profundamente y evitar perder el ritmo respiratorio.

Al aprender estos conceptos, ten en cuenta que el equipo de buceo tiene miles de estilos y colores que hacen que resulte agradable y elegante además de práctico. Qué tipo se adapta mejor a ti dependerá de tus preferencias, del tipo de actividades de buceo que te interesen, de dónde vas a bucear y de otras variables. Tu PADI Dive Center, Resort o Instructor pueden mostrarte los diferentes tipos y modelos que mejor sirvan a tus necesidades.

Máscaras

Finalidad. No es una gran noticia decir que necesitas una máscara para ver bajo el agua. El *por qué* la necesitas es porque la luz se comporta de forma diferente en el agua y en el aire, y tus ojos enfocan según el comportamiento de la luz en el aire. Esta es la razón por la que se ve todo borroso en el agua. La máscara crea un espacio aéreo para que tus ojos puedan enfocar.

Como ya has aprendido, la máscara crea un espacio aéreo que debes compensar durante el descenso para prevenir la compresión de la máscara. Es por lo que la máscara debe incluir la nariz. Las gafas de nadar, que sólo cubren los ojos sin incluir tu nariz no pueden compensarse. Son buenas para nadar en la superficie pero no son aceptables para bucear.

Al comprar una máscara no escatimes. Consigue una buena máscara diseñada específicamente para el buceo con equipo autónomo que se te adapte bien. Si lo piensas, en aguas cálidas puedes pasarlo muy

Cuestionario Rápido

Autoevaluación 6

1. Conforme desciendes gastas el aire de tu botella de buceo:
   - ❏ a. más lentamente.
   - ☑ b. más rápido.
   - ❏ c. igual.
2. El método más eficaz para respirar bajo el agua es rápido y poco profundo.
   - ❏ Verdadero ☑ Falso

¿Cómo lo has hecho?
1. b   2. Falso.

Objetivos principales

Marca/subraya las respuestas a las siguientes preguntas conforme vayas leyendo:

23. ¿Por qué un buceador necesita una máscara?

24. ¿Por qué debe estar la nariz dentro de la máscara?

25. ¿Qué seis características debes buscar en una máscara?

26. ¿Cuáles son los dos factores más importantes al comprar una máscara?

27. ¿Cómo preparas una máscara nueva para ser usada por primera vez?

28. ¿Qué tres procedimientos de mantenimiento general se aplican al cuidado de una máscara?

Para obtener más información sobre...

Equipo de buceo
Consultar La *Enciclopedia del Buceo Recreativo PADI* y el *CD-ROM Enciclopedia Multimedia PADI.*

bien con *sólo* una máscara, pero si tienes todas las piezas del equipo *excepto* la máscara, no tendrás motivos para ir al agua. Po tanto tu máscara es importante.

Tipos. Los tipos de máscara varían desde los modelos sencillos con un perfil ovalado hasta los estilos modernos con volúmenes internos reducidos y amplio campo de visión. Algunas máscaras incorporan dos paneles laterales para mejorar la visión periférica. La inmensa mayoría de las máscaras que elijas son máscaras de perfil reducido, que tienen un perfil con una muesca a la altura de la nariz y un espacio para permitir que la nariz sobresalga del cristal. Esto permite que el cristal quede más cerca de los ojos para aumentar el campo de visión y hace más fácil pinzarse la nariz para compensar. Muchas de las máscaras con paneles laterales incorporan el diseño de perfil reducido.

Características. Las máscaras diseñadas para el buceo con equipo autónomo tienen estas características:

1. Superficie de cristal templado. Si se rompiera, el cristal templado es menos probable que lo haga er trozos afilados.

2. Faldón cómodo que se adapte a tu cara y selle bien.

3. Espacio para la nariz o para los dedos. Para que resulte más fácil compensar los oídos, la máscara debe tener alguna forma de poder pinzar o bloquear cómodamente la nariz.

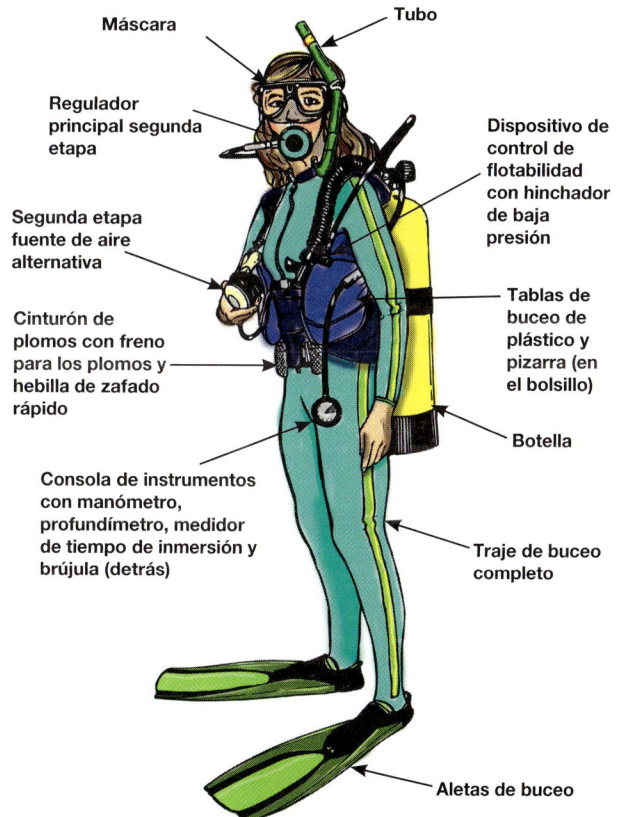

Ventana al mundo subacuático

La inmensa mayoría de las máscaras que elijas son máscaras de perfil reducido, que tienen un perfil con una muesca a la altura de la nariz y un espacio para permitir que la nariz sobresalga del cristal.

Tener tu propio equipo. El buceador completo

El equipo de buceo tiene miles de estilos y colores que hacen que resulte agradable y elegante además de práctico. Qué tipo se adapta mejor a ti dependerá de tus preferencias, del tipo de actividades de buceo que te interesen, de dónde vas a bucear y de otras variables.

Máscara

Tubo

Regulador principal segunda etapa

Dispositivo de control de flotabilidad con hinchador de baja presión

Segunda etapa fuente de aire alternativa

Cinturón de plomos con freno para los plomos y hebilla de zafado rápido

Tablas de buceo de plástico y pizarra (en el bolsillo)

Botella

Consola de instrumentos con manómetro, profundímetro, medidor de tiempo de inmersión y brújula (detrás)

Traje de buceo completo

Aletas de buceo

4. **Perfil reducido.** Cuanto menor sea el perfil de la máscara, menos aire necesitarás para compensarla y vaciarla si se inunda, pero la principal ventaja es que te proporciona un mayor campo de visión.

5. **Tira ajustable que pueda fijarse en su sitio.**

6. **Amplio campo de visión.** Esto se consigue mediante el perfil reducido y/o el diseño con cristales laterales.

Una característica opcional que puedes encontrar en algunas máscaras es una *válvula de purga*. Una válvula de purga es una válvula unidireccional utilizada para vaciar el agua de la máscara. Es fácil vaciar el agua de una máscara sin válvula de purga, por eso se considera opcional, pero es una buena característica extra si la máscara se te adapta bien en todo lo demás.

Faldón cómodo

Cristal templado

Tira ajustable

Perfil reducido

Espacio para la nariz o los dedos

Diseño panorámico

Seis características que se encuentran en las máscaras de buceo.

Materiales. Las máscaras de buceo están realizadas casi siempre de silicona. La silicona es normalmente translúcida, aunque algunas veces los fabricantes añaden colorantes para que sea negra, o de un color translúcido, lo que básicamente hace que sea más bonita. ¿Por qué no puede ser elegante y práctica?

En alguna ocasión puedes encontrar máscaras realizadas de goma negra o coloreada aunque ya casi han desaparecido incluso los modelos más baratos. Esto es debido a que la silicona dura tres o cuatro veces más que la goma, es generalmente más suave, normalmente es más bonita y no irrita las pieles sensibles. Puedes ver usar máscaras de goma pero tienden a ser la excepción en vez de lo normal.

Selección y compra. Al comprar *cualquier* pieza del equipo de buceo, los dos factores de selección más importantes son *ajuste y comodidad*. Esto es especialmente cierto para tu máscara, porque una máscara que no se adapta bien puede inundarse y/o ponerte nervioso y eliminar la diversión de la inmersión. (Nota: no tienes que preocuparte por el estilo. El equipo de buceo está disponible en una variedad suficiente para poder compaginar ajuste y comodidad en primer lugar, y después tener buen aspecto. (También puedes comprar casi todo en negro).

Para probar si una máscara se ajusta bien, utiliza la prueba de "inhalar por la nariz". Coloca la máscara suavemente contra tu cara sin utilizar la tira y a continuación inhala por la nariz. Una máscara que se ajuste adecuadamente se quedará en su sitio por la succión y permanecerá ahí mientras inhales. Si tienes que empujarla o mover la máscara para que selle, prueba una diferente. Después de encontrar unas cuantas que ajusten bien, intenta pinzarte la nariz con ellas para elegir la que te resulte más cómoda.

Si necesitas corrección visual, algunas máscara admiten lentes graduadas. Deberás pensar en ello al elegir la máscara porque no todas lo permiten. Tu PADI Dive Center, Resort o Instructor pueden ayudarte a seleccionar una máscara adecuada para ti.

Preparación para el uso. Los fabricantes cubren las máscaras nuevas con un protector químico que debes eliminar para poder ser capaz de desempañar la máscara. Para eliminar esa película, utiliza un paño suave para frotar el interior y el exterior del cristal con pasta dentífrica que no sea gel u otro tipo de limpiador abrasivo con pequeñas partículas que puedan eliminar la película sin rayar el cristal. Asegúrate de hacerlo antes de la inmersión en aguas confinadas.

A continuación, ajusta la tira de la máscara para que se adapte cómodamente al contorno de tu cabeza. La tira debe estar ajustada pero no apretada, y asegúrate de cerrar el seguro de cierre (varía un poco de una máscara a otra) para que no se afloje.

Mantenimiento. Hay tres procedimientos generales de mantenimiento que se aplican a todo el equipo de buceo, incluyendo la máscara: 1) lavarla cuidadosamente con agua dulce después de cada uso (incluso en la piscina), 2) mantenerla apartada de la luz solar directa y 3) guardarla en un sitio fresco y seco.

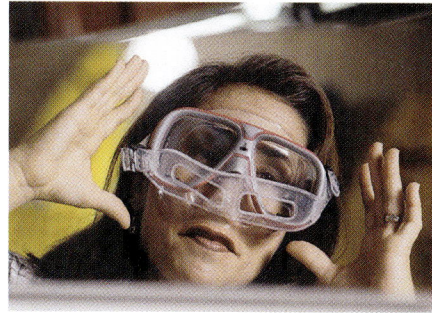

Pegadas
Para probar si una máscara se ajusta bien, utiliza la prueba de "inhalar por la nariz". Coloca la máscara suavemente contra tu cara sin utilizar la tira y a continuación inhala por la nariz. Una máscara que se ajuste adecuadamente se quedará en su sitio por la succión y permanecerá ahí mientras inhales.

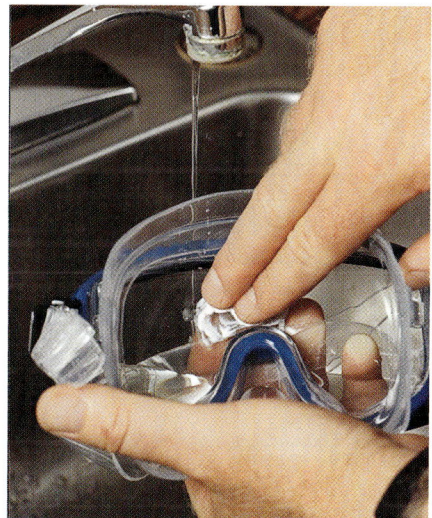

Ver con claridad
Para eliminar la película química que viene de fábrica, utiliza un paño suave para frotar el interior y el exterior del cristal con pasta dentífrica que no sea gel u otro tipo de limpiador abrasivo con pequeñas partículas que puedan eliminar la película sin rayar el cristal.

1. Necesitas una máscara para ver bajo el agua porque:
    - ☑ a. el ojo humano no puede enfocar bajo el agua.
    - ❏ b. la máscara filtra de forma especial la luz bajo el agua.
    - ❏ c. la máscara es una parte importante para tener un buen aspecto.

2. Una máscara debe incluir tu nariz:
    - ❏ a. para tener un mejor campo de visión.
    - ☑ b. para poder compensar el espacio aéreo de la máscara.
    - ❏ c. para poder pinzarte la nariz y compensar los oídos.

3. Las seis características que debe tener una máscara incluyen (marca todas las correctas):
    - ☑ a. perfil reducido.
    - ❏ b. válvula de purga.
    - ☑ c. espacio para la nariz o los dedos.
    - ☑ d. amplio campo de visión.

4. Los factores más importantes al comprar una máscara (y otros elementos del equipo) son:
    - ❏ a. tipo y color.
    - ☑ b. comodidad y ajuste.

5. Para preparar una máscara nueva para su uso (marca todas las correctas):
    - ☑ a. retira la película protectora que viene de fábrica.
    - ☑ b. ajusta la tira.

6. El mantenimiento de tu máscara (y otros elementos del equipo de buceo) incluye (marca todas las correctas):
    - ☑ a. enjuagarla con agua dulce después de cada uso.
    - ☑ b. almacenarla en un lugar fresco y seco.
    - ❏ c. secarla al sol.

¿Cómo lo has hecho?
1. a   2. b   3. a, c, d   4. b   5. a, b   6. a, b.

El lavado con agua dulce elimina la sal, el cloro y/o los minerales que contribuyen a la corrosión y al deterioro. Enjuágalas cuidadosamente lo antes posible después de bucear; si no puedes enjuagar tu equipo enseguida, generalmente es mejor mantenerlo húmedo que dejar que el agua salada se seque porque es más difícil eliminar la sal después de que se haya secado.

La luz del sol perjudica a la silicona (sobre todo a la goma), por lo que debes evitar dejar tu equipo bajo la luz solar directa. Si debe quedar al sol en el sitio de buceo o en el barco, puedes colocar una toalla por encima. Seca tu equipo cuidadosamente antes de almacenarlo en un lugar seco y fresco, alejado de los hidrocarburos y el ozono.

Mantén las máscaras y otras piezas del equipo de buceo hechas de silicona fuera del contacto con el neopreno. El neopreno reacciona con la silicona y la decolora, lo que no la perjudica funcionalmente pero hace que su apariencia sea peor.

Tubos

Finalidad. Puesto que los buceadores tienen una botella y un regulador, te puedes asombrar de por qué un tubo es un elemento estándar del equipo de buceo. En realidad, necesitas el tubo por unas cuantas razones al bucear con equipo autónomo. Primero, te permite descansar o nadar con la cara dentro del agua, como cuando estás mirando algo bajo el agua, sin gastar aire de la botella. Segundo, si hay un poco de oleaje en la superficie, las olas pueden entrar en tu boca si no tienes el tubo, pero normalmente el tubo es lo suficientemente alto para mantenerse por encima de las olas. Tercero, si te quedas sin aire lejos del barco o la orilla, te facilita el nadar de regreso, descansando con la cara dentro del agua.

Si estás buceando en apnea o con tubo, el tubo te permite ver el mundo subacuático continuamente, sin la interrupción de tener que levantar la cabeza para respirar. Puedes estar en el agua todo el día descansando con la cara dentro del agua, pero te cansarás fácilmente si tienes que levantar tu cabeza para respirar. Inténtalo y verás.

Objetivos principales

Marca/subraya las respuestas a las siguientes preguntas conforme vayas leyendo:

29. **¿Por qué necesita un buceador un tubo respirador?**

30. **¿Qué tres características tiene un tubo de respiración fácil?**

31. **¿Cómo compruebas al comprar un tubo respirador que es cómodo y se adapta bien?**

32. **¿Cómo preparas un tubo respirador nuevo para ser usado por primera vez?**

Respirar con facilidad
Tu tubo es una pieza del equipo normal de buceo con equipo autónomo porque te permite descansar en la superficie con la cara en el agua, y ahorrar aire de la botella al nadar en la superficie.

Tipos. Los tubos disponibles para el buceo con equipo autónomo son elementos muy simples – básicamente, son poco más que un tubo que sale de la superficie y una boquilla que se ajusta con comodidad a tu boca. Están disponibles con una gran variedad de características.

Características. Busca un tubo del que se respire fácilmente. El diámetro del tubo, la longitud y la forma afectan a la resistencia a la respiración, por lo que en general debes buscar que:

1. Tenga un diámetro grande – para que no parezca que respiras de una pajita.

2. No sea demasiado largo – si un tubo es demasiado largo, es difícil vaciarlo y estarás respirando mucho aire residual. 43 centímetros/17 pulgadas, más o menos, es una longitud adecuada.

3. Esté diseñado con ángulos suaves y redondeados – los ángulos afilados aumentan la resistencia a la respiración.

Los tubos populares de hoy en día tienen otras características: se ajustan al contorno de tu cabeza para reducir la resistencia al avance, y la mayoría tienen una característica opcional de autovaciado. Esta característica hace más fácil vaciar el agua del tubo en la superficie. Algunos tubos tienen la parte inferior flexible que permite que la boquilla se aparte de la zona de la boca cuando no lo estás utilizando. Algunos tubos tienen en la parte superior piezas que evitan que el agua entre y mantienen el tubo seco. Todas estas características son buenas si las deseas, siempre y cuando no interfieran con la facilidad para respirar.

Materiales. La mayoría de los tubos que se venden hoy en día están hechos de una combinación de plástico y silicona. La parte superior del tubo (cilindro) normalmente está fabricada de un tubo de plástico semirígido. La parte inferior y la boquilla normalmente están hechas de silicona. Puedes encontrar tubos en una gran variedad de colores que se combinan con la máscara.

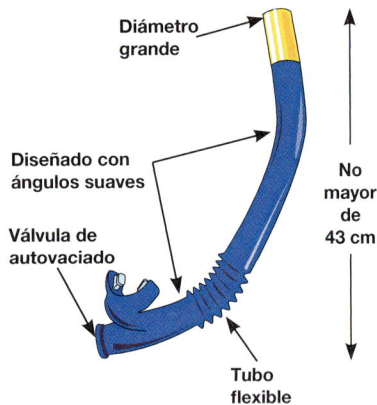

Diámetro grande

Diseñado con ángulos suaves

Válvula de autovaciado

No mayor de 43 cm

Tubo flexible

Características de los tubos utilizados para el buceo con equipo autónomo.

Tubos de alta tecnología

La mayoría de los tubos que se venden hoy en día están hechos de una combinación de plástico y silicona. El tubo está realizado normalmente de un cilindro de plástico semirígido. La parte inferior y la boquilla están realizadas normalmente de silicona.

Selección y compra. Escoge tu tubo basándote en la comodidad, ajuste y mínima resistencia a la respiración. Para comprobarlo, coloca el tubo en tu boca con el borde de la boquilla situado entre tus labios y tus dientes. Deberías ser capaz de ajustar la boquilla cómodamente sin producir fatiga en la mandíbula, mientras se mantiene en la boca. Tu Instructor, Dive Center o Resort pueden ayudarte a comprar un tubo adecuado.

Preparación para el uso. Coloca el tubo en el lado *izquierdo* de tu máscara (porque tu regulador llega por la derecha). Lo harás con un enganche o muesca en el tubo, o con un sistema de enganche que venga con el tubo. Ajusta el tubo y el enganche de forma que la parte superior del tubo quede a la altura de la parte superior de tu cabeza con la boquilla en su sitio. Deberías ser capaz de relajar la mandíbula sin perder la boquilla.

Mantenimiento. Igual que con la máscara, enjuaga tu tubo después de cada uso y almacénalo en un sitio fresco y seco y manténlo apartado de la luz solar directa. Almacénalo apartado de la goma para evitar que se manchen las partes de silicona.

Aletas

Finalidad. Las aletas proporcionan una gran superficie para que los potentes músculos de tus piernas puedan moverte por el agua. Esto es mucho más efectivo que nadar con tus brazos, aunque hay buceadores con uso limitado de sus piernas que utilizan sus brazos con aletas especiales para las manos.

Todas las aletas, independientemente del tipo o características tienen espacios para tus pies y paletas para la propulsión.

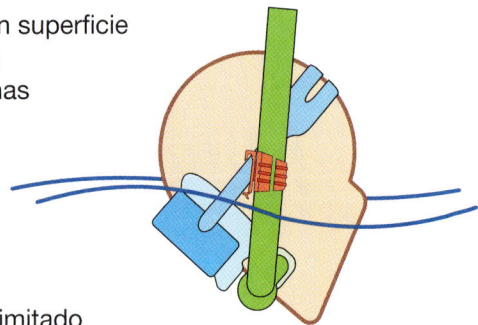

Cada cosa en su sitio

Ajusta el tubo y el enganche de forma que la parte superior del tubo quede a la altura de la parte superior de tu cabeza con la boquilla en su sitio. Deberías ser capaz de relajar la mandíbula sin perder la boquilla.

1. Necesitas un tubo al bucear con equipo autónomo (marca todas las correctas):
   ☑ a. para ahorrar aire al nadar o descansar en la superficie.
   ☑ b. para que resulte más fácil respirar cuando la superficie esté un poco movida.
   ☑ c. en caso de que tengas que nadar una larga distancia con una botella vacía.

2. Un tubo de fácil respiración ¿qué características tiene? (marca todas las correctas):
   ☑ a. diámetro grande.
   ❑ b. tubo muy largo.
   ☑ c. ángulos redondeados.

3. Un tubo bien ajustado (marca todas las correctas):
   ❑ a. tiene la abertura cerca de tu frente.
   ☑ b. se mantiene en tu boca con la mandíbula relajada.
   ☑ c. se coloca en el lado izquierdo de tu máscara.

¿Cómo lo has hecho?
1. a, b, c   2. a, c   3. b, c.

Tipos. Las aletas modernas vienen en dos tipos básicos: de tira ajustable y de pie cerrado. Las aletas ajustables tienen huecos abiertos y una tira ajustable, mientras que las de pie cerrado incluyen el talón y se ajustan como las zapatillas de goma.

La mayoría de los buceadores utiliza aletas ajustables porque puedes llevar botines de neopreno con ellas. Además, la mayoría de las aletas de gran potencia adecuadas para el buceo con equipo autónomo son del tipo de tira ajustable, aunque hay excepciones. Los buceadores con tubo y con equipo autónomo en aguas cálidas prefieren a menudo aletas de pie cerrado porque no necesitan llevar botines.

Características. Las aletas tienen varias características para elegir, especialmente en lo relativo a las características del diseño de la pala. Las aletas con división central están diseñadas para impulsar el agua directamente hacia atrás para una máxima eficiencia. Las características de la pala incluyen nervios que añaden rigidez a la paleta y que actúan como estabilizadores verticales; aberturas, que reducen la resistencia al movimiento de la aleta y aumentan la eficacia; y canales, que aumentan la eficacia guiando el agua suavemente sobre la aleta. (Puedes mantener largos y apasionados debates con tus compañeros buceadores sobre qué aletas ofrecen el mejor rendimiento pero, aunque esto te pueda servir para hacer algo cuando no puedes ir a bucear, la realidad es que las mejores aletas ofrecen un rendimiento similar si *llevas la mejor aleta para ti.*)

Materiales. La mayoría de las aletas modernas utilizan una construcción combinada, con los huecos para el pie y las tiras de los

Objetivos principales

Marca/subraya las respuestas a las siguientes preguntas conforme vayas leyendo:

33. **¿Por qué necesita un buceador las aletas?**

34. **¿Cuáles son los dos tipos de aletas básicos?**

35. **¿Qué características del diseño de la pala pueden mejorar el rendimiento de una aleta?**

36. **¿Cómo preparas unas aletas nuevas para ser usadas por primera vez?**

37. **¿Qué tres consideraciones debes tener en cuenta al comprar un tipo específico de aleta?**

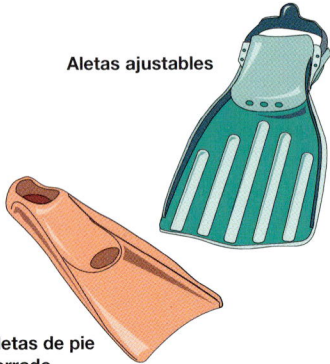

Aletas ajustables

Aletas de pie cerrado

Energía en los pies

Las aletas modernas vienen en dos tipos básicos: de tira ajustable y de pie cerrado. Las aletas ajustables tienen huecos abiertos y una tira ajustable, mientras que las de pie cerrado incluyen el talón y se ajustan como las zapatillas de goma.

Goma y plástico
Aleta de tira ajustable de componentes modernos.

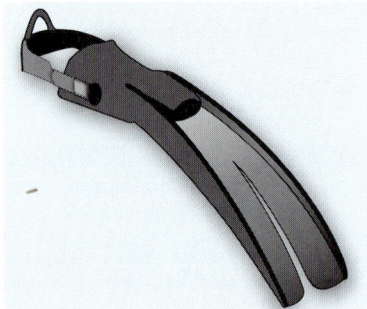

Decisión dividida
Algunas de las aletas más modernas tienen una división central para reducir la resistencia con su forma de pala como la cola de un pez o una ballena.

tobillos de goma (o un material similar), y la paleta realizada de un material plástico adecuado. Sin embargo, las aletas hechas completamente de goma siguen siendo populares aunque la goma esté dejando de utilizarse en otras piezas del equipo. Las aletas de goma duran mucho tiempo y tienen unas características de rendimiento que prefieren muchos buceadores. Los buceadores que prefieren las aletas combinadas prefieren el hecho de que pesan menos, pueden ofrecer mayor eficacia de propulsión y puedes comprarlas en una gran variedad de colores para combinar con el tubo y la máscara. Las aletas combinadas pueden afectar a tu flotabilidad si las comparas con las de goma porque pesan menos.

Selección y compra. Compras tus aletas basándote en tu tamaño, tu capacidad física y en dónde piensas bucear. Si estás buscando unas aletas de tira ajustable, tendrás que tener los botines de tu traje para comprobar el ajuste correcto. Con los botines puestos, coloca tu pie en el hueco. El hueco debería llegar hasta el punto en el que el tobillo se junta con el pie – si no llega hasta esa altura, necesitas una talla mayor. Las aletas de pie cerrado deberían ajustar cómodamente sin apretar pero sin quedar flojas. Al probar aletas de pie cerrado puede servir de ayuda mojar el pie desnudo. Para una determinada talla de aleta, cuanto mayor y más rígida sea la pala, más fuerza necesitarás para utilizarla.

Al buscar aletas que se adapten a tu talla, capacidad física y dónde vayas a utilizarla, tus consideraciones principales son (ya te lo imaginabas) el ajuste y la comodidad. Si no estás seguro de qué modelo elegir, pide a tu Instructor, Dive Center o Resort PADI que te ayuden.

Preparación para el uso. Las aletas de pie cerrado generalmente no requieren preparación, pero necesitas ajustar las aletas de tira ajustable para que ajusten con comodidad. Haz esto con los botines del traje puestos, por supuesto. Puede que las tiras de las aletas nuevas estén cubiertas de una capa protectora. Debes eliminarla porque sino las tiras tenderán a deslizarse y perderás el ajuste.

Mantenimiento. Al igual que con la máscara y el tubo, enjuaga tus aletas con agua dulce después de cada uso, almacénalas en un lugar seco y fresco y manténlas alejadas de la luz solar directa. Inspecciona la tira de las aletas con regularidad – tienden a estropearse más rápido que las tiras de otras partes del equipo.

Elegancia y rendimiento
El buceador de hoy en día puede elegir equipo sofisticado y funcional, con estilo y colores coordinados que varían desde los rojos brillantes hasta los discretos azules, grises y negro.

Ajuste del pie en la aleta
El hueco de la aleta debería llegar hasta el punto en el que el tobillo se junta con el pie – si no llega hasta esa altura, necesitas una talla mayor.

Ajuste de la aleta de pie cerrado
Las aletas de pie cerrado también deberían llegar hasta el punto en el que el tobillo se junta con el pie. Deben ajustar cómodamente sin apretar ni quedar demasiado flojas.

Cuestionario Rápido
Autoevaluación 9

1. Las aletas te ayudan a moverte eficazmente al permitirte utilizar los músculos de tus piernas para nadar.

   ☑ Verdadero ❑ Falso

2. ¿Qué tipo de aleta utilizas normalmente con los botines del traje húmedo?

   ❑ a. aletas de zapatilla.
   ❑ b. aletas de traje húmedo.
   ☑ c. aletas de tira ajustable.

3. ¿Cuáles de las siguientes son características del diseño de la pala que mejoran el rendimiento? (marca todas las correctas):

   ❑ a. aberturas.
   ❑ b. aspas.
   ☑ c. canales.
   ❑ d. costillas.

4. Para preparar las aletas nuevas para su uso (marca todas las correctas):

   ☑ a. ajusta la tira (para las aletas ajustables).
   ☑ b. no tienes que hacer nada especial (para las aletas cerradas).
   ❑ c. Nada de lo anterior.

5. Las consideraciones que afectan a la aleta que compres incluyen (marca todas las correctas):

   ☑ a. tu tamaño.
   ☑ b. tu fuerza.
   ☑ c. dónde piensas bucear.

¿Cómo lo has hecho?
1. Verdadero   2. c   3. a, c, d
4. a, b   5. a, b, c.

Equipo autónomo de buceo

Aunque el buceo con equipo autónomo existe desde hace más de 50 años, ha sido en las dos últimas décadas cuando el equipo ha evolucionado hacia el equipo con la eficacia, fiabilidad y diseño que utilizamos hoy. Encontrarás el equipo autónomo fácil de utilizar, fiable, cómodo y estarás contento de poseerlo.

Objetivos principales

Marca/subraya las respuestas a las siguientes preguntas conforme vayas leyendo:

38. **¿Por qué necesita un buceador un chaleco hidrostático?**

39. **¿Por qué necesitan los buceadores las espalderas?**

40. **¿Con qué pieza del equipo se integra normalmente la espaldera?**

41. **¿Qué tipo de chaleco de entre los tres tipos básicos es el más utilizado por los buceadores recreativos?**

42. **¿Qué cinco características tienen en común todos los chalecos hidrostáticos?**

43. **¿Cómo preparas un chaleco hidrostático para su uso?**

44. **¿Qué dos procedimientos de mantenimiento especiales se aplican para la conservación de los chalecos hidrostáticos?**

El equipo de buceo autónomo moderno consta de tres componentes básicos: el chaleco, la botella de buceo (con grifería) y el regulador. Veamos cada uno de ellos empezando por el chaleco.

Chalecos

Finalidad. Como ya hemos leído antes, el oportunamente denominado dispositivo de control de flotabilidad, o chaleco, es una bolsa flexible que puedes hinchar o deshinchar para controlar tu flotabilidad. Puedes hacerlo de forma oral, utilizando aire de tus pulmones, aunque la mayor parte del tiempo utilizarás un *hinchador de baja presión*, que infla tu chaleco con aire directamente de tu botella. Para reducir tu flotabilidad, deshinchas el chaleco a través de un latiguillo o válvula.

Además de permitirte regular tu flotabilidad bajo el agua, el chaleco te proporciona flotabilidad positiva para descansar, nadar o prestar ayuda a otros. Como puedes imaginar, se considera un equipo estándar obligatorio para el buceo con equipo autónomo.

Tipos. Hay tres tipos básicos de chalecos: frontales, dorsales y tipo chaqueta. De estos, los buceadores recreativos normalmente utilizan con una gran diferencia el de tipo de chaqueta. Se coloca como una chaqueta sin mangas, manteniendo tu botella en su sitio además de ofrecerte el control de la flotabilidad.

Ya no es común ver los chalecos frontales, aunque este es el diseño original del chaleco. Parece algo así como un

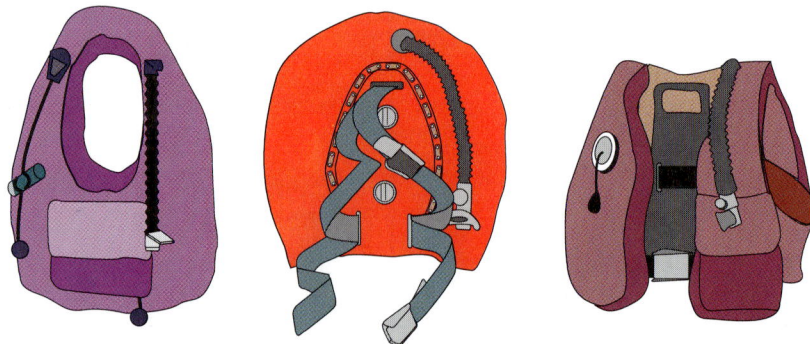

Pasado y presente
Hay tres tipos básicos de chalecos: frontales, dorsales y tipo chaqueta. De estos, los buceadores recreativos normalmente utilizan, con una gran diferencia, el de tipo de chaqueta.

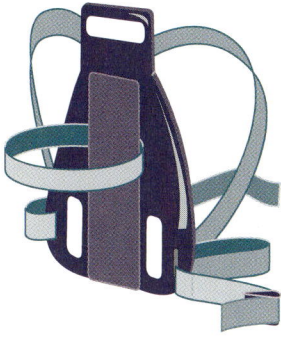

En tu espalda
Necesitas una espaldera para sujetar la botella a tu espalda, aunque los chalecos de hoy en día la integran en su diseño.

chaleco salvavidas, que se coloca por encima de la cabeza y necesita una espaldera separada para la botella.

Los chalecos dorsales también son relativamente poco frecuentes aunque todavía se utilizan para bucear con bibotellas. Algunos chalecos modernos se encuentran un poco entre los chalecos dorsales y los de tipo de chaqueta, con tipos y características de los del tipo de chaqueta pero con la mayor parte de la bolsa de flotación detrás como en los chalecos dorsales. Sin entrar en argumento semánticos, para nuestro propósito, los trataremos como chalecos modernos tipo de chaqueta adaptados al buceo recreativo.

Una pieza del equipo relacionada es la espaldera, que en los tiempos de los chalecos frontales tenías que tener como una pieza separada del equipo. Necesitas una espaldera para sujetar la botella en tu espalda, pero los chalecos de hoy en día la integran en su diseño. Igual que los chalecos dorsales, es muy poco común ver espalderas separadas hoy en día.

Características. Independientemente del tipo, un chaleco tiene cinco características necesarias para el buceo con equipo autónomo: Primera, debe contener suficiente aire para ofrecer a ti y a tu equipo suficiente flotabilidad en la superficie. Segunda, debe tener un latiguillo de hinchado/deshinchado de gran diámetro, para poder soltar aire rápidamente y con facilidad. Tercera, debería tener un sistema de hinchado de baja presión para llenar el chaleco con aire directamente de la botella. Cuarta, debe tener una válvula de sobrepresión para evitar que el chaleco se rompa debido a un hinchado excesivo o a la expansión del aire durante el ascenso. Y por último, debería ser lo suficientemente ajustable (dentro de tu talla) para ajustarse cómodamente y no subirse demasiado cuando lo hinchas.

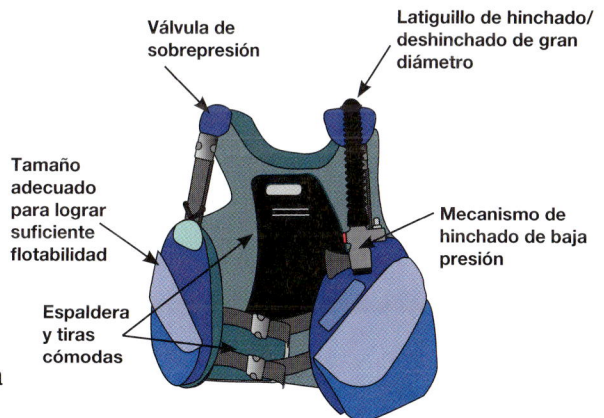

Válvula de sobrepresión

Latiguillo de hinchado/deshinchado de gran diámetro

Tamaño adecuado para lograr suficiente flotabilidad

Mecanismo de hinchado de baja presión

Espaldera y tiras cómodas

Características del chaleco hidrostático

Selección y compra.
Prácticamente cualquier chaleco del mercado tiene estas características, por lo que además del ajuste y comodidad, comprarás el chaleco basándote en otras características. Procura escoger un chaleco que sea lo más hidrodinámico posible. Otras características deseables incluyen un bolsillo para accesorios, un silbato para comunicarse en la superficie, sistemas de sujeción de los latiguillos y anillas para colocar el equipo accesorio. Muchos buceadores prefieren chalecos que incluyen el sistema de lastre, que eliminan el cinturón de plomos (veremos más sobre sistemas de lastre en la Sección 2). Tu dive center, resort o instructor pueden ayudarte a encontrar un chaleco adecuado para ti.

Materiales. Los chalecos modernos están realizados con un diseño de doble saco o de un solo saco. El diseño de un sólo saco está realizado normalmente con un material recubierto que sirve para contener el aire y para resistir los cortes, pinchazos o roces. Los chalecos de doble saco se componen de una bolsa interior (normalmente realizada en plástico de poliuretano), que contiene el aire, y una funda exterior de nylon que protege el saco interior de pinchazos, cortes y roces. Los sistemas de un sólo saco son los más frecuentes.

Preparación para el uso. Los chalecos requieren ajustes para que se adapten bien. Si está demasiado suelto, se moverá de forma incómoda alrededor de tu cuerpo, y si está demasiado apretado puede restringir la respiración, sobre todo cuando lo inflas. Afortunadamente, la mayor parte de los chalecos modernos se ajustan fácilmente – normalmente puedes apretarlo o aflojarlo (en cierto grado) sin necesidad de quitártelos.

Con el chaleco deshinchado, calcula el ajuste de las tiras, alargándolas o acortándolas si fuera necesario. A continuación, póntelo (pide a alguien que te ayude si lo necesitas) y afina los ajustes hasta que se te adapte cómodamente. Por último, hincha el chaleco. Con el chaleco completamente hinchado no deberías sentir que te comprime. Tu instructor te ayudará a ajustar tu chaleco durante las inmersiones en aguas confinadas.

Mantenimiento. Además de enjuagar, secar y almacenar apartado de la luz del sol, tu chaleco tiene dos consideraciones adicionales con respecto al mantenimiento. Primera, necesitas enjuagar el interior del chaleco con agua dulce. Para hacerlo, llena aproximadamente un tercio del chaleco con agua a través de la tráquea de hinchado y el resto con aire. Mueve el agua por el interior del chaleco, colócalo después al revés y vacíalo completamente utilizando la tráquea. Puede que tengas que volverlo a hinchar un par de veces para sacar toda el agua. La segunda consideración es que debes guardar el chaleco parcialmente hinchado. Esto evita que las partes interiores del saco se peguen entre sí.

Algunos chalecos pueden tener requisitos adicionales de mantenimiento. Sigue las recomendaciones en las instrucciones del fabricante.

Botellas de buceo y griferías

Las botellas y las griferías trabajan juntas, por lo que las estudiaremos a la vez.

Finalidad. Incluso una persona que no es buceador sabe que una botella de buceo es un recipiente cilíndrico de metal utilizado para contener con seguridad aire a alta presión para que tengas algo para respirar bajo el agua. Casi igual de evidente es la finalidad de la grifería de la botella que sirve para controlar el flujo de aire desde la botella. Parece sencillo, pero puede que no te des cuenta de que hay *diferentes tipos* de botellas y griferías para cumplir estas dos simples tareas.

Tipos de botellas y características. Las botellas están disponibles en una gran variedad de capacidades de aire, dependiendo de la presión y del tamaño. En el sistema métrico, expresas la capacidad de la botella en litros o kilogramos de capacidad de agua. Los tamaños más normales son 8, 10, 12 y 15 litros. En el sistema imperial, expresas la capacidad en pies cúbicos de aire que tendrías si dejaras salir todo el aire en la superficie.

Objetivos principales

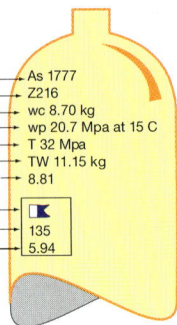

Botellas Australianas de Aluminio
To As 1777

Indicativo — As 1777
Número de Serie — Z216
Capacidad de Agua — wc 8.70 kg
Presión de Trabajo — wp 20.7 Mpa at 15 C
Presión de Prueba — T 32 Mpa
Tara — TW 11.15 kg
Fecha de Fabricación — 8.81

Sello Logotipo —
Nº de Estación — 135
Fecha de Prueba — 5.94

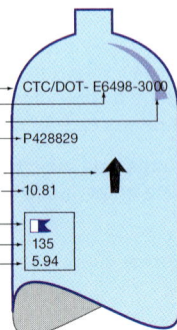

Botellas Americanas de Aluminio

Departamento(s) de control → CTC/DOT- E6498-3000
Indicativo —
Presión de Trabajo (bar) —
Número de Serie — P428829

Marca del Fabricante —
Fecha de Fabricación — 10.81

Sello Logotipo —
Nº de Estación — 135
Fecha de Prueba — 5.94

Descifrado

Las marcas en las botellas indican el tipo de material de la botella, la presión de trabajo, el número de serie, la fecha de todas las pruebas de presión, y un símbolo identificativo del fabricante o distribuidor. Estas marcas pueden variar según los países.

Los tres tamaños más comunes son 50, 71,2 y 80 pies cúbicos aunque hay otros tamaños disponibles.

La botella normal de aire de 12 litros/71.2 u 80 pies cúbicos contiene aproximadamente el mismo aire que hay en un lavabo público, comprimido en un espacio de aproximadamente 600 mm/dos pies de largo y 150 mm/medio pie de diámetro. Conforme este aire es comprimido en la botella, su presión aumenta. La presión en una botella de buceo puede ser de 320 bar/4500 libras pero las presiones normales de trabajo son aproximadamente de 170 a 200 bar, o 2250 a 3000 psi.

Materiales de la botella.
Las botellas de buceo están hechas de acero o de aluminio. Los dos tipos están sujetos a normas establecidas normalmente por departamentos del gobierno, como el U.S. Department of Transportation (DOT) (Departamento de Transporte de los Estados Unidos), Transport Canada (TC)

(Departamento de Transporte de Canadá) y agencias similares en otros países. Entre estas normas, las botellas de buceo deben pasar pruebas de presión periódicas (las veremos a continuación) obligatorias requeridas por estas agencias.

Tanto el acero como el aluminio son materiales aceptables con diferentes ventajas e inconvenientes. El aluminio soporta bien la corrosión en climas húmedos, mientras que las de acero generalmente contienen la misma cantidad de aire en una botella más pequeña a una presión menor.

Las agencias reguladoras exigen que los fabricantes de las botellas estampen cierta información en el cuello de la botella. Estas marcas indican el tipo de material de que está hecha la botella y la presión máxima permitida en la botella (presión de trabajo). Otras marcas adicionales incluyen el número de serie que identifica a la botella, la fecha de todas las pruebas de presión, y un símbolo identificativo del fabricante o distribuidor. Estas marcas pueden variar según los países.

Tipos de griferías.
Prácticamente todas las griferías de las botellas de buceo están realizadas de latón cromado. Antiguamente los buceadores identificaban las griferías de las botellas dentro de dos tipos básicos: la grifería K, que es una grifería sencilla de abrir/cerrar, y la grifería J, que tiene incorporado un mecanismo que avisa cuando te estás quedando sin aire.

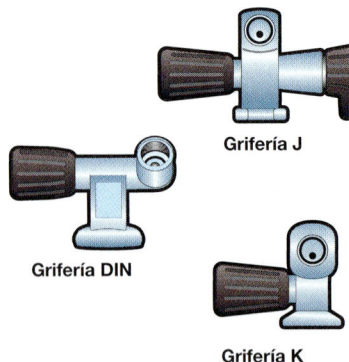

Grifería J

Grifería DIN

Grifería K

Sin reserva y con reserva

Grifería de botella K y grifería de botella J. Las griferías J normalmente ya no se utilizan en la mayoría de las zonas.

La grifería J contiene una válvula que funciona a través de un muelle que se mantiene abierta por la presión de la botella hasta que la presión desciende a aproximadamente 20–40 bar/300–500 psi. Cuando la presión de la botella desciende por debajo de ese punto, la presión deja de mantener la válvula abierta provocando una mayor resistencia a la respiración y avisando que hay poco aire. Tirando hacia abajo de la palanca de reserva se libera el resto de la "reserva" de aire. Aunque las griferías J eran casi la norma en los años 60 antes de que el uso del manómetro sumergible fuera común, hoy en día se ven con muy poca frecuencia, y normalmente colocadas siempre en la posición de funcionamiento sin reserva. Una excepción son las zonas en las que las normas lo exigen. Tienen tendencia a moverse accidentalmente (y no te avisan) y aumentan el coste y los requisitos de servicio del mantenimiento de la grifería. La única forma fiable de controlar la presión de tu botella es utilizar el manómetro sumergible cuya utilización practicarás en las inmersiones en aguas confinadas.

Hoy en día, puedes identificar las griferías de las botellas como griferías de horquilla o griferías DIN (Deutsche Industrie Norm). Las más comunes con gran diferencia son las griferías de horquilla; como su nombre indica, colocas el regulador mediante un acople de horquilla. Con el sistema de grifería DIN enroscas el regulador en la grifería. Aunque es menos común en el mundo, el sistema de grifería DIN tiene la ventaja de estar preparado para presiones de trabajo mayores. El sistema DIN es muy común en el centro de Europa.

Características de las griferías. Una cosa a destacar es que todas las conexiones de la grifería con el regulador requieren un junta tórica, que hace que el aire quede sellado. Encontrarás la junta tórica en la grifería en los sistemas de horquilla y colocada en el regulador en el sistema DIN. En cualquier caso, no puedes bucear sin esta junta tórica – el regulador no hará el sellado – así que debes aprender a controlarla al preparar el equipo.

Sin rosca y con rosca
Las griferías más comunes son con gran diferencia las griferías de horquilla (derecha); colocas el regulador mediante un acople de horquilla. Con el sistema de grifería DIN (izquierda) enroscas el regulador en la grifería. Fíjate en el orificio con rosca.

Sin junta, no hay buceo
Encontrarás la junta tórica en la grifería en los sistemas de horquilla y colocada en el regulador en el sistema DIN. En cualquier caso, no puedes bucear sin esta junta tórica – el regulador no hará el sellado – así que debes aprender a controlarla al preparar el equipo.

Otra característica que encontrarás en la grifería es el disco de rotura. Los discos de rotura liberan la sobrepresión de la botella que puede ocurrir si se carga accidentalmente la botella con exceso, o si es expuesta al calor excesivo. Si la presión sube demasiado, el disco de rotura se rompe, dejando salir el aire antes de que la botella pueda estallar. En algunos países las griferías de las botellas no tienen discos de rotura.

Selección y compra. La elección de la botella y la grifería depende, entre otros factores, del tipo de buceo que vas a realizar, y de dónde vas a utilizar la botella. Consulta a tu PADI Dive Center, Resort o Instructor para pedir ayuda al comprar una botella para tu zona.

Preparación para el uso. Además de conectarla con el resto de tu equipo de buceo, la única preparación necesaria para una botella es hacer que la llenen en una estación de carga de buena reputación, como un centro de buceo. Leerás sobre cómo preparar el equipo en la sección de Anticipo de la sesión de Aguas Confinadas. Tu botella vendrá con la grifería instalada por lo que no se necesita ninguna preparación.

Manejo. Fuera del agua las botellas de buceo son pesadas, inestables si están de pie y tienden a rodar si están tumbadas. La forma cilíndrica tiene una finalidad – es muy fuerte estructuralmente y una de las mejores formas para aguantar la presión.

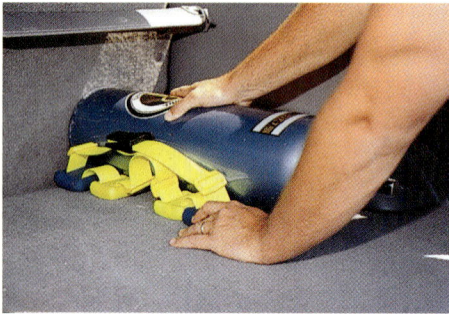

¡Quédate en tu sitio!
Cuando transportes tu botella en el coche, túmbala horizontalmente y sujétala o bloquéala para que ni ruede ni se mueva.

Para evitar daños en tus botellas, o para evitar que tus botellas dañen otras cosas o a otras personas, bloquea o asegúralas siempre para que no puedan rodar. No las dejes de pie desatendidas, porque se caen con mucha facilidad, lo que puede dañar tu chaleco o regulador si has preparado tu equipo. Si necesitas dejar las botellas de pie – cosa normal para ahorrar espacio en la cubierta de un barco – necesitas asegurarlas para que no se caigan. Los barcos de buceo tienen normalmente sistemas especiales para esto. Cuando transportes tu botella en el coche, túmbala horizontalmente y sujétala o bloquéala.

Mantenimiento. Además de enjuagar tu botella y grifería con agua dulce y almacenarla apartada de la luz del sol, tienes algunas consideraciones especiales para su cuidado.

La grifería de tu botella debe funcionar suave y fácilmente. Si hay alguna dificultad en su funcionamiento, no intentes engrasarla. Haz que un centro profesional te la revise. Cerrar la grifería demasiado fuerte puede dañar el sello de presión. Al preparar tu equipo abre la botella lentamente por completo hasta el final. (Nota: es normal abrir la grifería hasta el final y después cerrar un cuarto de vuelta o media vuelta. Esto no es necesario con las griferías modernas aunque no perjudica nada si alguien lo hace). Cuando vayas a quitar el equipo, cierra la grifería suavemente. Cierra siempre las griferías suavemente y evita apretar demasiado.

Equipo de buceo
Consultar La Enciclopedia del Buceo Recreativo PADI y el CD-ROM Enciclopedia Multimedia PADI.

Tu centro de buceo carga tu botella con aire completamente seco porque la humedad en el interior puede hacer que la botella se oxide o aparezca corrosión en la superficie interior. También es importante evitar que entre agua en tu botella. La mejor forma de hacerlo es no permitir nunca que se vacíe completamente. Si vacías una botella completamente, cierra inmediatamente la grifería para evitar que entre la humedad. El agua puede entrar en una botella incluso a través del regulador, por lo que dejar el regulador conectado en la botella no garantiza que el interior permanezca seco. Además, vaciar el aire de tu botella rápidamente puede producir condensación interna y corrosión.

⚠️ En el buceo recreativo las botellas de buceo deben cargarse sólo con aire comprimido para respirar – *nunca con oxígeno puro*. Durante la carga, tu centro de buceo enfriará normalmente tu botella en el agua (se calienta al aumentar la presión). Las botellas deben cargarse sólo hasta su presión de trabajo, porque la sobrecarga puede provocar la fatiga del metal y acortar la vida de la botella.

Cuidar el equipo en un sólo punto

Aunque tienes varias consideraciones para el cuidado de tu equipo de buceo autónomo, tu PADI Dive Center o Resort te hacen la vida más fácil: Aparte de enjuagarlo después de usarlo, secarlo y almacenarlo adecuadamente, ellos pueden realizar el mantenimiento preventivo y repararlo de forma que no tengas que ir a veinte sitios diferentes. Acude a tu PADI Dive Center o Resort para:

- La revisión y ajuste del regulador
- Obtener cargas de aire de calidad
- Realizar las inspecciones visuales de las botellas
- Realizar las pruebas de presión
- El control de la precisión y calibración de los instrumentos
- Los ajustes rutinarios, diagnóstico de problemas y reparación.

El segundo hogar de los buceadores
Acude a tu PADI Dive Center o Resort en busca de la experiencia experta que necesitas para el mantenimiento y las reparaciones periódicas del equipo.

Tu botella puede tener una base de goma o plástico, que permite que se mantenga de pie (donde sea adecuado) y crea cierta protección si se golpea contra algún objeto. Controla periódicamente la parte que queda dentro de esa base para ver si hay corrosión. Para controlar la corrosión *interna* necesitas que un profesional realice una inspección visual del interior de la botella al menos una vez al año. Para hacer esto, el inspector vacía la botella lentamente y le quita la grifería. Utilizando una luz especial de inspección, el inspector controla la corrosión, residuos, y otros posibles daños. (Este servicio debe ser realizado sólo por profesionales entrenados en un centro de servicio autorizado – no vacíes tú mismo la botella). Una vez la botella ha pasado la inspección visual, el inspector normalmente colocará un adhesivo con la fecha de la prueba en la botella (no se utilizan en todas las zonas). Los centros de buceo profesionales no cargarán una botella sin un adhesivo de inspección visual actualizado.

Como las botellas también están sometidas a la fatiga del metal, deben recibir pruebas de presión periódicas denominadas *pruebas hidrostáticas*. Las pruebas someten a la botella a alta presión en un tanque especial de prueba, y evalúan cuánto se expande y contrae, lo que indica la fatiga o el estrés del metal. Cuando una botella pasa la prueba hidrostática, indicando que puede contener con seguridad aire a su presión de trabajo, el controlador pone un sello de la prueba en la botella. Los centros profesionales de buceo no cargarán una botella si no tiene la fecha de la prueba hidrostática al día. Tu instructor te dirá qué normas locales o nacionales se relacionan con la prueba hidrostática de tu botella. Las normas varían de país a país; por ejemplo, en los Estados Unidos y Canadá, necesitas hacer una prueba hidrostática de tu botella cada cinco años. En el centro de Europa las botellas de acero requieren una prueba hidrostática cada dos años, y las botellas de aluminio requieren una cada cinco años.

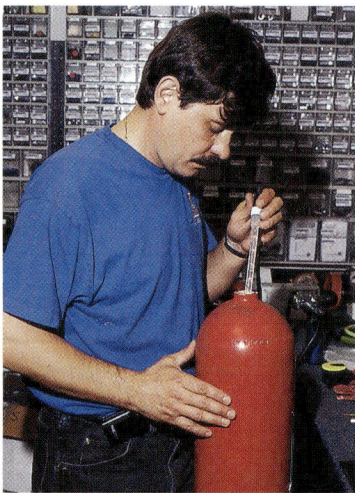

Información interna
Para controlar la corrosión interna necesitas que un profesional realice una inspección visual del interior de la botella al menos una vez al año.

También necesitas almacenar tus botellas adecuadamente. Manténlas en un sitio fresco, sobre todo cuando estén llenas, porque la presión del aire comprimido aumenta si se expone al calor. Las botellas de buceo llenas que se dejan en un sitio caliente, por ejemplo, pueden romper el disco de rotura de las griferías. Almacena las botellas con al menos 10–20 bar/100–300 psi de aire para evitar la humedad en su interior. Si almacenas una botella sin usarla durante más de seis meses, haz que la llenen para renovar el aire. Diferentes tipos de botellas pueden tener otras consideraciones de mantenimiento que deberás seguir según las instrucciones del fabricante.

Con el manejo y mantenimiento adecuado, una botella y grifería de buceo puede durar muchos años. Puedes comprar botellas en una gran variedad de colores, incluyendo algunos con dibujos o imágenes.

Cuestionario Rápido

1. Los dos metales de los que normalmente están hechos las botellas son:
   - ❏ a. aluminio y cobre.
   - ☑ b. aluminio y acero.
   - ❏ c. cobre y acero.

2. El círculo marcado en la botella es:
   - ☑ a. la fecha de la prueba hidrostática.
   - ❏ b. la presión de trabajo.
   - ❏ c. el número de serie.

   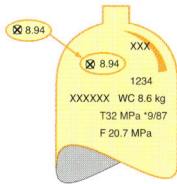

   8.94 / XXX / 8.94 / 1234 / XXXXXX WC 8.6 kg / T32 MPa *9/87 / F 20.7 MPa

3. Una grifería _____ es una grifería de abrir y cerrar, y una grifería _____ tiene un mecanismo de reserva integrado.
   - ❏ a. K, DIN
   - ❏ b. K, de tornillo
   - ❏ c. J, K
   - ☑ d. K, J

4. Conectas tu regulador a una grifería _____ _____ roscándolo dentro de la grifería.
   - ❏ a. de tornillo
   - ☑ b. DIN
   - ❏ c. Nada de lo anterior

5. Un disco de rotura:
   - ☑ a. libera la presión de una botella sobre-cargada o sometida a demasiado calor.
   - ❏ b. se necesita para que el regulador selle en la grifería.
   - ❏ c. Nada de lo anterior.

6. Al transportar botellas (marca todas las correctas):
   - ☑ a. bloquéalas para que ni rueden ni se caigan.
   - ☑ b. no las dejes de pie desatendidas.
   - ☑ c. si las tienes que dejar de pie sujétalas para que no se caigan.

7. Para evitar que entre agua en una botella:
   - ☑ a. no dejes que se vacíe del todo.
   - ❏ b. cierra las griferías siempre con mucha fuerza.
   - ❏ c. Todo lo anterior.

8. Necesitas una inspección visual para:
   - ❏ a. controlar la calidad del aire en la botella.
   - ☑ b. controlar la corrosión interna.
   - ❏ c. Todo lo anterior.

¿Cómo lo has hecho?
1. b   2. a   3. d   4. b   5. a   6. a, b, c
7. a   8. b.

57. ¿Qué hace un regulador?

58. Si observamos un regulador, ¿qué son cada una de las siguientes partes:
    • primera etapa?
    • segunda etapa?
    • tapón de protección de la primera etapa?
    • botón de purga?

59. ¿Cuál es la característica más importante a tener en cuenta al comprar un regulador?

60. ¿Cómo enjuagas un regulador tras su uso y qué tres puntos debes recordar al hacerlo?

Menos es más
El regulador de buceo moderno es un aparato sencillo y fiable con pocas partes móviles.

Reguladores

Finalidad. Tu regulador hace posible que puedas utilizar el aire de tu botella. Reduce la alta presión del aire de la botella para adaptarse a la presión del agua circundante, y te suministra aire sólo bajo demanda, cuando inhalas. Regula el flujo de aire, de ahí su nombre de "regulador". Técnicamente es una válvula de demanda muy sofisticada por lo que en algunas zonas los buceadores prefieren llamarlo "válvula de demanda" en vez de "regulador".

Tipos y características. El regulador de buceo moderno es un aparato sencillo y fiable con pocas partes móviles. Tiene dos etapas: una primera etapa, que conectas a la grifería de la botella y una segunda etapa que tiene una boquilla. Las etapas reducen la alta presión del aire de la botella en fases. La primera etapa reduce la alta presión de la botella a una presión intermedia de 7–10 bar/100 a 15 psi por encima de la presión ambiente del agua. La segunda etapa reduce esta presión intermedia a la presión del agua que te rodea, que es la que necesitas para respirar cómodamente. La facilidad de respiración es la característica más importante de un regulador.

Independientemente de su marca, todos los reguladores modernos comparten una estructura básica relativamente similar. La familiarización con la terminología y funcionamiento del regulador te ayudará a comprender posteriores explicaciones referentes a los reguladores.

Observa el diagrama de la segunda etapa del regulador. La segunda etapa es básicamente un espacio lleno de aire cubierto por una membrana flexible (normalmente de silicona), una válvula que funciona mediante una palanca, una boquilla y una válvula de exhalación. Cuando tú inhalas, tiras de la membrana hacia dentro, lo que empuja la palanca de la válvula para que deje salir aire. Cuando dejas de inhalar, la presión del aire en el interior de la segunda etapa aumenta y la membrana regresa a su posición de descanso, liberando la palanca y permitiendo que la válvula se cierre. El botón de purga te permite controlar manualmente el flujo de aire presionando la membrana y la palanca de la válvula.

Cuando exhalas, la válvula de exhalación se abre y el aire sale a través de la válvula de exhalación de un solo sentido. La válvula de exhalación permanece cerrada cuando no estás exhalando manteniendo el regulador libre de agua.

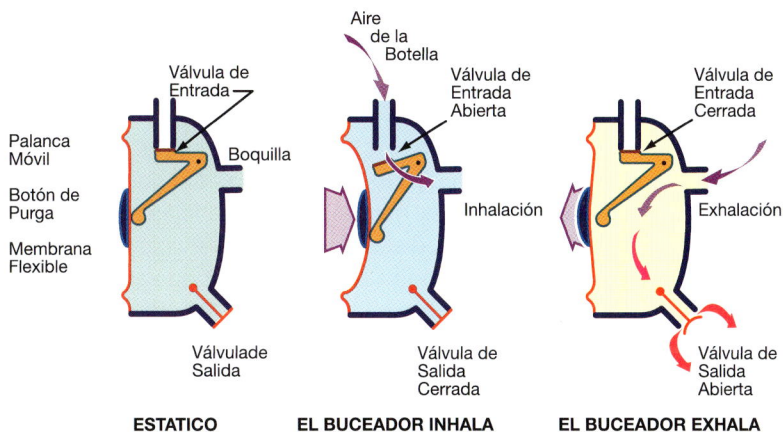

Aire de la Botella

Válvula de Entrada

Palanca Móvil

Botón de Purga

Membrana Flexible

Boquilla

Válvula de Salida

ESTATICO

Válvula de Entrada Abierta

Inhalación

Válvula de Salida Cerrada

EL BUCEADOR INHALA

Válvula de Entrada Cerrada

Exhalación

Válvula de Salida Abierta

EL BUCEADOR EXHALA

Cómo funciona

La segunda etapa es básicamente un espacio de aire cubierto por una membrana flexible, una válvula que funciona mediante una palanca, una boquilla y una válvula de exhalación. Cuando tú inhalas, tiras de la membrana hacia dentro, lo que empuja la palanca de la válvula para que deje salir aire. Cuando dejas de inhalar, la presión del aire en el interior de la segunda etapa aumenta y la membrana regresa a su posición de descanso, liberando la palanca y permitiendo que la válvula se cierre. Cuando exhalas, la válvula de exhalación se abre y el aire sale a través de la válvula de exhalación de un solo sentido.

Para obtener más información sobre...

Equipo de buceo

Consultar La Enciclopedia del Buceo Recreativo PADI y el CD-ROM Enciclopedia Multimedia PADI.

El regulador que usarás durante el entrenamiento en aguas confinadas dispone de diversos accesorios. El primero de ellos es un medidor de presión sumergible (manómetro), el cual te muestra la cantidad de aire de que dispones (se explica en detalle brevemente). Tu manómetro puede formar parte de tu ordenador de buceo, del cual aprenderás más en las Secciones Dos. Cuatro y Cinco. Tu regulador tendrá también una segunda etapa suplementaria denominada fuente de aire alternativa. (Las fuentes de aire alternativas pueden formar también parte del latiguillo de hinchado/deshinchado de tu chaleco.)

La fuente de aire alternativa simplifica el compartir aire con otro buceador si surge la necesidad. La fuente de aire alternativa tiene normalmente un latiguillo más largo de un color brillante para que puedas encontrarlo fácilmente. Aprenderás más sobre las fuentes de aire alternativas en la Sección Dos de este manual, y practicarás su uso durante tu primera inmersión en aguas confinadas.

Además de estos, tu regulador tendrá un latiguillo con un mecanismo de conexión en el extremo. Este latiguillo se conecta al hinchador de baja presión de tu chaleco. Si estás usando un traje seco, tendrás dos de estos; el más largo es generalmente el que va al traje seco.

Materiales. Aunque hay diferentes fabricantes de reguladores populares, prácticamente todos los reguladores están realizados con los mismos materiales básicos. La primera etapa está hecha generalmente de latón cromado, aunque algunos modelos de última línea están realizados de titanio. La segunda etapa puede estar realizada de latón cromado, de plástico de alta resistencia o de una combinación de ambos. Las partes como las boquillas y válvulas de exhalación están realizadas generalmente en plástico, goma o silicona.

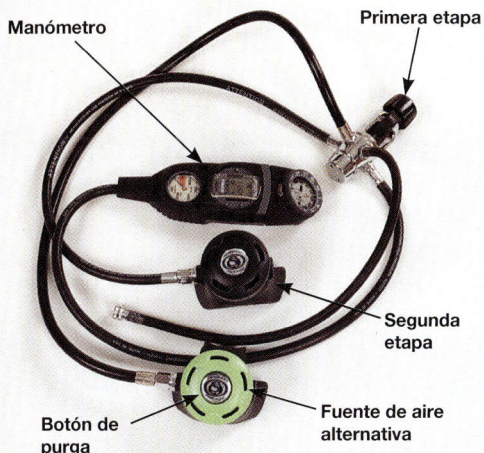

Manómetro

Primera etapa

Segunda etapa

Botón de purga

Fuente de aire alternativa

Selección y compra. Como ya mencionamos, querrás escoger un regulador basándote en su facilidad de respiración. Con la ayuda de tu Dive center PADI puedes elegir un regulador fácil de respirar comparando los ritmos de flujo de aire y resistencia a la respiración. Prácticamente todos los reguladores modernos ofrecen un buen rendimiento dentro de los límites del buceo recreativo, por lo que lo elegirás según tus preferencias, teniendo en cuenta cosas tales como la disponibilidad de servicio técnico y otras. Por supuesto, puedes comprar un regulador que se combine con el estilo de tu máscara, tubo, aletas, chaleco y botella.

Al comprar tu regulador querrás comprar al mismo tiempo tu fuente de aire alternativa. De nuevo, pide a tu PADI Dive Center, Resort o Instructor que te ayuden a elegir.

Preparación. Además de conectarlo a tu botella de buceo, tu regulador no necesita otra preparación especial aparte de colocarle los accesorios. Deja que los profesionales entrenados de tu centro de buceo realicen la conexión de todos los accesorios – normalmente lo harán cuando compres el regulador.

Mantenimiento. Después de cada utilización, aclara tu regulador junto con el resto de tu equipo. A menudo es mejor enjuagarlo mientras todavía está conectado a la botella, a continuación acláralo con agua corriente. Si enjuagas tu regulador después de haber sido desmontado de la botella, ten en cuenta estas puntualizaciones:

1) Coloca el tapón de protección de la primera etapa en su sitio para evitar que el agua entre en la primera etapa.

2) No utilices agua a alta presión para enjuagar tu regulador – sólo agua que salga suavemente.

3) No aprietes el botón de purga cuando enjuagues o sumerjas el regulador porque abre la válvula de la segunda etapa y puede permitir la entrada de agua por el latiguillo hasta la primera etapa.

Puede que prefieras enjuagar tu regulador mientras todavía está conectado a la botella con el grifo abierto. Haciendo esto, no hay forma de que el agua entre accidentalmente en la válvula o en la primera etapa. Durante el enjuague, deja que el agua fluya por los agujeros de la primera etapa (excepto en la entrada de aire de alta presión que está tapada con el tapón de protección, por supuesto) y por la boquilla de la segunda etapa. Mantén la primera etapa más alta que la segunda etapa para reducir al mínimo la posibilidad de que el agua llegue por el latiguillo. Es una buena precaución conectar el regulador a la botella después de enjuagarlo y purgar

Cuida de él, él cuida de ti
Durante el enjuague, deja que el agua fluya por los agujeros de la primera etapa (excepto en la entrada de aire de alta presión que está tapada con el tapón de protección, por supuesto) y por la boquilla de la segunda etapa. Mantén la primera etapa más alta que la segunda etapa para reducir al mínimo la posibilidad de que el agua llegue por el latiguillo.

El enfoque integrado para comprar
Equipo de buceo autónomo

Conforme aprendas cosas acerca del uso y funcionamiento del equipo de buceo, aprenderás rápidamente que nada de lo que utilizas funciona de forma aislada. La mayor parte del equipo tiene poca utilidad sin otras piezas del equipo que se integran entre sí. Así que cuando inviertas en la compra de tu propio equipo es mejor elegir paquetes integrados en vez de comprar los elementos de forma aislada.

Tu PADI Dive Center o Resort pueden guiarte en la compra de equipos que integran todos los elementos. Pueden tener incluso conjuntos preparados de antemano con elementos populares que combinan bien.

He aquí una lista de paquetes de equipo integrados junto con sus accesorios. Ten en cuenta que debido a que la integración a veces se solapa, algunos elementos aparecen en más de un paquete. No veas estos paquetes como sistemas aislados porque no lo son. En vez de ello, escoge el equipo según el tipo de buceo que pienses realizar con el equipo, y la forma en que trabaja con otro equipo que tengas o puedas tener. Esto te permite equiparte con elementos que funcionan bien juntos. Por supuesto, puedes pedir consejo a tu PADI Dive Center o Instructor.

1. Máscara, tubo y aletas. Puedes tener mucha diversión sólo con esto y no tiene mucho sentido tener alguno de ellos y no todos. No olvides el antiempañante para la máscara, los botines para las aletas de tira ajustable, tiras de repuesto y una bolsa de malla para llevarlos.

2. Regulador, fuente de aire alternativa, manómetro sumergible, chaleco, sistema de lastre, botella. Esto compone tu "equipo autónomo". Si planificas viajar en avión para realizar la mayoría de tus inmersiones, la botella puede ser opcional. No olvides una bolsa para el equipo, protectores de latiguillos, clips y diferentes sistemas de sujeción, juntas tóricas de repuesto, etc.

3. Trajes de protección, accesorios del traje, chaleco, sistema de lastre. El chaleco aparece en esta lista porque si estás pensando en bucear en agua fría, es posible que necesites integrar tu traje de protección (traje seco) con el chaleco adecuado. No olvides una bolsa de malla para llevar un traje mojado, pegamento de neopreno, detergente para trajes y perchas de plástico para colgar/almacenar.

4. Computador de buceo, manómetro, brújula. Puedes optar por una consola de instrumentos o instrumentos independientes, pero piensa en términos de datos: profundidad, tiempo, dirección, suministro de aire. Es una buena idea buscar estos en combinación con el paquete número 2. No olvides los protectores para los instrumentos, clips y accesorios para sujetarlos, baterías de repuesto y bolsas acolchadas.

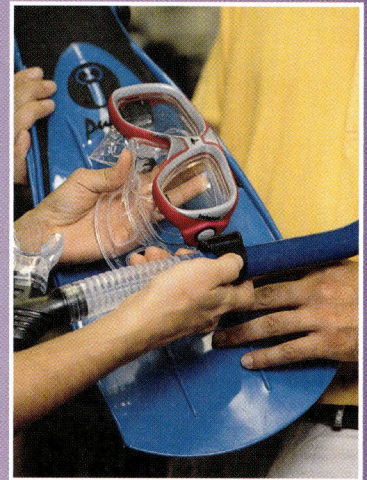

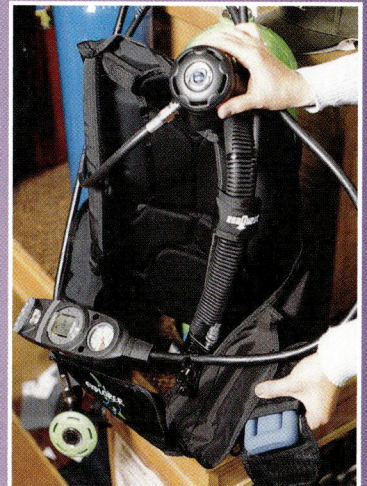

Mejor que la suma de las partes
Al comprar el equipo piensa en términos de paquetes integrados en vez de elementos aislados.

brevemente el regulador para eliminar el agua que pueda haber entrado accidentalmente en la primera etapa.

Mantén tu regulador libre de arena, barro o residuos. Para prevenir daños a los latiguillos durante el almacenaje, permite que los latiguillos formen curvas grandes en vez de pequeños bucles. No utilices los latiguillos para manejar o arrastrar tu equipo de buceo (son resistentes pero no son *tan* resistentes). Es mejor guardar el regulador tumbado en vez de colgando de los latiguillos.

Tu regulador necesita un engrase y ajuste periódicos, por no mencionar la inspección, para comprobar que funciona de forma fiable. Por eso, una parte importante del mantenimiento del regulador incluye una revisión profesional al menos una vez al año, o antes si empieza a resultar difícil respirar o pierde aire, o según las especificaciones del fabricante. Con un mantenimiento adecuado y con una inspección anual tu regulador te proporcionará muchos años de servicio.

Manómetro sumergible

⚠️ **Finalidad.** El manómetro sumergible te indica cuánto aire tienes durante una inmersión, de forma parecida a la forma en que el indicador del depósito de combustible de un coche te dice cuánto tienes. Aprenderás a utilizar tu manómetro sumergible para planificar y controlar tu inmersión de forma que regreses con seguridad al barco o a la orilla sin quedarte sin aire. Como no quieres quedarte sin aire bajo el agua, como podías imaginar, el manómetro sumergible es equipo obligatorio.

Un punto que hay que recordar es que tu manómetro sumergible es un aparato pasivo. Tú tienes que leerlo o no sirve de nada. Debes desarrollar la costumbre de controlar tu manómetro con frecuencia cuando bucees. Con la práctica tendrás una sensación de la velocidad a la que gastas el aire, pero de momento contrólalo todo el tiempo. Mejor demasiado que demasiado poco.

1. Un regulador reduce la alta presión de la botella en cuatro etapas.
   ❏ Verdadero   ☒ Falso

2. La parte del regulador que aparece en la foto es:
   ❏ a. la primera etapa.
   ☒ b. la segunda etapa.
   ❏ c. el latiguillo de baja presión.

3. Al enjuagar tu regulador recuerda:
   ❏ a. colocar el tapón de protección de la primera etapa en su sitio.
   ❏ b. no presionar el botón de purga.
   ❏ c. utilizar agua corriente con suavidad.
   ☒ d. Todo lo anterior.

¿Cómo lo has hecho?
1. Falso. La reduce en dos etapas.
2. b   3. d.

Objetivos principales

Marca/subraya la respuesta a esta pregunta conforme vayas leyendo:

61. ¿Por qué necesitan los buceadores un manómetro sumergible?

Tipos, características, materiales. Aunque los manómetros sumergibles tienen todos la misma finalidad, hay unos cuantos tipos y características fundamentales. Estos varían desde los instrumentos que simplemente te dicen la presión del aire, hasta los instrumentos electrónicos que incorporan otros instrumentos (ordenadores de buceo). Algunos de los modelos más nuevos no tienen latiguillo sino que utilizan un transmisor montado en la primera etapa del regulador para enviar los datos del suministro de aire a un ordenador en tu muñeca.

Selección y compra. Pide ayuda a tu PADI Dive Center, Resort o Instructor para elegir el mejor manómetro cuando te compres el regulador. Como es una parte obligatoria del equipo, es lógico comprarse el manómetro junto con el regulador.

Preparación. La única preparación necesaria es hacer que tu centro de buceo conecte el manómetro (o el transmisor, si es del tipo sin latiguillo) a tu regulador.

Mantenimiento. Ya sea un instrumento sencillo o parte de tu computador, tu manómetro es un instrumento de precisión que requiere un manejo cuidadoso. No lo dejes caer ni lo golpees, y ten cuidado de evitar colocar una botella tumbada u otro objeto pesado encima de él. Cuando estés buceando, no permitas que vaya colgando, porque no sólo daña el manómetro sino que puede dañarse la frágil vida acuática.

Como el manómetro (o el transmisor) permanece conectado a tu regulador, el mantenimiento consiste en lavarlo o enjuagarlo junto con el regulador. Cuando lleves el regulador a la revisión anual, asegúrate de que pides al profesional que revise también tu manómetro.

Identificación del equipo

Es una buena idea marcar tu equipo para identificarlo con facilidad utilizando marcadores de equipo de buceo especiales. Pueden ser unos lápices marcadores, cintas de colores, u otros. Después de invertir al comprar una máscara, tubo, aletas, etc. es buena idea marcar tu equipo en un sitio que no sea visible cuando lo estés usando pero que se vea cuando no lo llevas puesto – por ejemplo poniendo tus iniciales en el *interior* de la aleta.

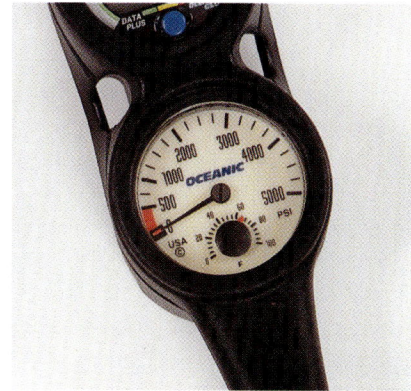

Es bueno saberlo
El manómetro sumergible te indica cuánto aire tienes durante una inmersión.

Cuestionario Rápido
Autoevaluación 13

1. El manómetro sumergible es una pieza obligatoria en todas las inmersiones.
   ☑ Verdadero ❑ Falso

¿Cómo lo has hecho?
1. Verdadero.

Marca/subraya la respuesta a esta pregunta conforme vayas leyendo:

62. ¿Qué tres razones existen para bucear siempre con un compañero?

Para eso están los amigos

Bucear con alguien aumenta la diversión y es importante por seguridad. Juntos, tu compañero y tú compartís experiencia y aventuras subacuáticas, viendo a veces cosas que nadie más verá. Te sorprenderá cuántos amigos puedes encontrar en el buceo gracias al sistema de compañeros.

Marcar tu equipo evita frustración y confusión cuando estás entre otros buceadores que utilizan un equipo parecido pero de diferentes tamaños. Esto sucede a menudo en barcos de buceo, y puede haber personas con equipo similar al tuyo en las sesiones de aguas confinadas.

El sistema de compañeros

Durante las inmersiones en aguas confinadas empezarás a participar en el sistema de compañeros – bucear siempre con un compañero que se mantenga cerca todo el tiempo. Tu compañero te ayuda en cosas tales como ponerte el equipo y comprobarlo antes de la inmersión, ayudarte a recordar que controles los límites de profundidad, tiempo y suministro de aire, y te presta ayuda de emergencia en el improbable caso de que la necesites. No hace falta decir que tú debes hacer lo mismo por tu compañero. Con un sistema de compañeros adecuado, los dos se benefician en términos de comodidad, seguridad y diversión.

El buceo es una actividad social, por lo que el sistema de compañeros es algo más que una de las normas de seguridad de buceo – aunque lo sea. Bucear con alguien aumenta la diversión. Juntos, tu compañero y tú compartís experiencia y aventuras subacuáticas, viendo a veces cosas que nadie más verá. Te sorprenderá cuántos amigos puedes encontrar en el buceo gracias al sistema de compañeros. Para bucear con un compañero hay tres razones generales: 1) comodidad, 2) seguridad y 3) diversión.

Tu compañero y tú tenéis la responsabilidad mutua del otro. Para que el sistema de compañeros funcione tu compañero y tú debéis tomarlo en serio (pero pasándolo bien) y trabajar para permanecer juntos bajo el agua. Debes desarrollar el hábito y empezar a practicar el sistema de compañeros durante las inmersiones en aguas confinadas.

Cuestionario Rápido — Autoevaluación 14

1. Las razones para bucear con un compañero incluyen (marca todas las correctas):
   - ❏ a. aspectos prácticos.
   - ❏ b. seguridad.
   - ❏ c. diversión.

¿Cómo lo has hecho?
1. a, b, c.

Puntos clave

En estos subapartados sobre el Equipo de buceo y el Sistema de compañeros has aprendido que:

▲ El ajuste y la comodidad son los dos criterios más importantes al elegir el equipo de buceo.

▲ No puedes utilizar gafas de natación para bucear con equipo autónomo porque no incluyen la nariz.

▲ Necesitas enjuagar tu equipo con agua dulce después de cada uso.

▲ El chaleco tipo chaqueta es con mucho el chaleco utilizado por los buceadores recreativos más común.

▲ Tu botella de buceo necesita una inspección visual anual, y pruebas de presión (hidrostáticas) periódicas.

▲ Nunca debes dejar una botella de pie desatendida. Debes sujetarla durante el transporte para que no caiga ni se mueva.

▲ Los reguladores reducen la presión de la botella a una presión respirable en dos etapas.

▲ La característica más importante de un regulador es la facilidad para respirar.

▲ Necesitas que un profesional revise tu regulador una vez al año.

▲ Debes poner el tapón de protección de la primera etapa en su sitio y no apretar el botón de purga al enjuagar el regulador.

▲ Necesitas un manómetro sumergible para poder saber cuánto aire tienes en cualquier momento de la inmersión.

▲ Debes bucear siempre con un compañero por seguridad, comodidad y diversión.

▲ Puedes hacer que todo tu equipo combine bien sin renunciar a la comodidad, el ajuste o características importantes.

Anticipo de la Inmersión en aguas confinadas

De acuerdo, estás casi preparado para bucear en la piscina o en aguas confiinadas. Si nunca lo has hecho antes, te resultará emocionante respirar bajo el agua por primera vez. Nunca lo olvidarás.

Durante tu primera inmersión en aguas confiinadas, tu instructor y los asistentes del instructor te ayudarán a preparar y ponerte tu equipo y te ayudarán a seguir los pasos necesarios para ir por primera vez al agua con el equipo de buceo. A continuación, empezarás a aprender y practicar algunas de las técnicas que necesitas como buceador.

Tu instructor estará disponible en todo momento, guiándote y asegurándose de que lo pases bien aprendiendo a bucear. Si tienes alguna pregunta o necesitas ayuda, pídela. El curso PADI Open Water Diver te prepara para cumplir los requisitos físicos y teóricos mediante una gran variedad de técnicas adaptables. Y como dijimos en la introducción, si no entiendes *por qué* estás haciendo algo, pregúntalo. Después de todo, no importa si puedes hacerlo perfectamente si no sabes cuándo y dónde debes hacerlo.

Tu instructor pasará por cada uno de los ejercicios de buceo siguientes y puede que los presente de una forma o en un orden ligeramente diferente para adaptarse a las logísticas, tus necesidades individuales, a las condiciones de la zona, etc. Pero esto te dará una idea de lo que vas a hacer.

¡GUAU!
Si nunca lo has hecho antes, respirar bajo el agua por primera vez te resultará emocionante. Nunca olvidarás la primera vez que utilices el equipo autónomo.

Inmersión en aguas confinadas Uno

Requisitos de los ejercicios

Esto es lo qué serás capaz de realizar después de completar con éxito la Inmersión en aguas confinadas Uno:

1. Ponerte y ajustar la máscara, tubo, aletas, chaleco, equipo autónomo y plomos con la ayuda del compañero, instructor o asistente certificado.

2. Hinchar/deshinchar un chaleco en la superficie utilizando el hinchador de baja presión.

3. En agua poco profunda en la que puedes ponerte de pie, demostrar los hábitos correctos de respiración de aire comprimido, recordando respirar de forma natural y no aguantar la respiración.

4. Vaciar un regulador bajo el agua utilizando el método de exhalación y el de botón de purga, y volver a respirar del regulador.

5. En agua poco profunda en la que te puedes poner de pie, recuperar el latiguillo del regulador desde detrás del hombro bajo el agua.

6. En agua poco profunda en la que te puedes poner de pie, vaciar una máscara parcialmente inundada bajo el agua.

7. Nadar bajo el agua con el equipo autónomo manteniendo control de la dirección y de la profundidad, compensando adecuadamente los oídos y la máscara para adaptarte a los cambios de profundidad.

8. Bajo el agua, localizar y leer el manómetro sumergible y señalar si el suministro de aire es adecuado o bajo según la zona de precaución del manómetro.

9. En agua poco profunda en la que te puedas poner de pie, respirar bajo el agua al menos 30 segundos de una fuente de aire alternativa proporcionada por otro buceador.

10. Bajo el agua, reconocer y/o demostrar las señales manuales estándar.

11. Demostrar las técnicas para un ascenso adecuado.

Montar tu equipo de buceo

Antes de poder usar el equipo de buceo, tienes que colocar la botella, el chaleco y el regulador juntos. Tu instructor puede tener el equipo preparado para esta primera inmersión en aguas confinadas, o puede enseñarte a poner todo junto. Desde ahora y hasta que termines el curso tendrás que poner y quitar el equipo de buceo hasta que te salga de forma natural.

Poner el chaleco en la botella. Si has comprado un chaleco completamente nuevo debes mojar la tira de la botella. Debes hacer esto porque el nylon nuevo se estira cuando está mojado; si colocas la tira seca, puede aflojarse cuando entres al agua. A continuación:

1. Desliza el chaleco en la botella por la parte superior.

2. Gira la botella de forma que la grifería quede mirando hacia el chaleco, en la parte donde estará tu cabeza. En la mayor parte de los chalecos la parte superior de la espaldera rígida del chaleco (si la tiene) o el collarín debe quedar casi nivelado con la base de la grifería de la botella. Tu instructor puede ayudarte a hacerlo y puedes subirlo o bajarlo para adaptarlo a tus preferencias después de usar el equipo unas cuantas veces.

3. Asegura la tira de la botella apretándola lo más posible con la mano, y después pásala por el mecanismo de cierre. Debes utilizar un poco de fuerza. Los mecanismos de cierre varían, así que haz que tu instructor te enseñe cómo funciona el tuyo si no es evidente (a menudo lo es). Algunos chalecos utilizan dos tiras; ajusta y asegura las dos.

4. Ahora debes comprobar que está bien sujeto. Observa si la tira se desliza hacia arriba y hacia abajo en la botella. Si no, puedes levantar la botella del suelo con un pequeño movimiento. Si el chaleco no se mueve ni se desliza en la botella, buen trabajo. Si se mueve, está demasiado floja. Vuelve a ajustar la tira un poco más apretada.

Colocar el regulador. Si el regulador no está a tu alcance, deja tumbada la botella con el chaleco hacia arriba antes de ir a buscar el regulador.

1. La salida de la grifería de la botella puede estar cubierta por un tapón de plástico o un trozo de cinta. En ese caso, quítalos.

Altura correcta
En la mayor parte de los chalecos la parte superior de la espaldera rígida del chaleco (si la tiene) o el collarín debe quedar casi nivelada con la base de la grifería de la botella. Tu instructor puede ayudarte a hacerlo y puedes subirlo o bajarlo para adaptarlo a tus preferencias después de usar el equipo unas cuantas veces.

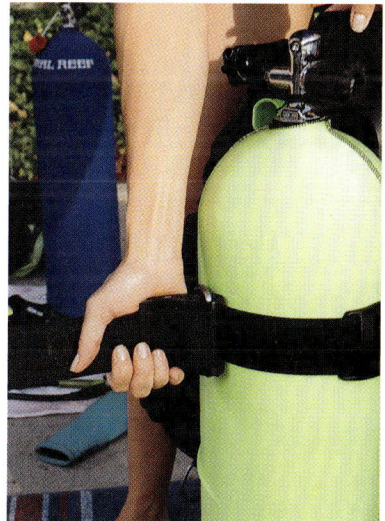

Girar y cerrar
Asegura la tira de la botella apretándola lo más posible con la mano, y después pásala por el mecanismo de cierre. Debes utilizar un poco de fuerza.

2. Comprueba que la junta tórica esté situada en la salida de aire de la botella (en los sistemas de horquilla – en los sistemas DIN debes comprobar que la junta tórica esté en la conexión de la primera etapa del regulador). Debe estar limpia y sin cortes. Si necesitas una junta nueva, pídesela a tu instructor.

3. Abre lentamente la grifería de la botella – justo un soplido – para eliminar la suciedad o el agua acumulada de la salida de aire de la grifería. Hazlo en una dirección en la que no haya ninguna persona. Si estás seguro de que no hay agua ni residuos puedes saltarte este paso.

4. Retira el tapón de protección de la primera etapa del regulador aflojando el tornillo (en el sistema de horquilla) o desenroscándolo (en el sistema DIN).

5. Con la botella entre tus piernas y el chaleco hacia delante coloca la primera etapa en la grifería de la botella para que la salida del aire de la grifería de la botella se conecte con la entrada de aire de la primera etapa del regulador y de forma que el latiguillo de la segunda etapa del regulador quede hacia la derecha. La segunda etapa del regulador cae por encima de tu hombro derecho.

6 Aprieta el tornillo de la horquilla con la presión de los dedos, o para el sistema DIN, enrosca suavemente el regulador en la grifería hasta que esté ajustado.

7. Conecta el latiguillo del hinchador de baja presión del regulador al hinchador del chaleco.

Abrir el aire y comprobar el funcionamiento del equipo. Debes estar preparado para abrir el aire. Sujeta el manómetro con tu mano izquierda apartándolo de ti mirando hacia fuera cuando abras el aire – esto es por precaución en el improbable caso de que el manómetro tenga una fuga de aire interna y se rompa; los manómetros modernos tienen tapones de protección por lo que no es muy probable que ocurra incluso si *existiera* una fuga de aire. De todos modos mantén la seguridad.

Abre la grifería lenta y suavemente. Si oyes una pequeña fuga de aire, la junta tórica puede estar sucia o defectuosa. Cierra la grifería y pide a tu instructor que te enseñe a controlar y reemplazar la junta tórica. Suponiendo que no haya pérdida de aire, abre la grifería hasta el final.

Controla el manómetro. Observa la presión de trabajo de la botella y compárala con la del manómetro para hacerte una idea de lo llena que está la botella. Aprenderás rápidamente la presión de una botella llena para la mayoría de las botellas en tu zona.

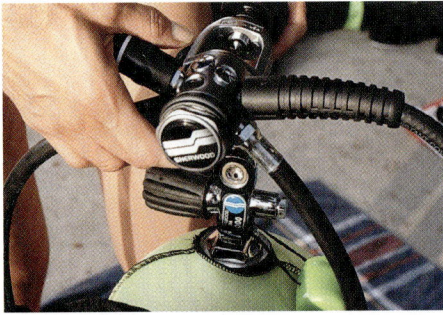

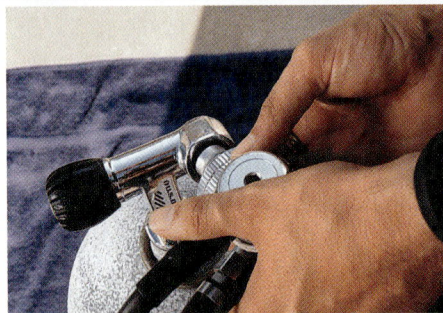

Ponlos juntos

Coloca el regulador de forma que la segunda etapa principal quede por la derecha. Aprieta el tornillo de la horquilla con la presión de los dedos, o para el sistema DIN, enrosca suavemente el regulador en la grifería hasta que esté ajustado. Conecta el latiguillo del hinchador de baja presión del regulador al hinchador del chaleco.

A continuación, comprueba el regulador presionando el botón de purga momentáneamente. El aire debe salir libremente y detenerse cuando sueltes el botón. Si se produce un chorro de aire de la segunda etapa puede detenerse presionando el botón de purga o bloqueando momentáneamente la salida de aire de la boquilla. Si no se detiene, avisa a tu instructor. Algunos reguladores muy sensibles pueden producir flujo continuo (soltando aire continuamente) ruidoso al apretar el botón de purga; coloca tus dedos alrededor de la boquilla y se detendrá.

Comprueba la válvula de vaciado exhalando por el regulador. La exhalación debería ser fácil. En caso contrario, la válvula de exhalación puede estar pegada – avisa al instructor. Si la purga y la válvula de exhalación funcionan bien toma unas cuantas respiraciones del regulador como control final. Respirar del regulador debería resultar fácil y suave.

Sujetar los latiguillos y alinear el equipo de forma hidrodinámica. Los manómetros y fuentes de aire alternativas que van colgando se dañan al golpear por el fondo. Crean una mayor resistencia al avance cuando nadas y pueden destrozar la sensible vida acuática.

Tu chaleco y los latiguillos tendrán clips, hebillas y otros sistemas de sujeción para que ninguno vaya colgando. Lo ideal es que cuando nades no haya nada colgando por debajo de la línea de tu cuerpo más de 20 centímetros/8 pulgadas – y cuanto menos mejor. Normalmente colocarás el latiguillo del manómetro por debajo de tu hombro izquierdo y lo sujetarás a la parte frontal del chaleco donde puedas verlo o girarlo fácilmente para verlo. Tu fuente de aire alternativa normalmente vendrá por debajo de tu brazo derecho (aunque puede variar según el tipo) y se sujetará dentro del triángulo formado por la barbilla y los extremos de tu caja torácica. Utilizarás un clip o un sistema que lo sujete bien pero que pueda soltarse de un tirón.

Tu instructor te ayudará a sujetar los latiguillos y a colocar tu equipo de forma hidrodinámica. Cuando lo hayas hecho, recuerda tumbar cuidadosamente la botella con el chaleco hacia arriba y la segunda etapa del regulador encima para mantenerla fuera de la arena o de la suciedad.

Ajustar y ponerse el equipo

Probablemente hayas preparado y ajustado la máscara, el tubo y las aletas antes de ir a la primera inmersión de aguas confinadas. Veamos el resto del equipo, gran parte del cual,

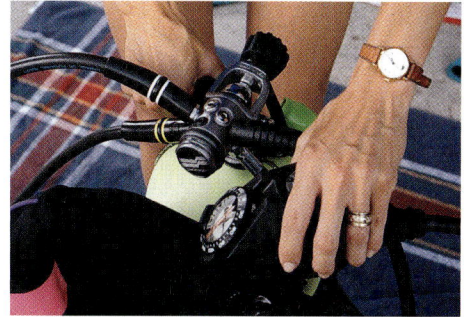

Apártate
Abre la grifería suavemente por completo mientras mantienes el manómetro apartado de ti.

Respira aire fresco
Si la purga y la válvula de exhalación funcionan bien toma unas cuantas respiraciones del regulador como control final. Respirar del regulador debería resultar fácil y suave.

para esta primera inmersión en aguas confinadas, te colocarás en el agua en la parte poco profunda. Tu instructor te indicará los pasos a seguir para equiparse.

No ofrezcas resistencia al avance
Utiliza clips y otros sistemas de enganche en tu chaleco para que ninguno de los latiguillos o accesorios quede colgando. Lo mejor al nadar bajo el agua es que nada cuelgue más de unos 20 centímetros/8 pulgadas – y cuanto menos mejor.

Ajustar el chaleco. Como ya leíste antes, debes ajustar el chaleco de forma que lo sientas ajustado y cómodo. Esto puede requerir apretar o aflojar las cinchas de los hombros y de la cintura. Si utilizas la talla adecuada de chaleco, probablemente puedas hacer estos ajustes después de poner la botella.

Con tu propio equipo, realizarás muchos ajustes iniciales que luego no tendrás que cambiar. Cada vez que te equipes estará ya ajustado a tu medida.

Ajustar el cinturón de lastre. Si utilizas un cinturón de lastre tu instructor te dirá aproximadamente cuánto lastre utilizar. Distribuye los plomos de forma uniforme por el cinturón y ajusta el cinturón para que la longitud no sea más de 15–20 centímetros/6 a 8 pulgadas más de lo necesario para ajustarse a tu cintura. (Aprenderás más sobre cinturones de plomo y sistemas de lastre en la Sección Dos). Ahora está preparado para ponértelo.

Traje húmedo. Puede utilizar una chaqueta, peto o el traje húmedo completo durante las inmersiones en aguas confinadas. Esto hace que te acostumbres a su uso antes de ir a aguas abiertas.

Si llevas un traje completo te pondrás primero los pantalones. Los trajes deben quedar ajustados, así que puedes esperar algún esfuerzo para ponértelo – resulta más fácil con la práctica.

Después de ponerte el pantalón lo siguiente son los botines. Colócalos por debajo de la pernera del pantalón del traje. Ponte la chaqueta del traje con un brazo cada vez. Sube toda la manga antes de empezar con el otro brazo.

Ajuste = calor
Los trajes deben quedar ajustados, así que puedes esperar algún esfuerzo para ponértelo – resulta más fácil con la práctica.

Si se adapta bien, el traje debe quedar ajustado y algo restrictivo. La restricción desaparece en el agua y después de usar el traje unas cuantas veces te acostumbras a esa sensación.

Si no utilizas la chaqueta del traje durante esta inmersión es una buena idea ponerse una camiseta o una sudadera para reducir los roces.

Cinturón de plomos. Ponerse el cinturón de plomos antes o después del equipo autónomo depende del chaleco – normalmente se pone antes. Si utilizas un sistema de lastre integrado en el chaleco no tienes que pensar en ello.

Independientemente de cuándo te pongas el cinturón de plomos, debes ser capaz de poder quitártelo fácil y rápidamente por lo que debe quedar libre del resto del equipo. Tu instructor te ayudará a hacerlo.

A la izquierda es lo correcto
Asegúrate de ponerte el cinturón de forma que pueda abrirse con la mano derecha. Esta es una posición de soltado estándar. Generalmente, si tienes la hebilla en el lado izquierdo se abre hacia la derecha.

Para ponerte el cinturón de plomos antes de entrar al agua, sujeta el extremo de la hebilla con tu mano izquierda y el otro extremo con la mano derecha. Da un paso por encima del cinturón e inclínate hacia delante, colocando el cinturón en la parte más estrecha de tu cintura. De esta forma eliminas el peso de la parte delantera para poder colocar el cinturón y sujetar la hebilla.

Asegúrate de ponerte el cinturón de forma que pueda *abrirse con la mano derecha.* Esta es una posición de zafado estándar. Generalmente, si tienes la hebilla en el lado izquierdo se abre hacia la derecha. Ten en cuenta que debes colocar las hebillas del cinturón de plomos y del chaleco de forma que se abran en sentidos opuestos para evitar la confusión. Abre y cierra la hebilla del cinturón de plomos sin necesidad de mirar. Bajo el agua, con la máscara y el chaleco es difícil ver la cintura por lo que debes estar seguro de que puedes trabajar con el cinturón de plomos con el tacto.

Por último, procura distribuir los plomos de forma uniforme para que no interfieran con la hebilla de zafado rápido. Es útil colocarlos ligeramente hacia delante para lograr mayor estabilidad al nadar, dejando un espacio en el centro de la espalda en la zona en la que va la botella.

Equipo autónomo. Antes de ponerte el equipo autónomo asegúrate de que conectas las hebillas de los hombros del chaleco (si las tiene) y de que has abierto la hebilla de la cintura. La forma más fácil de ponerse el equipo autónomo es hacer que tu compañero te lo sujete mientras te lo pones como si fuera una chaqueta. Antes de que tu compañero empiece a ponerte el peso en la espalda estira todas las tiras y asegúrate de que no queda ningún latiguillo ni accesorio atrapado en el chaleco. Después de ponerte el equipo, el compañero puede ayudarte a encontrar la tira de la cintura.

A continuación, inclínate hacia delante y compensa el peso de la botella sobre tu espalda para poder eliminar la tensión de las tiras. Es más fácil sujetar y ajustar el equipo en esta posición que manteniéndote vertical. Comprueba que la hebilla de la cintura se abra hacia el lado izquierdo.

Una vez todo esté sujeto, colócate en posición vertical e inclina tu cabeza hacia atrás. Si tu cabeza puede tocar la grifería, la botella esté probablemente demasiado alta. No querrás que te golpee en la cabeza, así que puedes quitarte el equipo y volver a ajustar el chaleco en la botella.

Máscara. La condensación empañará el interior de tu máscara si no utilizas un antiempañante. Es mejor utilizar un antiempañante comercial, aunque la saliva funcionará si no hay ninguno disponible. Frota el desempañante en el interior del cristal de tu máscara y enjuágalo *una* vez, brevemente.

Quítate una carga

La forma más fácil de ponerse el equipo autónomo es hacer que tu compañero te lo sujete mientras te lo pones como si fuera una chaqueta. Antes de que tu compañero empiece a ponerte el peso en la espalda estira todas las tiras y asegúrate de que no queda ningún latiguillo ni accesorio atrapado en el chaleco.

Ahora estás preparado para ponerte la máscara. Sujétala en tu cara con una mano mientras colocas la tira en su sitio con la otra. Desarrolla la costumbre de mantener tu máscara en la cara siempre que estés en el agua.

Aletas. Normalmente te pondrás las aletas lo último, tan cerca del agua – o incluso en el agua si es adecuado – como sea posible. Caminar con aletas es pesado y puede ser peligroso. Si tienes que caminar con las aletas (dentro o fuera del agua), arrastra los pies y camina hacia atrás mirando por encima del hombro para ver hacia dónde vas.

Forma correcta de ponérsela

Para ponerte la máscara, sujétala en tu cara con una mano mientras colocas la tira en su sitio con la otra.

Moja tus pies (o botines) y las aletas para que sea más fácil ponérselas. Haz que tu compañero te sujete mientras te pones las aletas de una en una. Introduce bien el pie en la aleta antes de colocar la tira (en las aletas con tira ajustable) o colocar la parte del talón (en las aletas de pie cerrado).

Inspeccionar tu equipo. Desarrolla la costumbre de inspeccionar tu equipo y el equipo de tu compañero para ver que esté correctamente colocado, ajustado y funcionando antes de entrar al agua. Deberías estar familiarizado con dónde está y cómo funcionan los controles y hebillas del chaleco. Durante la segunda inmersión en aguas confinadas aprenderás cómo hacerlo con los cinco pasos del control de seguridad pre-inmersión.

Hinchar y deshinchar tu chaleco. Ahora estás preparado para practicar algunos ejercicios de buceo. Quieres saber cómo hinchar tu chaleco en la superficie para poder mantenerte vertical y descansar, hablar, escuchar o ajustar el equipo sin tener que pedalear en el agua. Un chaleco hinchado proporciona apoyo al nadar en la superficie. Siempre que estés en la superficie, deberías tener tu chaleco parcialmente hinchado.

Puedes hinchar tu chaleco de dos formas: oralmente y a través del mecanismo del hinchador de baja presión conectado a tu regulador. Aprenderás a hinchar oralmente el chaleco en la próxima inmersión en aguas confinadas.

Para hinchar el chaleco utilizando el mecanismo del hinchador de baja presión, aprieta el botón de hinchado (no es el

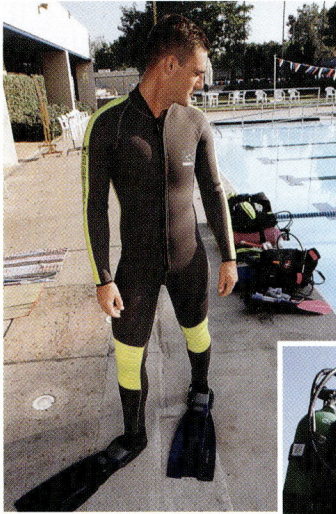

Hacia atrás avanzas
Caminar con aletas es pesado y puede ser peligroso. Si tienes que hacerlo, dentro o fuera del agua, arrastra los pies y camina hacia atrás mirando por encima del hombro para ver hacia dónde vas.

Una cuestión de equilibrio
Cuando te pongas las aletas fuera del agua, haz que tu compañero te sujete mientras te las pones de una en una.

Haz un control
Desarrolla la costumbre de inspeccionar tu equipo y el de tu compañero para ver que estén correctamente colocados, ajustados y funcionando antes de entrar al agua.

Pulsa el botón de la flotabilidad.

Para hinchar el chaleco usando el mecanismo del hinchador de baja presión, pulsa el botón de hinchado (no el mismo que has utilizado para el hinchado oral). Pon aire en el chaleco mediante breves pulsaciones para así poder controlar el proceso de hinchado.

mismo que utilizas para hinchar el chaleco oralmente). Pon aire en tu chaleco en pequeñas dosis, para poder controlar el hinchado. Normalmente utilizas el hinchador de baja presión porque es más rápido, más fácil y (sorprendentemente) ahorra aire porque te cuesta menos trabajo.

Al hinchar el chaleco oralmente o con el hinchador de baja presión, muy pocas veces te resultará necesario hincharlo completamente y puede resultarte incómodo. Llena tu chaleco hasta que puedas flotar cómodamente, lo que normalmente requiere menos de la mitad de su capacidad.

Para deshinchar el chaleco, colócate en posición vertical – o con la cabeza relativamente alta – y aprieta el botón de vaciado mientras sujetas el latiguillo hacia arriba. En algunos chalecos, puedes utilizar una válvula de vaciado "de descarga" para poder vaciar el chaleco sin levantar el latiguillo. En cualquier caso, deberás colocarte de forma que el punto en el que el latiguillo se une al chaleco (o la válvula de vaciado) quede colocada en el punto más alto.

Más de un sistema

Aunque normalmente te pones el equipo de pie en tierra o en agua poco profunda, no siempre es el caso. No hay ningún motivo para que no te puedas poner el equipo sentado si tus características físicas lo requieren.

Respirar bajo el agua

De acuerdo, ¡ya está! Estás a punto de descender. Pero primero (paciencia) escucha a tu instructor que te puede indicar algunas señales manuales que debes observar, y decirte qué hacer. Preparados *ahora*.

Cuando respires del equipo autónomo por primera vez, recuerda respirar lenta, profunda y continuamente. Ten en cuenta la regla más importante del buceo – nunca aguantes la respiración. Mientras estés en el agua observa a tu instructor para ver si te hace alguna señal. Relájate y disfruta de la experiencia. Al principio puede que no confíes en el equipo, pero después de unas pocas respiraciones te darás cuenta – ¡funciona!. Te encantará.

Vaciar el regulador

Una vez te encuentres cómodo respirando bajo el agua, tu instructor te enseñará cómo quitarte la segunda etapa de la boca y volvértela a poner. ¿Por qué? Porque necesitas hacerlo para algunos ejercicios, para hacerle una mueca a tu compañero o porque te lo pueden quitar de un golpe o se te puede caer de la boca accidentalmente.

Cuando el regulador sale de tu boca se llena de agua. No hay problema, porque puedes volvértelo a poner fácilmente, vaciar el agua y volver a respirar. Hay dos métodos normales: exhalando en él (el método de exhalación) y utilizando el botón de purga (método de purga).

El método de exhalación es tan fácil como suena. Simplemente sopla en el regulador con la segunda etapa en posición vertical (de forma que la válvula de exhalación quede en el punto más bajo). El aire empuja el agua hacia fuera por la válvula de exhalación. Recuerda que debes exhalar antes de inhalar, y que el regulador debe estar más o menos vertical.

¿Pero qué pasa si no tienes aire para vaciarlo? Utiliza el método de purga. Coloca la segunda etapa en tu boca (de nuevo más o menos vertical) y bloquea la salida de la boquilla pegando tu lengua contra ella. Esto evita que el agua

Botón de hinchado

Botón de vaciado

Aprieta el botón de control de flotabilidad

Normalmente utilizas el hinchador de baja presión porque es más rápido, más fácil y (sorprendentemente) ahorra aire porque te cuesta menos trabajo. El hinchador del chaleco añade aire al chaleco; el botón de deshinchado lo deja salir.

Descender

Para deshinchar el chaleco, colócate en posición vertical – o con la cabeza relativamente alta – y aprieta el botón de vaciado mientras sujetas el latiguillo hacia arriba.

Recuerda la regla más importante

Necesitas desarrollar un importante hábito al practicar el vaciado de regulador. Cuando el regulador no está en la boca bajo el agua, sopla siempre un pequeño y continuo flujo de burbujas. De esta forma nunca aguantarás la respiración cuando bucees con equipo autónomo.

Barre y recoge
Para recuperar el regulador utilizando el método de barrido, inclina tu hombro derecho hacia abajo, estira tu brazo hacia fuera y hacia atrás al lado de la botella, y haz un barrido hacia delante. La segunda etapa debería terminar contra tu codo.

Alcanza y recupera
Para recuperar la segunda etapa utilizando el método de alcance, busca por detrás de tu cabeza el punto dónde el latiguillo del regulador se conecta a la primera etapa. Sigue el latiguillo con la mano hasta que localices la segunda etapa.

entre en tu boca y te haga toser. Ahora, pulsa brevemente el botón de purga. Esto libera aire de la segunda etapa que empuja el agua hacia fuera por la válvula de exhalación. Ya puedes inhalar.

La mayor parte de las veces usarás el método de exhalación porque es el más fácil y el más rápido pero necesitas conocer los dos. Cuando practiques, gira la boquilla del regulador hacia abajo cuando te la quites de la boca. Si la giras hacia arriba puede soltar aire. Si se te olvida y te ocurre, gira la boquilla hacia abajo y dejará de salir aire.

También necesitas desarrollar un importante hábito al practicar el vaciado del regulador. Cuando el regulador no está en la boca bajo el agua, sopla siempre un pequeño y continuo flujo de burbujas. De esta forma *nunca aguantas* la *respiración* al bucear con equipo autónomo. Como ya has aprendido, ascender con aire comprimido encerrado en los pulmones puede causar lesiones por sobrepresión pulmonar *graves* (posiblemente fatales). Haciendo un sonido continuo mantienes las vías aéreas abiertas para liberar el aire en expansión.

Recuperar el regulador

Recuperar la segunda etapa del regulador va unido al vaciado del regulador. ¿Por qué? Porque si lo dejas caer de la boca, tiende a colocarse en tu espalda. O, puede que necesites encontrarlo después de usar el tubo para nadar hacia el punto de descenso en la superficie. Bien, no te preocupes, puedes recuperarlo con dos métodos: el barrido con el brazo y el método de alcance.

Para recuperar el regulador utilizando el método de barrido, colócate en posición vertical e inclina tu hombro derecho hacia abajo. A continuación estira tu brazo hacia fuera y hacia atrás al lado de la botella, y haz un barrido hacia delante. El regulador debería terminar contra tu codo; agarra el regulador y desliza tu mano hacia la segunda etapa. Póntelo en la boca y vacíalo.

Algunas veces la segunda etapa se engancha en algo, de forma que tienes que recuperarlo con el método de alcance. Busca por detrás de tu cabeza el punto dónde el latiguillo del regulador se conecta a la primera etapa. Sigue el latiguillo con la mano hasta que localices la segunda etapa. Te puede resultar útil levantar el fondo de la botella con la mano izquierda empujándola hacia arriba y hacia la derecha para

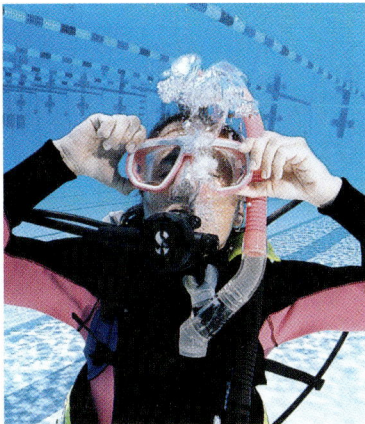

Las cosas funcionan mirando hacia arriba
Para vaciar una máscara sin válvula de vaciado, mantén la parte superior de la máscara firmemente contra tu frente y mira hacia arriba mientras soplas por la nariz.

Sujeta y exhala
Para vaciar una máscara con válvula de purga, mantén la máscara sujeta contra tu cara y mira hacia abajo, colocando la purga en el punto más bajo de la máscara, a continuación exhala por la nariz.

que sea más fácil alcanzar la primera etapa con la mano derecha y encontrar el latiguillo.

Practicarás la recuperación del regulador durante esta inmersión en agua confinada. Recuerda soplar burbujas y hacer un sonido continuo cuando el regulador esté fuera de la boca.

Vaciado de máscara

Cuando termines de practicar la recuperación y vaciado del regulador, te habrás dado cuenta de que el agua tiende a entrar poco a poco en tu máscara durante una inmersión. No es un gran problema, sólo tienes que soplarla hacia fuera. Durante esta inmersión de entrenamiento en aguas confinadas, aprenderás a vaciar el agua de una máscara parcialmente inundada.

Vacías la máscara de diferente forma en una máscara sin o con válvula de vaciado opcional. Sin válvula de vaciado, mantén la parte superior de la máscara firmemente contra tu frente y mira hacia arriba mientras soplas por la nariz. El aire de tu nariz empuja el agua hacia fuera por el fondo de la máscara. Nota: comienza a exhalar antes de inclinar la cabeza hacia atrás para evitar que entre agua en tu nariz.

Con una máscara con válvula de purga, mantén la máscara sujeta contra tu cara y mira hacia abajo, colocando la purga en el punto más bajo de la máscara. Exhala por la nariz. El aire empuja el agua fuera a través de la válvula de purga.

El vaciado de máscara es más fácil si exhalas continuamente por tu nariz. Antes de intentarlo, exhala una respiración completa lenta y continuamente por tu nariz. Como la máscara tiene un volumen mucho menor que tus pulmones, con práctica podrás ser capaz de vaciar tu máscara varias veces con una sola respiración.

Nadar bajo el agua

Después de haber practicado unos cuantos ejercicios, estarás preparado para nadar un poco alrededor. El pataleo normal de buceo es *el golpe de aleteo*, pero es diferente de la patada corta y rápida que utilizas sin aletas. Con aletas, ralentiza tu patada y hazla más larga. Apunta tus aletas hacia atrás y muévelas principalmente desde la cadera, lo que hace mover los potentes músculos de los muslos. Tus rodillas deben doblarse sólo un poco. La patada hacia abajo aplica la fuerza, y la patada hacia arriba descansa. Cuando aleteas adecuadamente, notas que los tendones tiran en la parte superior del pie donde se unen con el tobillo.

Las aletas sólo proporcionan propulsión cuando están sumergidas, así que manténlas bajo el agua cuando nades en la superficie. Empuja más hacia abajo y menos hacia arriba, arqueando tu espalda hacia arriba para empujar tus aletas hacia abajo. Te puede resultar más fácil nadar sobre tu espalda o de lado para conseguir un aleteo más amplio manteniendo las aletas sumergidas.

Aletear
El pataleo normal de buceo es el golpe de aleteo. Apunta tus aletas hacia atrás y muévelas principalmente desde la cadera, lo que hace mover los potentes músculos de los muslos. Tus rodillas deben doblarse sólo un poco.

Dando una vuelta
Los buceadores con problemas físicos que limitan la movilidad de las piernas nadan normalmente con los brazos y las manos. Fíjate en los guantes especiales con dedos palmeados para aumentar la potencia de las manos.

No intentes nadar rápido con el equipo de buceo. Doblar la velocidad requiere cuatro veces más de energía (esa cosa exponencial de nuevo). Los movimientos de brazos crean resistencia al movimiento y en realidad reducen la eficacia, así que mantén tus brazos quietos, pegados a los lados. Si tienes problemas físicos que hacen que tengas que nadar con tus manos y tus brazos, hay varias técnicas efectivas que pueden ser útiles. Pregunta a tu instructor si necesitas más información.

Compensación y nadar bajo el agua

Para acostumbrarte a compensar y a los cambios de profundidad, nadarás de un lado a otro de la zona poco profunda a la zona profunda. Relájate, nada lentamente para ahorrar aire y energía. Compensa tus oídos en cuanto te sumerjas y con frecuencia (cada metro) cuando te muevas hacia agua más profunda. No olvides compensar tu máscara soplando en ella. Puedes necesitar cierta práctica antes de que la compensación se vuelva natural. Sé paciente, y no lo fuerces.

Enseguida y con frecuencia
Compensa tus oídos en cuanto te sumerjas y con frecuencia (cada metro) cuando te muevas hacia agua más profunda. No olvides compensar tu máscara soplando en ella.

Al nadar bajo el agua utilizas un pataleo largo y lento. Manténte junto al compañero y procura mantenerte apartado del fondo. Tu instructor se comunicará contigo utilizando las señales manuales (las comentaréis antes de entrar al agua); presta atención a ellas y responde adecuadamente.

Controlar tu aire

Mientras estés bajo el agua, acostúmbrate a controlar tu manómetro frecuentemente. La mayoría de manómetros tienen marcada una zona de precaución – asegúrate de avisar a tu instructor si tu aire llega a esta zona. Los manómetros digitales normalmente pitan o parpadean para avisarte que tienes poco aire. Tu instructor te hará indicar tu nivel de aire, bien indicando que no estás en la zona de precaución o utilizando tus dedos para mostrar cuánto aire tienes en bar.

Saber cuánto aire hay para no quedarse sin aire
Acostúmbrate a controlar tu manómetro frecuentemente. Es la forma más eficaz de evitar una situación de falta de aire.

Fuente de aire alternativa

En las siguientes dos secciones, empezarás a aprender sobre los tipos de fuentes de aire alternativas y cómo responder a una situación de falta de aire. Normalmente respondes con el uso de una fuente de aire alternativa como método elegido para compartir aire con tu compañero. Durante esta inmersión en aguas confinadas aprenderás los fundamentos para hacerlo.

Como verás, las fuentes de aire alternativas tienen tres configuraciones básicas. Independientemente del tipo debes ser capaz de encontrar, sujetar y respirar de una fuente de aire alternativa proporcionada por el compañero. Los siguientes procedimientos se aplican al uso de los tres tipos de fuentes de aire alternativas; tu instructor demostrará los detalles para el tipo que utilizarás durante esta inmersión.

La fuente de aire alternativa se coloca en la zona del pecho – en un lugar accesible – y sujeta de forma que quede libre para poder utilizarse con un tirón firme. Acostúmbrate a comprobar dónde y cómo sujeta tu compañero su fuente de aire alternativa.

Dependiendo de la configuración de la fuente de aire alternativa, el donante (buceador que proporciona aire) puede dar al receptor (el buceador que recibe aire) la fuente de aire alternativa, o puede darle la fuente de aire principal (la que tiene en la boca) y cambiar él a la fuente de aire alternativa. El punto importante es ponerse de acuerdo sobre el procedimiento antes de la inmersión.

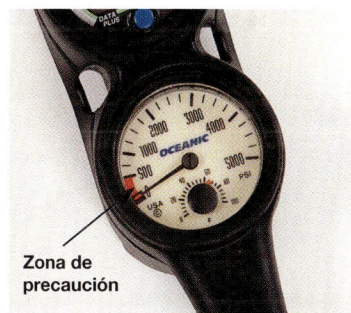

Zona de precaución

Manténte fuera de la zona roja
La mayoría de manómetros tiene marcada una zona de precaución – asegúrate de avisar a tu instructor si tu aire llega a esta zona.

Si necesitas la fuente de aire alternativa de tu compañero, primero debes lograr ganar su atención y señalar "no tengo aire" y "compartir aire". Tu compañero debería responder nadando hacia ti, ofreciéndote la boquilla de una segunda etapa. Si no, puede que necesites encontrar y coger por ti mismo la fuente de aire alternativa y empezar a respirar.

Como hay mucha variantes de fuentes de aire alternativas, ten cuidado cuando te pongas el regulador alternativo en la boca. Si ciertos tipos de reguladores te los colocas al revés, puedes tener problemas para vaciarlo y puedes tragar agua. Una vez tengas la fuente de aire alternativa, establece contacto con tu compañero. El mejor método para sujetaros entre vosotros depende de la configuración de la fuente de aire alternativa, pero generalmente te agarrarás a la grifería de la botella de tu compañero, al brazo o al chaleco.

Un amigo necesita ayuda
Normalmente respondes con el uso de una fuente de aire alternativa como método elegido para compartir aire con tu compañero. Durante esta inmersión en aguas confinadas aprenderás los fundamentos para hacerlo.

Después de respirar cómodamente, comienzas a ascender. Mantén contacto visual y agárrate al compañero mientras respiras normalmente. Tu compañero y tú debéis ajustar vuestros propios chalecos, siendo el donante el que controla la velocidad de ascenso.(Para esta primera vez, practicarás en posición estacionaria y nadando, pero probablemente no asciendas).

Tu instructor te demostrará cómo realizar todos estos puntos con el tipo de fuente de aire alternativa que tengáis tu compañero y tú. Este es un buen ejercicio para practicar o repasar frecuentemente, sobre todo cuando bucees con un compañero nuevo o te encuentres con una fuente de aire alternativa que no conoces.

Ascender

Cuando tu instructor te dé la señal de "subir" tu compañero y tú nadareis lentamente hacia la superficie juntos. Mira hacia arriba y gira (para poder ver toda la zona) cuando subas. Cuando llegues a la superficie, hincha tu chaleco lo suficiente para flotar cómodamente. Mantén tu máscara puesta y el regulador en la boca hasta que hayas nadado hasta la zona de agua poco profunda.

Mira, apunta y nada hacia arriba
Conforme asciendas, apunta hacia arriba, mira y gírate para poder ver toda la zona. Cuando llegues a la superficie, hincha tu chaleco lo suficiente para flotar cómodamente.

Salir del agua

Probablemente aprenderás varios métodos para salir del agua durante este curso, cada uno para una diferente situación de buceo. Durante esta inmersión probablemente saldrás en la parte poco profunda. Con la ayuda de tu compañero, quítate el sistema de lastre y el equipo autónomo con el agua a la altura de la cintura. Quítate las aletas y coloca todo el equipo en el borde de la piscina, o pásaselo a tu compañero. Tu instructor demostrará los procedimientos para quitarse el equipo que usarás para salir del agua.

Desmontar y cuidar el equipo

Cuando termines, necesitas desmontar el equipo para enjuagarlo y guardarlo. Primero, cierra el aire de la botella girando la grifería de la botella en el sentido de las agujas del reloj suavemente hasta el final. A continuación, presiona el botón de purga del regulador para eliminar toda la presión. Si te olvidas de hacerlo, la presión hará casi imposible quitar el regulador.

Desconecta el latiguillo de baja presión del hinchador del chaleco, y desconecta todos los latiguillos del manómetro, la fuente de aire alternativa de sus sujeciones. Quita el regulador aflojando el tornillo de la horquilla, o desenroscándolo (en el sistema DIN), teniendo cuidado de evitar que el agua entre en la primera etapa. Seca el tapón de protección del regulador con una toalla y vuelve a colocarlo en su sitio.

Dale una ducha para que dure
Es importante enjuagar todo tu equipo incluso después de una inmersión en la piscina porque el cloro puede dañar tu equipo de buceo tanto como el agua salada.

Cierra y sujeta las tiras del chaleco para que no cuelguen y se enganchen. Suelta la tira de sujeción de la botella y saca el chaleco. Deja la botella tumbada para que no se pueda caer mientras enjuagas el equipo con agua dulce y recoges todo tu equipo. Esto es importante incluso después de una inmersión en la piscina porque el cloro puede dañar tu equipo de buceo tanto como el agua salada.

Repaso de conocimientos

Capítulo 1

1. Verdadero o Falso.
    Un objeto tiene flotabilidad neutra cuando desplaza una cantidad de agua menor que su propio peso. _Falso_

2. Explica por qué el control de flotabilidad, tanto en la superficie como bajo el agua, es una de las técnicas más importantes que puedes dominar.

    En la superficie: _PARA AHORRAR ENERGÍA Y DESCANSAR_

    Bajo el agua: _PARA TENER FLOTABILIDAD NEUTRA Y NADAR SIN ESFUERZO/LIBREMENTE_

3. Completa los espacios en blanco con las palabras apropiadas: agua dulce o agua salada. "El mismo objeto flotará más en _AGUA SALADA_ que en _AGUA DULCE_."

4. Verdadero o Falso.
    Debido a que el agua es más densa que el aire, los cambios de presión para una distancia de ascenso o de descenso determinada son sensiblemente mayores en el agua que en el aire.
    _✓_

5. Completa la siguiente tabla con los datos que correspondan a una bolsa flexible sellada, llena de aire en la superficie.

Profundidad	Presión	Volumen	Densidad
0 m/0 pies	1 bar/ata	1	x 1
10 m/33 pies	2	1/2	x 2
30 m/99 pies	4	1/4	x 4
40 m/132 pies	5 bar/ata	1/5	x 5

6. Rodea con un círculo la letra que corresponda a la mejor definición del término compresión.
    - ❏ a. Una condición que ocasiona dolor y molestias cuando la presión externa de un espacio aéreo corporal es menor que la interna.
    - ☒ b. Una condición que ocasiona dolor y molestias cuando la presión interna de un espacio aéreo corporal es menor que la externa.

7. Marca cada frase que describa una técnica que se utiliza para compensar los espacios aéreos durante el descenso.
    - ☑ a. Taparse la nariz y tratar de soplar suavemente por la misma.
    - ☑ b. Tragar y mover la mandíbula de un lado a otro.
    - ☑ c. Taparse la nariz y tratar de soplar suavemente por la misma mientras se traga y se mueve la mandíbula de un lado a otro.

8. Indica con qué frecuencia debes compensar los espacios aéreos durante el descenso.

   CADA METRO ANTES DE SENTIR MOLESTIAS

9. Verdadero o Falso. "Si sientes molestias en los oídos durante el descenso, continúa descendiendo hasta que desaparezcan." FALSO

10. Indica la regla más importante del buceo con equipo autónomo.

    RESPIRAR SIEMPRE CONTINUAMENTE, EVITAR PERDER RITMO
    RESPIRATORIO

11. Rodea con un círculo la letra que corresponda a la mejor definición de la expresión bloqueo inverso.

    ☒ a. Una condición que ocurre cuando el aire que se expande no puede salir de un espacio aéreo corporal durante el ascenso, ocasionando dolor y molestias.

    ❏ b. Una condición que ocurre cuando el aire que se expande sale de un espacio aéreo corporal durante el ascenso, ocasionando dolor y molestias.

12. Describe qué debes hacer si sientes molestias durante el ascenso debido a una expansión del aire, ya sea en los oídos, senos nasales, estómago, intestinos o dientes.

    RALENTIZAR O PARAR EL ASCENSO, DESCENDER UNOS METROS
    PARA DAR TIEMPO AL AIRE A SALIR

13. Al bucear con equipo autónomo, ¿por qué debe la máscara cubrir la nariz?

    PARA PODER COMPENSAR LOS OÍDOS ANZANDO LA NARIZ

14. Explica la mejor forma de evitar que entre agua en tu botella de buceo.

    NO DEJAR QUE SE VACÍE DEL TODO

15. Rodea con un círculo la respuesta apropiada. La característica más importante que debes tener en cuenta cuando seleccionas un regulador es:

    ❏ a. El color
    ❏ b. El número de latiguillos que tiene
    ☒ c. La facilidad para respirar
    ❏ d. El tamaño

Declaración del alumno: He completado este Repaso de conocimientos lo mejor posible, y me han explicado y he comprendido todos los fallos de las preguntas que no he respondido o que he respondido incorrectamente.

Nombre ANA GARCIA PUYOL   Fecha 28 / 6 / 2014

Adaptación al mundo subacuático

Fuera del agua, ves, oyes y te mueves de una forma familiar y cómoda que te parece "normal" porque estás acostumbrado. Pero bajo el agua, estás en un mundo nuevo donde ver, oír y mantenerse caliente resulta diferente que en el aire. Probablemente te hayas dado cuenta de esto en la primera inmersión de aguas confinadas (o lo harás).

El agua es aproximadamente 800 veces más densa que el aire, y por eso la luz, el sonido y el calor se comportan de forma diferente en el agua. Veamos con más detalle algunas de estas diferencias para que puedas comenzar a adaptarte a ellas durante tus inmersiones.

Ver y oír bajo el agua

Buscas a tu compañero y… lo has perdido. ¿Qué ha ocurrido? Bajo el agua las cosas a veces parecen estar más cerca de lo que realmente están.

Como aprendiste en la Sección Uno, el ojo humano necesita aire para enfocar; este espacio de aire te lo proporciona la máscara. Sin embargo, incluso aunque tus ojos puedan enfocar, todavía tienes algunos efectos ópticos porque la luz viaja a diferente velocidad en el agua y en el aire. Cuando la luz cambia de velocidad al pasar del agua al

Objetivos principales

Marca/subraya las respuestas a las siguientes preguntas conforme vayas leyendo:

1. **¿Cómo se modifica el tamaño aparente de los objetos bajo el agua?**

2. **¿Cómo afecta el agua al color y a la intensidad de la luz?**

3. **¿Cómo se ve afectada la audición bajo el agua?**

Adaptación al mundo subacuático

Respiración

Equipo de buceo

Sistema de compañeros: comunicación y procedimientos

Anticipo de la Inmersión en aguas confinadas

aire (cuando entra en tu máscara), varía su rumbo ligeramente (esto se denomina *refracción*) lo que hace que todo aumente. Esto hace que las cosas parezcan más grandes y/o más cercanas, dependiendo de tu perspectiva.

El agua afecta a la luz de otras formas. Conforme desciendes, probablemente te hayas dado cuenta que hay menos luz. Esto es debido a que la luz se refleja en la superficie del agua, se dispersa en las partículas del agua, y el agua la absorbe directamente. Sin embargo, el agua no absorbe la luz de forma uniforme.

La luz blanca, como la luz solar, está compuesta por la suma de todos los colores. Cuando esta luz atraviesa el agua, ésta absorbe los colores uno por uno: primero el rojo, después el naranja y el amarillo. Como cada color forma parte del total de la luz, conforme aumenta la profundidad hay menos luz porque el agua va absorbiendo los colores. Esto hace que el agua más profunda sea más oscura y tenga menos colorido. Los objetos rojos, naranjas o amarillos a menudo parecen marrones, grises o negros. Para ver los colores más vivos en las inmersiones profundas, puedes llevar una linterna subacuática, que proporciona luz no filtrada y recupera los colores.

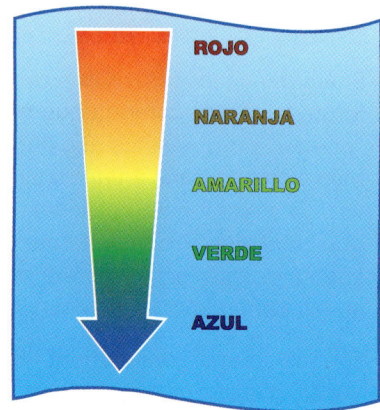

El agua también afecta al sonido. Te darás cuenta rápidamente de que el mundo subacuático no es un mundo de silencio. Escucharás muchos sonidos nuevos e interesantes, como el chasquido de los camarones, los peces roncadores y los motores de los barcos viajando en la distancia. El sonido viaja más lejos en el agua que en el aire, por lo que serás capaz de oír cosas a una distancia que no puedes escuchar en el aire.

El sonido viaja aproximadamente cuatro veces más rápido en el agua que en el aire. Esto hace que sea difícil determinar de dónde procede. Bajo el agua, el sonido normalmente parece venir directamente de encima de la cabeza, como cuando escuchas una grabación mono por unos auriculares.

A no ser que utilices aparatos de comunicación electrónicos especiales, no podrás hablar mucho bajo el agua. Puedes llamar la atención con la

Qué ojos tan grandes tienes
Cuando la luz cambia de velocidad al pasar del agua al aire, varía su rumbo ligeramente lo que aumenta. Esto hace que las cosas parezcan mayores y/o más cercanas, dependiendo de tu perspectiva.

ROJO

NARANJA

AMARILLO

VERDE

AZUL

Arco iris
Cuando la luz blanca atraviesa el agua, ésta absorbe los colores uno por uno: primero el rojo, después el naranja y el amarillo, y el verde y el azul los últimos.

voz, y algunos buceadores pueden incluso hacerse entender gritando a través del regulador, pero normalmente limitarás tu comunicación subacuática por el sonido a llamar la atención de tu compañero. La forma más fácil de hacerlo es golpear en tu botella con el cuchillo o con algún otro objeto sólido. Tu compañero oirá los golpes pero deberá mirar alrededor para saber de dónde procede el sonido.

Pérdida de calor bajo el agua

Pasar frío resta diversión al buceo y, además de la diversión implica el riesgo potencial de un problema de salud grave si pasas demasiado frío. En el aire, pierdes el calor corporal cuando pasa del cuerpo al aire, y cuando la transpiración enfría la piel a través de la evaporación. El agua conduce el calor aproximadamente 20 veces más rápido que el aire, dando como resultado que para una determinada temperatura, el agua te enfría mucho más rápidamente. En el aire, 30 °C/86 °F es calor, pero en el agua al cabo de un rato, pasas frío.

Cuestionario Rápido
Autoevaluación 1

1. Bajo el agua, lo que ves parecerá
   - ❏ a. más grande y/o más alejado.
   - ❏ b. más pequeño y/o más cerca.
   - ❏ c. más pequeño y/o más alejado.
   - ☑ d. más grande y/o más cerca.

2. El agua absorbe la luz produciendo que (marca todas las correctas):
   - ☑ a. sea más oscuro cuanto más profundo.
   - ❏ b. los colores sean más vivos con la profundidad.
   - ☑ c. los colores sean menos vivos con la profundidad.
   - ❏ d. Nada de lo anterior.

3. Bajo el agua el sonido:
   - ❏ a. no viaja demasiado lejos.
   - ❏ b. es fácil de localizar.
   - ☑ c. a menudo parece proceder directamente de arriba.

¿Cómo lo has hecho?
1. d   2. a, c   3. c.

Objetivos principales

Marca/subraya las respuestas a las siguientes preguntas conforme vayas leyendo:

4. **¿Cuál es la velocidad de la pérdida de calor corporal en el agua en comparación con el aire?**

5. **¿Qué debes hacer si empiezas a temblar continuamente bajo el agua?**

Si no es controlada, la pérdida de calor corporal puede llevar a la *hipotermia*, una condición grave en la que tu cuerpo se enfría tanto que no puede funcionar con normalidad. Para evitarlo, utilizas un aislamiento (trajes húmedos y trajes secos), especialmente para bucear en agua por debajo de aproximadamente 24 °C/75 °F. Para estar cómodo, puede que quieras llevar un traje húmedo incluso en agua cálida.

Los trajes de protección realmente no "te mantienen" caliente, pero reducen la pérdida de calor lo suficiente para que puedas estar cómodo durante toda la inmersión. Esto significa que incluso con un traje de protección pasarás frío si estás el tiempo suficiente en el agua. El temblor continuo, incontrolable es la señal de alerta de tu cuerpo de que la pérdida de calor ha alcanzado un nivel crítico.

Objetivos
principales

Marca/subraya la respuesta a esta pregunta conforme vayas leyendo:

6. ¿Cómo debes moverte bajo el agua para compensar el incremento de resistencia del agua?

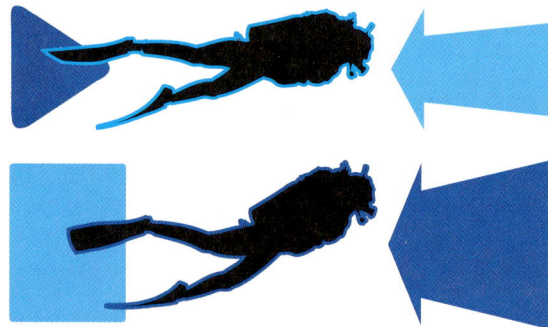

⚠️ Cuando empieces a temblar continuamente, sal del agua inmediatamente, sécate y busca abrigo.

Un punto importante es que los modernos trajes húmedos y los trajes secos hacen un trabajo impresionante – incluso en agua muy fría, no tienes por que pasar frío. Si sientes frío al bucear, probablemente no estés llevando protección suficiente. Pide consejo a un profesional PADI al comprar tu traje de protección.

Movimiento en el agua

Una de las cosas interesantes del buceo es que es una actividad excitante y relajante al mismo tiempo. Querrás evitar perder el ritmo respiratorio, y además no hay motivo para tener prisa.

La densidad del agua produce una resistencia al movimiento. Si has intentado correr con el agua hasta la altura de la cintura, ya te habrás dado cuenta. Así que, ahorra energía moviéndote lenta y controladamente. Evita los movimientos rápidos y violentos que desperdician energía y hacen que gastes el aire más rápido. Tómate tu tiempo y estarás bajo el agua más tiempo y llegarás más lejos.

Tu perfil en el agua también está relacionado con esto. Si te colocas en una posición hidrodinámica nadando horizontalmente y manteniendo tus latiguillos y el

Elegante = fácil

Si te colocas en una posición hidrodinámica nadando horizontalmente y manteniendo tus latiguillos y el equipo sujeto cerca del cuerpo, ahorras energía porque hay mucha menos resistencia contra el agua. Si llevas más plomo del que necesitas, tendrás tendencia a que tus caderas caigan hacia abajo, y necesitarás más aire en tu chaleco, lo que produce más resistencia al avance. Un profesional PADI puede ayudarte con sugerencias sobre cómo lograr la posición hidrodinámica de tu equipo.

1. La mejor forma de moverse bajo el agua es:
   - ❏ a. lo más rápido posible.
   - ☒ b. lenta y suavemente, relajado.

¿Cómo lo has hecho?
1. b.

Puntos clave

En este subapartado sobre Adaptación al mundo acuático has aprendido que:

▲ Los objetos se ven aumentados cuando los ves bajo el agua, haciendo que parezcan más grandes y/o más cerca.

▲ El agua absorbe la luz y los colores.

▲ Es difícil determinar la dirección del sonido bajo el agua.

▲ El agua absorbe el calor aproximadamente 20 veces más rápido que el aire.

▲ Si comienzas a temblar continuamente, debes salir del agua, secarte y buscar abrigo.

▲ Es mejor moverse lentamente y permanecer relajado bajo el agua.

equipo sujeto cerca del cuerpo, ahorras energía porque hay mucha menos resistencia contra el agua. Por otro lado, si llevas más plomo del que necesitas, tendrás tendencia a que tus caderas caigan hacia abajo, y no nadarás de forma horizontal. Necesitas más aire en tu chaleco, lo que hace que suba la parte superior de tu cuerpo y produce más resistencia al avance. Todo esto hace que gastes el aire más rápido y que te canses antes.

Incluso con una buena posición hidrodinámica y adecuadamente lastrado, el nadar rápido o trabajar hace que te canses rápidamente. Aprende a buscar tu propio ritmo, tómatelo con calma y relájate cuando bucees.

Respiración

Probablemente te hayas dado cuenta de que no puedes respirar agua. De aquí que necesites la botella. Pero incluso aunque respires aire bajo el agua cuando buceas con equipo autónomo, es un poco diferente a respirar en la superficie. Veamos por qué, y cómo respirar más eficazmente mientras buceas.

Eficacia respiratoria

Cada respiración que tomas contiene oxígeno, que tu cuerpo utiliza para producir energía. Por esto es por lo que necesitas oxígeno para vivir.

Cuando el aire llega a tus pulmones, tu sangre absorbe el oxígeno y lo transporta por todo el cuerpo mediante la circulación. Recoge el dióxido de carbono residual de las células y lo transporta a los pulmones para que, cuando exhales, sea expulsado del cuerpo.

Objetivos *principales*

Marca/subraya la respuesta a esta pregunta conforme vayas leyendo:

7. **¿Cómo respiras bajo el agua con la máxima eficiencia?**

El intercambio de oxígeno y dióxido de carbono se produce únicamente en los pulmones. Los conductos de aire desde y hasta tus pulmones – boca, garganta y tráquea – contienen aire que no interviene en el

Aire muerto

Tu boca, garganta y tráquea contienen aire que no interviene en el intercambio de oxígeno y dióxido de carbono. Estos espacios se denominan espacios aéreos muertos. Los tubos y reguladores aumentan el espacio aéreo muerto.

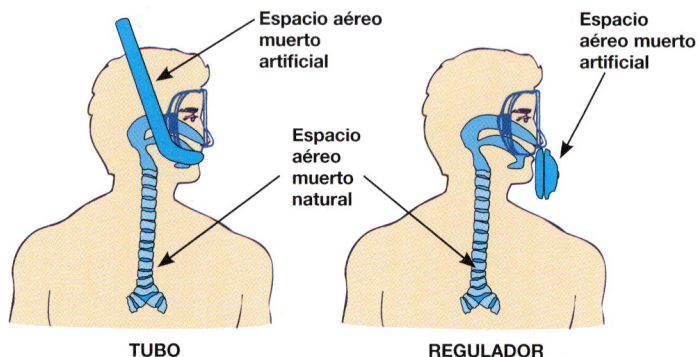

TUBO **REGULADOR**

intercambio de oxígeno y dióxido de carbono. Estos espacios se denominan espacios *aéreos muertos*. Los tubos y reguladores aumentan este espacio aéreo muerto incrementando el volumen de los conductos de aire.

⚠️ Cuando inhalas, el primer aire que llega a tus pulmones es el aire que ha quedado en los espacios aéreos muertos de tu respiración anterior. Este aire tiene un alto contenido en dióxido de carbono. Si tomas respiraciones superficiales, estás inhalando proporcionalmente menos aire fresco y más dióxido de carbono. Básicamente estás volviendo a respirar el aire de tus espacios aéreos muertos. La respiración superficial no es eficaz porque una cantidad muy pequeña del aire que mueves toma parte en realidad en el intercambio de oxígeno y dióxido de carbono.

Por otro lado, con una respiración profunda tomas proporcionalmente más aire fresco. Esto significa que la respiración profunda es una respiración más eficaz. Para lograr la máxima eficacia respiratoria debes respirar lenta y profundamente bajo el agua. Al utilizar el equipo autónomo, inhala y exhala más lenta y profundamente de lo normal – no una cantidad exagerada, pero un poco más de lo normal. Respira de la misma forma cuando uses un tubo, pero puede que necesites exhalar de golpe y rápido de vez en cuando para vaciar el agua del tubo.

Sobreesfuerzo

Si intentas mantener un nivel de actividad elevado cuando buceas – como al nadar contra la corriente, al nadar grandes distancias o al llevar demasiado peso – puedes experimentar *sobreesfuerzo*. Los síntomas

Cuestionario Rápido

Autoevaluación 4

1. Para conseguir la máxima eficacia, bajo el agua debes respirar:
   ☒ a. lenta y profundamente.
   ❏ b. rápido y superficial.

¿Cómo lo has hecho?
1. a.

Objetivos principales

Marca/subraya las respuestas a las siguientes preguntas conforme vayas leyendo:

8. ¿Cuáles son ocho síntomas de sobreesfuerzo buceando?

9. ¿Cómo evitas el sobreesfuerzo buceando?

10. ¿Qué deberías hacer si te agotas buceando, tanto en la superficie como bajo el agua?

¡ALTO!

Si experimentas síntomas de sobreesfuerzo bajo el agua, detén toda la actividad, respira profundamente y descansa. Recupera el ritmo respiratorio. Agárrate a algún objeto como apoyo, si es posible, y relájate.

incluyen cansancio, respiración forzada, sensación de sofoco, debilidad, ansiedad, dolor de cabeza, calambre muscular o tendencia al pánico.

El sobreesfuerzo se produce cuando tu cuerpo demanda aire más rápido de lo que la respiración puede proporcionarle. Esto puede ocurrir más fácilmente bajo el agua porque estás respirando aire más denso, te estás moviendo contra la resistencia del agua, y los reguladores de buceo tienen límites en la cantidad de aire que pueden proporcionar.

Evidentemente, quieres evitar el sobreesfuerzo. Conoce tus límites físicos y busca tu propio ritmo para evitar la pérdida del ritmo respiratorio. Muévete lentamente y evita el ejercicio prolongado. Si experimentas síntomas de sobreesfuerzo bajo el agua, detén toda actividad, respira profundamente y descansa. Recupera el ritmo respiratorio. Más actividad sólo hará que tu cuerpo aumente la demanda de oxígeno. Agárrate a algún objeto como apoyo, si es posible, y relájate hasta que tu respiración vuelva a ser normal.

Si experimentas sobreesfuerzo en la superficie, establece suficiente flotabilidad positiva (soltando los plomos si fuera necesario) y deja de moverte. Descansa y recupera el ritmo respiratorio. Pide ayuda si es necesario. Una vez te hayas recuperado, sigue a un ritmo más tranquilo.

Control de las vías aéreas y Objetivos de la respiración

Te darás cuenta de que no es raro tener una pequeña cantidad de agua en el regulador o en el tubo, especialmente después de vaciarlo. No hay problema

Cuestionario Rápido

Autoevaluación 5

1. Los síntomas de sobreesfuerzo incluyen (marca todas las correctas):
   - ☒ a. respiración forzada.
   - ☐ b. euforia.
   - ☒ c. ansiedad.
   - ☒ d. sensación de sofoco.

2. Para prevenir el sobreesfuerzo (marca todas las correctas):
   - ☐ a. lleva mucho plomo.
   - ☒ b. busca tu propio ritmo.
   - ☒ c. conoce tus limitaciones.
   - ☒ d. evita el ejercicio fuerte prolongado.

3. Si experimentas el sobreesfuerzo:
   - ☒ a. detén toda la actividad y descansa.
   - ☐ b. nada rápidamente contra la corriente.

¿Cómo lo has hecho?

1. a, c, d   2. b, c, d   3. a.

– utilizas el *control de las vías aéreas* para evitar que entren en tu garganta unas gotas accidentalmente.

Un control adecuado de las vías aéreas significa: 1) Inhalar siempre lentamente si entra agua en tu regulador, tubo o boca para no empujarla hacia la garganta; 2) Inhalar siempre lentamente y con cuidado después de vaciar el tubo o el regulador; y 3) Utilizar la lengua como protección colocando la punta en el paladar cuando respires a través de pequeñas cantidades de agua. Mirar ligeramente hacia abajo ayuda a mantener el agua en la segunda etapa fuera de tu boca. Después de respirar lentamente a través del agua, exhala con fuerza para expulsar el agua de la boca, regulador o tubo. Con la práctica, te darás cuenta de que puedes utilizar el control de las vías aéreas para respirar a través de una sorprendentemente gran cantidad de agua.

Si accidentalmente inhalas algo de agua, te puedes atragantar y toser un poco. No te preocupes, esta es la forma en la que tu cuerpo mantiene el agua fuera de tus pulmones. Estáte tranquilo, sujeta tu regulador o tubo en su sitio con una mano y tose en la boquilla cuando lo necesites. Cada tosido ayuda a vaciar el regulador/tubo, por lo que estás resolviendo los dos problemas a la vez. Tragar puede ayudarte a dejar de toser, recuperar la respiración y lograr el control de las vías aéreas. El control de las vías aéreas normalmente se convierte en una costumbre natural con un poco de experiencia.

⚠️ Como resumen, tus objetivos de respiración bajo el agua son: **Respira siempre lenta y profundamente de forma continua cuando utilices el equipo autónomo. Esfuérzate en desarrollar el control de las vías aéreas.**

1. Las técnicas para el control de las vías aéreas incluyen (marca todas las correctas):

   ☑ a. inhalar lentamente si entra agua en el regulador o en el tubo.

   ☑ b. inhalar cuidadosamente después de vaciar el tubo o el regulador.

   ☑ c. utilizar la lengua como protección.

¿Cómo lo has hecho?
1. a, b, c.

Equipo de buceo

En la sección anterior, aprendiste acerca de las máscaras, tubos, aletas, chalecos, botellas, griferías, reguladores y manómetro. No es un mal comienzo, pero como ya sabes hay más cosas. Echemos un vistazo a los trajes y sus accesorios, sistemas de lastre, fuentes de aire alternativas, cuchillos, bolsas para el equipo e instrumentos de buceo.

En este subapartado sobre Respiración has aprendido que:

▲ Para lograr el máximo de eficacia, debes respirar lenta y profundamente.

▲ Los síntomas de sobreesfuerzo incluyen fatiga, dificultad respiratoria, sensación de sofoco, debilidad, ansiedad, dolor de cabeza, calambres musculares y tendencia al pánico.

▲ Para prevenir el sobreesfuerzo debes mantenerte relajado y conocer tus limitaciones.

▲ Si experimentas el sobreesfuerzo, debes parar toda actividad y descansar.

▲ El control de las vías aéreas te permite respirar a través de pequeñas cantidades de agua.

Ajustados a tu silueta

Realizadas en lycra de colores, nylon o tejido similar, las mallas ofrecen protección a todo el cuerpo contra los roces y las quemaduras solares. No aíslan mucho, por lo que se utilizan principalmente en aguas tropicales.

Trajes de buceo

Finalidad. Querrás utilizar un traje de protección prácticamente en todas las actividades de buceo con dos finalidades básicas: reducir la pérdida de calor y proteger tu cuerpo de pequeños cortes, pinchazos y roces.

Tipos. Puedes utilizar tres tipos básicos de trajes de buceo, cada uno de los cuales tiene sus propias características sobre el nivel de protección que ofrece: La malla, el traje húmedo y el traje seco.

Mallas – Realizadas en lycra de colores, nylon o tejido similar, las mallas ofrecen protección a todo el cuerpo contra los roces y las quemaduras solares. No aíslan mucho, por lo que se utilizan principalmente en aguas tropicales. Puedes llevar una malla para ayudar a ponerte más fácilmente el traje húmedo y como fuente extra de abrigo. Las mallas se adaptan bien a tu cuerpo y las puedes encontrar en muchos colores y estampados.

Trajes húmedos – Los trajes húmedos son, con diferencia, la forma más común de traje de protección. Puedes encontrarlos en muchos tipos, modelos y espesores, haciendo que se adapten para aislar en agua desde 10 °C/50 °F hasta 30 °C/86 °F.

Objetivos principales

Marca/subraya las respuestas a las siguientes preguntas conforme vayas leyendo:

12. **¿Cuáles son las dos razones para utilizar un traje isotérmico para bucear?**

13. **¿Cómo aíslan al buceador los trajes secos y trajes húmedos?**

14. **¿Por qué un traje húmedo debe quedar ceñido?**

15. **¿Qué dos propiedades puede perder un traje de buceo debido al incremento de presión a profundidad?**

16. **¿Qué tres factores debes tener en cuenta al seleccionar un traje de buceo?**

17. **¿Qué cuatro procedimientos se aplican en el cuidado de los trajes de buceo?**

El traje de protección no significa protección del arrecife

⚠️ Cuando exploras el frágil entorno de los corales, esponjas y otros tipos de vida acuática sin traje de protección, tiendes a tener cuidado. Después de todo, necesitas ver lo que tocas para prevenir los roces o pinchazos leves.

Llevar trajes de protección elimina este incentivo, lo que puede suponer que dañes el entorno a menos que tengas en cuenta su bienestar. Afortunadamente, no aletearás, te arrodillarás ni golpearás intencionadamente contra la frágil vida acuática, pero los trajes de protección hacen más difícil saber cuándo lo has hecho accidentalmente. Ten en cuenta que incluso un ligero roce puede dañar o matar algunos organismos. Romper un trozo de 25 centímetros/10 pulgadas de coral, por ejemplo, destruye una década de crecimiento.

Estando alerta y utilizando algunas sencillas técnicas puedes reducir al mínimo los daños accidentales:

1. Nada cerca del arrecife en vez de nadar por encima. Esto evita los daños producidos por tus aletas.

2. Controla tu flotabilidad y no bucees sobrelastrado. Mantén flotabilidad neutra para evitar la tendencia a arrastrarte por el arrecife donde tus piernas y pies pueden destruir organismos.

3. Gírate de lado cuando mires por debajo de las grietas. Tu botella es algo más alta y a veces es difícil calcular la altura. Si te giras de lado reduces la probabilidad de golpear tu botella contra el arrecife.

4. Si necesitas nadar por encima del arrecife, sepárate bastante de él.

5. Mantén tus latiguillos sujetos y no dejes que vayan colgando.

En general, evita tocar organismos vivos bajo el agua. Ten en cuenta que el hecho de que tú estés protegido del arrecife no significa que el arrecife esté protegido de ti. Visita www.projectaware.org para aprender más cosas y descarga Ten Ways a Diver Can Protect the Underwater Environment (Las diez maneras por las que un buceador puede proteger el entorno subacuático).

Los trajes húmedos reducen la pérdida de calor colocando una capa aislante de neopreno sobre tu piel. Los trajes húmedos reciben este nombre porque te mojas cuando los llevas puestos – el agua entra por las muñecas, tobillos y el cuello y queda atrapada entre el traje y tu piel.

Tu cuerpo calienta rápidamente el agua, y mientras ese agua quede encerrada, sólo pierdes calor por radiación a través del material del traje. Sin embargo, si el agua circula saliendo y entrando de tu traje, pierdes mucho calor para calentar el agua que entra. Esta es la razón por la que los trajes húmedos deben quedar ajustados. Puedes conseguir los trajes húmedos en muchos colores a juego con el resto de tu equipo.

Trajes secos – Los trajes secos pueden proporcionar más aislamiento que los trajes húmedos manteniéndote seco. Proporcionan la mayor protección térmica de todos los trajes utilizados por los buceadores recreativos, y marcan una gran diferencia en el tiempo que puedes permanecer cómodo a temperaturas de aproximadamente 18 °C/65 °F. En agua más frías de 10 °C/50 °F son la principal opción para una inmersión agradable.

El aire conduce el calor relativamente mal, así que el traje seco te aísla con una capa de aire además del aislamiento del material que puede ser un traje interior con el traje seco, o el material del propio traje seco. A diferencia de un traje húmedo, en un traje seco todo lo que está entre tu piel y el agua reduce la pérdida de calor, y los trajes secos, a diferencia de los trajes húmedos quedan bastante amplios.

Has leído antes que como los trajes secos crean una capa de aire, debes compensar ese aire igual que cualquier otro espacio aéreo. También necesitas eliminar el aire en expansión conforme asciendes. Para hacer esto los trajes secos se llenan de aire directamente de tu botella mediante un hinchador similar al de tu chaleco. Esto añade otro latiguillo a tu regulador. Los trajes secos tienen también una válvula de vaciado para eliminar el aire conforme asciendes.

⚠️ Bucear con un traje seco no es difícil, pero requiere algo de enseñanza especial – un breve curso que puedes realizar normalmente en un fin

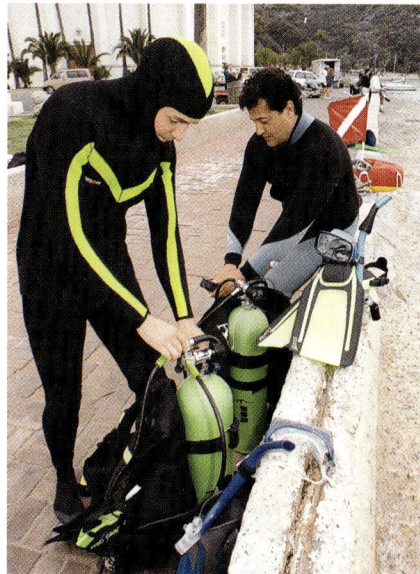

Versátiles
Los trajes húmedos son, con diferencia, la forma más común de traje de protección. Puedes encontrarlos en muchos tipos, modelos y espesores, haciendo que se adapten para aislar en aguas desde 10 °C/50 °F hasta 30 °C/86 °F.

Máximo aislamiento
Los trajes secos proporcionan la mayor protección térmica de todos los trajes utilizados por los buceadores recreativos, y marcan una gran diferencia en el tiempo que puedes permanecer cómodo a temperaturas de aproximadamente 18 °C/65 °F. En agua más frías de 10 °C/50 °F son la principal opción para una inmersión agradable.

de semana. Si vas a utilizar un traje seco durante este curso, tu instructor te enseñará a utilizarlo durante una de tus inmersiones en aguas confinadas. En cualquier caso, recuerda que *no* es el frío lo que resta diversión al buceo – *pasar frío* sí. Con un traje seco, puedes bucear en agua sorprendentemente fría cómodamente, lo que es una bueno porque encontrarás algunos de los mejores sitios de buceo en aguas por debajo de 15 °C/60 °F.

Características. De los tres tipos de trajes de protección, el traje húmedo es el que tiene un surtido más amplio de características disponibles. Esto es debido a los muy diferentes entornos en los que puedes utilizarlo. Las opciones más comunes de trajes húmedos incluyen la longitud, una o dos piezas, mangas cortas o largas, espesor, color, rodilleras y coderas, bolsillos, y posición de las cremalleras. Los trajes secos también tienen la mayor parte de estas opciones, pero como están pensados para aguas más frías, cubren todo el cuerpo.

Materiales. Como ya mencionamos antes, las mallas, que son los trajes de protección más sencillos, están hechas de nylon o lycra finos. Los trajes húmedos están hechos de espuma de células cerradas de neopreno forradas por los dos lados de nylon u otro material (para ofrecer mejor imagen y resistencia). Células cerradas significa que las burbujas de la espuma se diferencian de la espuma de esponja en que las burbujas no se

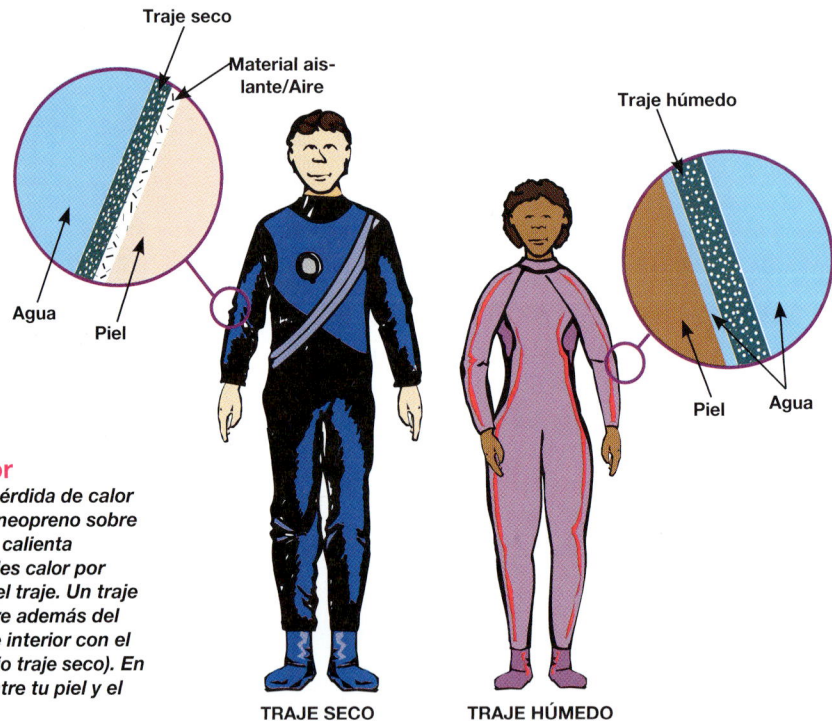

Traje seco
Material aislante/Aire
Traje húmedo
Agua
Piel
Piel
Agua
TRAJE SECO
TRAJE HÚMEDO

Cómo mantienen el calor
Los trajes húmedos reducen la pérdida de calor colocando una capa aislante de neopreno sobre tu piel. Te mojas, pero tu cuerpo calienta rápidamente el agua y sólo pierdes calor por radiación a través del material del traje. Un traje seco te aísla con una capa de aire además del aislamiento del material (un traje interior con el traje seco, o el material del propio traje seco). En un traje seco todo lo que está entre tu piel y el agua reduce la pérdida de calor.

conectan entre sí. La espuma de neopreno no se empapa de agua como una esponja, ni el agua pasará a través de ella.

Los miles de pequeñas células cerradas son lo que hacen que los trajes húmedos floten. Si aún no lo has probado, incluso una parte del traje tiene suficiente flotabilidad para que flotes cómodamente en la superficie. Sin los plomos para compensar la flotabilidad del traje, es bastante difícil bajar de la superficie del agua.

El gas atrapado en las burbujas de la espuma de neopreno proporciona un excelente aislamiento, pero conforme desciendes, se comprimen por la presión del agua. Como consecuencia, un traje húmedo pierde su flotabilidad y aislamiento cuanto más profundo bajes. Compensas la pérdida de flotabilidad añadiendo aire a tu chaleco; para mantenerte caliente, escoge un traje húmedo según la profundidad a la que vas a bucear.

Un traje dentro de otro traje

Además del traje seco en sí mismo, necesitas una prenda interior especial como la que lleva este buceador. La prenda interior proporciona el aislamiento, y el traje seco te mantiene seco.

Puedes encontrar trajes secos realizados con diferentes materiales, incluyendo neopreno. Todos los trajes secos tienen una cremallera especial impermeable al agua y manguitos que sellan en las muñecas y en el cuello para mantener el agua fuera.

Un traje seco de neopreno consigue la mayor parte de su aislamiento del neopreno y el aire en su interior, mientras que los trajes secos realizados de otros materiales, aíslan con prendas interiores especiales – de hecho, sin la prenda interior, pasas frío con estos trajes secos incluso en agua templada. La ventaja es que puedes variar la prenda interior para adaptarte a la temperatura, de forma que puedes utilizar el mismo traje para bucear en agua a 24 °C/75 °F o a 2 °C/36 °F.

Debido a que los llenas con aire, los trajes secos tienden a tener más flotabilidad que los trajes húmedos. Sin embargo, con los modernos trajes secos y prendas interiores, en la mayoría de los casos no tienen mucha más flotabilidad. Otra ventaja de un traje seco es que con la mayoría de ellos, no pierdes flotabilidad ni aislamiento con la profundidad. Conforme vas más profundo, añades aire al traje, manteniendo tanto la flotabilidad como el aislamiento normales.

Selección y compra. Compras un traje de protección basándote casi por completo en el entorno en el que piensas bucear. Las consideraciones más importantes – independientemente de si eliges una malla, un traje húmedo o un traje seco – son el calor (capacidad de aislamiento), el ajuste y la comodidad. El ajuste es especialmente importante en los trajes húmedos; si un traje de serie no se te adapta bien, puedes elegir un traje hecho a medida, que no cuesta mucho más pero marca una gran diferencia en la comodidad.

No subestimes la importancia de tu traje de protección – tu comodidad depende de él. Observa la imagen global. Por ejemplo, los dos principales inconvenientes de un traje seco son que supone una inversión inicial muy superior a la de un traje húmedo, y que requieren más cuidados antes y después de la inmersión. Pero si vives en una zona de clima frío, el aislamiento añadido que ofrecen puede suponer hacer inmersiones más largas, bucear más épocas del año, y hacer más inmersiones en un día. Tu PADI Instructor, Dive Center o Resort pueden recomendarte los mejores trajes de protección para tus necesidades y el lugar donde vayas a bucear.

Preparación. Las mallas y los trajes húmedos generalmente no requieren preparación especial antes de usar. Algunos trajes secos requieren preparación, pero sin embargo, esta preparación varía de traje a traje. Consulta el manual del usuario incluido con el traje.

Mantenimiento. Todos los trajes de protección tienen cuatro pasos fundamentales de mantenimiento: 1) enjuagar, 2) secar con la parte interior por fuera, 3) almacenar y 4) engrasar periódicamente las cremalleras del traje seco. Almacena los trajes húmedos en una percha grande de madera o plástico (no de alambre); almacena los trajes secos doblados con cuidado con la cremallera en la parte superior, o según las instrucciones del fabricante. Seca y almacena los trajes siempre apartados de la luz solar directa.

Evita dejar tu traje húmedo muy doblado o empaquetado durante

Cuestionario Rápido

Autoevaluación 7

1. Las dos razones para llevar un traje de protección son (marca dos):
   - ☒ a. protección térmica.
   - ❑ b. para no tener que preocuparte de si te golpeas con el arrecife.
   - ☒ c. para protegerte de pequeños cortes, arañazos y pinchazos.

2. Un traje _____ te aísla con una capa de neopreno contra tu piel, mientras que un traje _____ te aísla con una capa de aire y otro material aislante.
   - ❑ a. seco, húmedo
   - ❑ b. húmedo, de malla
   - ❑ c. de malla, seco
   - ☒ d. húmedo, seco

3. Un traje húmedo debe ajustarse bien al cuerpo para:
   - ❑ a. mantener la forma hidrodinámica.
   - ❑ b. evitar que el traje se caiga.
   - ☒ c. reducir al mínimo la circulación del agua y conservar el calor.

4. Conforme desciendas a más profundidad, un traje húmedo puede perder ¿qué propiedades?
   - ❑ a. ajuste y comodidad.
   - ❑ b. flotabilidad y comodidad.
   - ☒ c. flotabilidad y aislamiento.
   - ❑ d. aislamiento y ajuste.

5. Al comprar un traje de protección debes tener en cuenta (marca todas las correctas):
   - ☒ a. ajuste.
   - ☒ b. comodidad.
   - ☒ c. protección térmica.
   - ❑ d. resultar atractivo.

6. Para cuidar tu traje de protección debes (marca todas las correctas):
   - ❑ a. colgarlo en una pecha de alambre.
   - ☒ b. enjuagarlo después de cada uso.
   - ☒ c. secarlo con la parte de dentro hacia fuera.
   - ☒ d. guardarlo en una percha (para trajes húmedos).

¿Cómo lo has hecho?
1. a, c   2. d   3. c   4. c
5. a, b, c, "d" puede ser una consideración pero no es necesaria
6. b, c, d.

mucho tiempo. En las zonas de doblez, las células cerradas se colapsan, reduciendo su capacidad de aislamiento. Los trajes secos realizados con material de láminas puede pegarse entre sí si se dejan doblados mucho tiempo; las recomendaciones de almacenamiento para los trajes secos varían, por lo que debes consultar la documentación que te proporciona el fabricante.

Es muy raro que las cremalleras de los modernos trajes húmedos necesiten engrase si las enjuagas adecuadamente después de cada uso. Debes engrasar las cremalleras de los trajes secos con una cera especial para cremalleras – no utilices nunca grasa de silicona en un traje seco. Las pequeñas reparaciones pueden hacerse fácilmente con pegamento especial disponible en las tiendas de buceo.

Accesorios para los trajes de protección

En agua fría – por debajo de aproximadamente 21 ºC/70 ºF – necesitas protección para la cabeza, manos y pies además del resto del cuerpo, y puede que también las quieras utilizar en agua más caliente. También necesitas proteger tus pies y manos de los cortes y roces. Obtienes esta protección mediante los accesorios del traje – denominados capuchas, guantes y botines.

Capuchas. Tu cabeza puede ser responsable del 75 por ciento de la pérdida de calor de tu cuerpo si la dejas sin protección. Puedes preferirlo así en agua cálida, pero definitivamente debes tener en cuenta llevar una capucha siempre que bucees en agua a menos de 21 ºC/70 ºF. Las capuchas proporcionan también cierta protección contra los roces.

Objetivos principales

Marca/subraya las respuestas a las siguientes preguntas conforme vayas leyendo:

18. ¿Por qué necesitas la capucha y qué tres tipos básicos existen?

19. ¿Por qué la capucha no debe quedar demasiado apretada?

20. ¿Cuáles son las dos razones para utilizar guantes de buceo?

21. ¿Por qué tres razones se deben usar botines al bucear?

Los trajes húmedos, y la mayoría de trajes secos utilizados por los buceadores recreativos, utilizan capuchas de neopreno de trajes húmedos. Puedes elegir entre una gran variedad de espesores en los tres tipos básicos: capuchas con babero, capuchas sin babero y chalecos con capucha.

Las capuchas con babero terminan en una amplia zona, o "babero" que colocas por debajo del cuello de la chaqueta de un traje húmedo, o en

Por encima de la cabeza
Las capuchas con babero (derecha) terminan en una amplia zona, o "babero" que colocas por debajo del cuello de la chaqueta de un traje húmedo, o en un collarín especial en algunos trajes secos. Los trajes secos con manguitos del cuello aislados utilizan capuchas sin babero (izquierda).

un collarín especial en algunos trajes secos. En los trajes húmedos, el babero crea un ajuste entre tu cuello y la chaqueta que reduce al mínimo la circulación del agua. En los trajes secos, el babero aísla el manguito del cuello para eliminar una zona fría.

Los trajes secos con manguitos del cuello aislados utilizan capuchas sin babero. Algunos buceadores utilizan chalecos con capucha que ofrecen todas las ventajas de una capucha con babero y además abrigan todo el torso.

Los buceadores que viven en zonas de clima frío puede que no escojan una capucha separada sino que elijan un traje de protección con capucha incorporada. Puedes encontrar tanto trajes secos como trajes húmedos con esta configuración.

⚠️ Una capucha demasiado apretada puede comprimir el flujo de sangre que circula a través del cuello, esta circunstancia puede causar mareo, y si sigues con la capucha puesta, el desmayo y la pérdida de conocimiento. Una capucha que quede tan apretada será incómoda, así que no intentes aguantarlo y la dejes puesta. Escoge la capucha basándote en el ajuste y la comodidad.

Guantes. Tus manos no tienen mucho aislamiento natural, haciendo que sean susceptibles a la pérdida de calor. En agua fría, pueden quedar entumecidas y perder la destreza si no las proteges. Te puede resultar difícil manejar tu equipo y realizar otras tareas relacionadas con la seguridad. En aguas más cálidas, tus manos pueden reblandecerse después de estar cierto tiempo en el agua, haciendo que resulten muy vulnerables a los roces, cortes y pinchazos.

Dedos delicados
Querrás proteger tus manos en prácticamente todas las inmersiones. En agua caliente puedes utilizar guantes finos que no aíslan (guantes de "arrecife" izquierda); en agua moderadamente fría, los guantes de los trajes húmedos proporcionan aislamiento y protección (centro); los guantes secos de traje húmedo se pueden usar en aguas más frías (derecha).

Por eso, debes proteger tus manos en prácticamente todas las inmersiones. En agua caliente puedes utilizar guantes finos que no aíslan; en agua moderadamente fría, los guantes de los trajes húmedos proporcionan aislamiento y protección. En aguas más frías puede que quieras comprar manoplas de traje húmedo gruesas, o con un traje seco, guantes secos (normales en el buceo profesional, pero no tan comunes en el buceo recreativo).

Aunque los guantes proporcionan protección, no los trates como si fueran una licencia para tocar todo lo que quieras. Primero, todavía puedes cortarte o pincharte a través del guante, y segundo, puedes dañar la vida acuática que toques. Utiliza el sentido común y sé cuidadoso para proteger el entorno subacuático.

Botines. Incluso si buceas exclusivamente en aguas tropicales, puede que quieras conseguir botines de traje húmedo (también denominados "escarpines") por tres razones: Calor (particularmente en agua por debajo de 21 °C/70 °F, protección contra los cortes y roces al caminar hasta y desde el

agua, y para comodidad al llevar aletas de tira ajustable.

La construcción típica de los botines consiste en una espuma de neopreno con suela semirígida moldeada con goma dura o semidura, con superficies rugosas para tracción y protección. En algunos modelos la suela sube por encima del talón y la punta del pie para aumentar la protección y para que duren más. Algunos botines tienen cremalleras laterales para ayudar a ponérselos con más facilidad.

Los botines se miden en talla de zapatos o S, M, L, XL, XXL, etc. y deben ser cómodos sin quedar demasiado grandes ni demasiado pequeños. Tu instructor, Dive Center o Resort, pueden ayudarte a elegir unos botines que te ajusten bien.

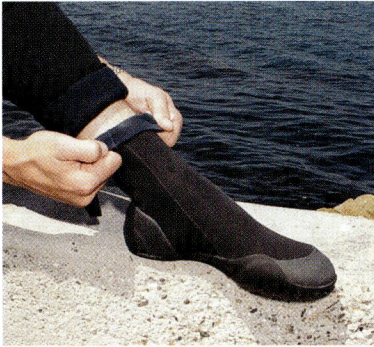

Pon tus pies dentro
La construcción típica de los botines consiste en una espuma de neopreno con suela semirígida moldeada con goma dura o semidura, con superficies rugosas para tracción y protección.

Recalentamiento

Un punto importante a tener en cuenta con respecto a los trajes húmedos, trajes secos y sus accesorios: Debido a que son tan buenos aislantes, fuera del agua, en un día de calor, puedes pasar demasiado calor con ellos. Puedes seguir estos puntos para evitar el exceso de calor:

1. Prepara todo tu equipo antes de ponerte el traje. Ponte el traje lo más tarde posible.

2. Una vez tengas el traje puesto, limita tu actividad lo más posible.

Objetivos principales

Marca/subraya la respuesta a esta pregunta conforme vayas leyendo:

22. ¿De qué seis maneras puedes evitar tener demasiado calor antes de una inmersión llevando el traje puesto?

Objetivos principales

Marca/subraya las respuestas a las siguientes preguntas conforme vayas leyendo:

23. ¿Cuáles son los dos tipos de sistemas de lastre?

24. ¿Cuál es la característica más importante de cualquier sistema de lastre?

25. ¿Cómo determinas cuánto peso necesitas para una inmersión?

3. Manténte lo más posible apartado del sol.

4. No te pongas la capucha, o al menos manténla fuera de tu cabeza todo el tiempo que sea posible.

5. Deja la cremallera de tu chaqueta abierta mientras sea posible.

6. Refréscate entrando al agua o mojándote con una manguera (habitual en los barcos de buceo) todo lo que necesites.

Sistemas de lastre

Finalidad. Si preguntas a la mayoría de la gente por qué los buceadores se ponen plomos, la respuesta más probable será, "Para hundirse", que sería una respuesta lógica y de sentido común. Una respuesta *errónea*, pero lógica y de sentido común de todas formas. Si eres como la mayor parte de la gente, flotarás naturalmente, y si te pones un traje húmedo o un traje seco, **flotarás de verdad**. Por eso, a menudo llevarás un sistema de lastre para *poder* hundirte – no para *hacer* que te hundas. No es cosa de locos, tú quieres *compensar* tu flotabilidad positiva, lo que *permite* que te hundas. Si estás adecuadamente lastrado, *no* te hundes como una piedra.

Tipos, características y materiales. Puedes encontrar dos tipos básicos de sistemas de lastre: el cinturón de lastre, y los sistemas de lastre integrados. Ambos usan plomos, y ambos tienen un sistema de zafado rápido que te permite soltar el lastre con una mano en caso de emergencia. *El sistema de zafado rápido es la característica más importante de cualquier sistema de lastre.*

Los cinturones de plomo son el sistema de lastre más antiguo; es el sistema más común, aunque cada vez más buceadores utilizan otros sistemas de lastre. El típico cinturón de plomos consta de una cinta de nylon de 5 centímetros/2 pulgadas cargada con plomos y una hebilla de zafado rápido. Las variaciones incluyen cinturones de diferente material y cinturones con bolsillos que puedes ajustar con mayor facilidad. Unos pocos cinturones utilizan bolsas de plomo para mayor comodidad, tanto en

Preparar un cinturón de plomos

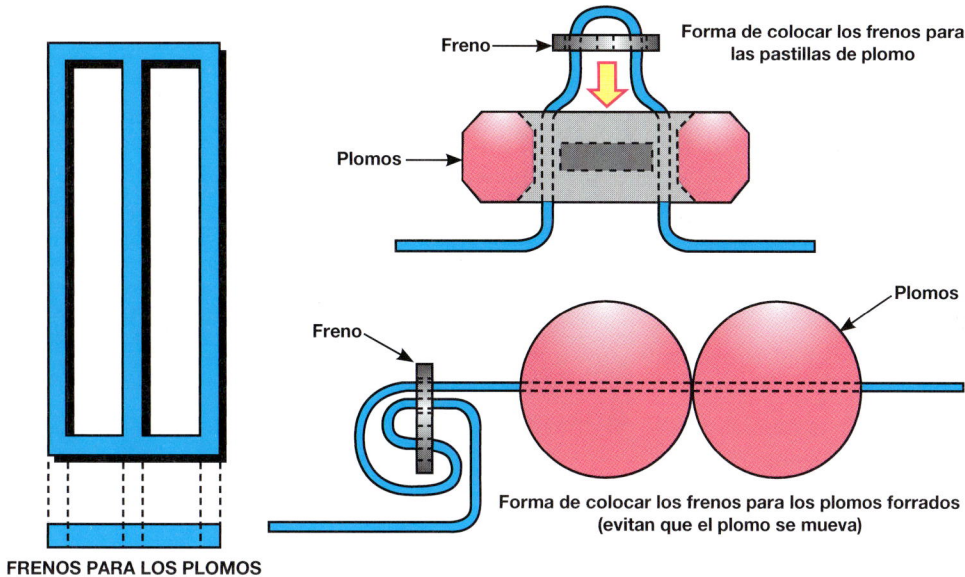

Freno → Forma de colocar los frenos para las pastillas de plomo

Plomos →

Freno → Plomos →

Forma de colocar los frenos para los plomos forrados
(evitan que el plomo se mueva)

FRENOS PARA LOS PLOMOS

Si escoges un cinturón de plomos como tu sistema de lastre, querrás prepararlo de forma que resulte cómodo y para que los plomos no se muevan de donde tú los pongas. Algunos buceadores que llevan mucho plomo colocan también una parte de su lastre en un sistema integrado de lastre y otra parte en un cinturón de plomos distribuido de tal forma que soltando uno de ellos consigan suficiente flotabilidad positiva en caso de emergencia.

Primero, debes calcular la longitud del cinturón. El extremo libre debería sobresalir aproximadamente 15–20 centímetros de la hebilla cuando lo tengas puesto. Probablemente necesites ajustar tu cinturón – pero no lo hagas hasta que hayas calculado la cantidad correcta de plomo que necesitas. Como alternativa, muchas hebillas de cinturón de plomos te permiten mover el cinturón en el extremo de la hebilla y doblarlo por debajo del cinturón. De esta forma no tendrás que comprar un cinturón nuevo si más adelante necesitas un cinturón más largo

para colocar más plomos. Si esta consideración no te afecta, ajustar el cinturón elimina el exceso de bucles.

De cualquier manera, mide el cinturón con todos los plomos y hebillas puestas de forma que se te ajuste alrededor del traje. Después de cortar el cinturón a la medida correcta, quema el extremo cortado para evitar que se deshilache. Un encendedor de gas sirve para ello. Antes de quemarlo, es posible que quieras redondear las esquinas para que sea más fácil pasarlo por la hebilla.

Procura distribuir los plomos de forma uniforme de forma que los bordes se miren unos a otros. Deja un espacio en el centro de tu espalda donde va la botella y deja aproximadamente 10 centímetros/4 pulgadas libres cerca de la hebilla para poder trabajar con facilidad. Por último, una vez estés contento con la distribución del plomo, utiliza frenos de plomos para que queden en su sitio.

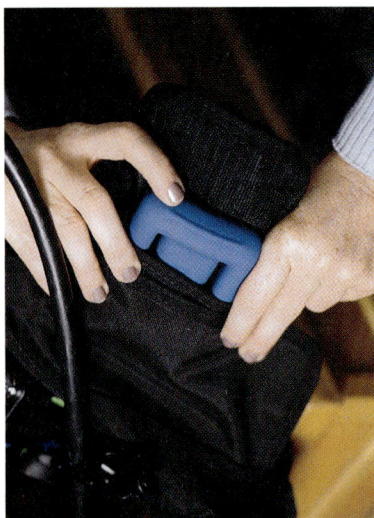

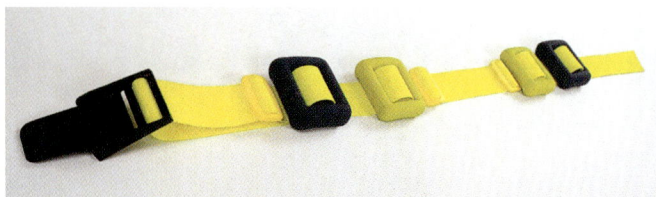

Equilibrio a bordo

Los cinturones de plomo son el sistema de lastre más común, aunque los buceadores utilizan otros sistemas de lastre cada vez más. El típico cinturón de plomos consta de una cinta de nylon de 5 centímetros/2 pulgadas cargada con plomos y una hebilla de zafado rápido. Los sistemas de lastre se integran normalmente en el chaleco y tienen un mecanismo de zafado rápido para poder soltar el lastre con una mano en caso de emergencia.

bolsillos especiales o en una gran bolsa con la cantidad exacta que necesitas. El último sistema es el más cómodo pero muy difícil de ajustar.

Los sistemas de lastre se integran normalmente en el chaleco aunque algunos se pueden integrar en un arnés separado que llevas debajo de tu chaleco. Pueden variar mucho, pero igual que los cinturones de plomo, tienen también un mecanismo de zafado rápido para poder soltar el lastre con una mano en caso de emergencia.

Recuerda que necesitas llevar puesto el sistema de lastre de forma que quede libre del resto del equipo para poder soltarlo rápidamente con una mano en caso de emergencia. Ten en cuenta que algunos sistemas de lastre integrado tendrán *dos* mecanismos de zafado rápido – esto está bien porque no necesitas ser capaz de soltar todo el lastre, sino sólo lo suficiente para garantizar flotabilidad positiva en un caso de emergencia.

Selección y compra. El hecho de comprar un cinturón de plomos convencional o un sistema de lastre integrado depende de tus preferencias, y de cuánto plomo necesites (normalmente más en agua fría para compensar la flotabilidad de tu traje de protección). Es algo que tienes que tener en consideración al seleccionar el chaleco, porque ahí será donde normalmente tendrás el sistema integrado.

Preparación. Observa el cuadro de montaje básico del cinturón de plomos. Los sistemas de lastre integrado varían, debes consultar las instrucciones del fabricante. Una parte importante del montaje es determinar cuánto plomo necesitas. Así es como se hace – lo practicarás con tu instructor durante las inmersiones en aguas confinadas:

1. Entra en el agua con todo el equipo puesto y la cantidad de plomo que has calculado que necesitas.

2. Mantén el regulador en la boca y, manteniéndote en la superficie, deshincha tu chaleco y aguanta una respiración normal. Estáte preparado para aletear o agarrarte a algo en caso de que tengas demasiado lastre.

3. Deberías flotar a la altura de los ojos. Si no, añade o quita plomo hasta que lo consigas. Puedes sujetar los plomos hasta que calcules lo que necesitas y añadirlos después a tu sistema de lastre.

4. Como prueba final, exhala. Comenzarás a descender lentamente si estás lastrado adecuadamente.

5. Si estás utilizando una botella llena, añade una pequeña cantidad de plomo (normalmente alrededor de 2 kilogramos/ 5 libras). ¿Por qué? Recuerda que el aire pesa (por eso ejerce presión). Conforme gastes el aire de la botella, la botella se hace más ligera. Utilizando una botella, añadir 2 kilos/5 libras de plomo lo compensa de forma que tendrás la cantidad adecuada de lastre al final de la inmersión con una botella casi vacía.

Mantenimiento. La mayoría de los sistemas de lastre necesitan muy poco mantenimiento, aparte de un breve enjuague después de su uso. Los sistemas de lastre integrado pueden tener requisitos de mantenimiento adicionales, así que consulta las instrucciones del fabricante.

Maneja los sistemas de lastre con cuidado. Soltar un cinturón de plomos puede romper el equipo y causar lesiones. Los equipos de buceo con el sistema de lastre integrado normalmente no se mantendrán en posición vertical incluso en un suelo firme, por lo

Cuestionario Rápido
Autoevaluación 10

1. Los dos tipos de sistemas de lastre son el cinturón de plomos y el sistema de lastre integrado.
   ☑ Verdadero ❑ Falso

2. La característica más importante de un sistema de lastre es:
   ❑ a. comodidad.
   ❑ b. ajuste.
   ☑ c. zafado rápido.
   ❑ d. ajuste fácil.

3. Si estás lastrado adecuadamente:
   ❑ a. te hundirás rápidamente.
   ☑ b. flotarás al nivel de los ojos con el chaleco vacío aguantando una respiración normal.
   ❑ c. Nada de lo anterior.

¿Cómo lo has hecho?
1. Verdadero   2. c   3. b.

que tienes que asegurarte de dejarlo tumbado o sujeto.

Fuentes de aire alternativas

Finalidad. Si prestas atención a tu manómetro y planificas la inmersión con cuidado, es poco probable que te quedes sin aire bajo el agua. A pesar de eso, debes ser capaz de resolver una emergencia de este tipo; practicarás diferentes respuestas durante tus inmersiones en aguas confinadas. Entre las opciones más recomendables está la de utilizar una fuente de aire alternativa, que ya has practicado durante tu primera inmersión de aguas confinadas. Una "fuente de aire alternativa" es cualquier segunda etapa que puedas utilizar, a parte de la segunda etapa principal que llevas en la boca, para ascender respirando con normalidad.

Tipos y características. Las fuentes de aire alternativas que utilizan la mayoría de los buceadores requieren la ayuda del compañero, aunque puedes utilizar algunas para ti mismo.

Las fuentes de aire alternativas que requieren a otro buceador incluyen la segunda etapa alternativa y el regulador combinado con el hinchador del chaleco.

La segunda etapa adicional en tu regulador es el tipo de fuente de aire alternativa de segunda etapa alternativa (también denominada "octopus"). Para que sea más fácil de utilizar tienen normalmente un latiguillo más largo que el de la segunda etapa que te pones en la boca.

Por si acaso
La segunda etapa adicional en tu regulador es el tipo de fuente de aire alternativa de segunda etapa alternativa, también denominada "octopus". Para que sea más fácil de utilizar tiene normalmente un latiguillo más largo que el de la segunda etapa que te pones en la boca.

Marca/subraya las respuestas a las siguientes preguntas conforme vayas leyendo:

26. ¿Qué es una fuente alternativa de aire?

27. ¿Qué dos tipos de fuentes alternativas de aire requieren la ayuda y cooperación de otro buceador?

28. ¿Qué tipo de fuente alternativa de aire no requiere la ayuda y cooperación de otro buceador?

29. ¿Por qué es importante marcar especialmente la segunda etapa adicional que se usa como fuente alternativa de aire?

30. ¿Dónde y cómo debes sujetar tu fuente alternativa de aire?

Dos en uno
Un regulador combinado con el hinchador del chaleco combina las funciones de hinchador de baja presión para el chaleco y segunda etapa, por lo que lo encuentras en el latiguillo del chaleco. Con esta fuente de aire alternativa, normalmente el donante da a su compañero la segunda etapa principal y se coloca el regulador combinado con el hinchador.

Un regulador combinado con el hinchador del chaleco combina las funciones de hinchador de baja presión para el chaleco y segunda etapa, por lo que lo encuentras en el latiguillo del chaleco. Con esta fuente de aire alternativa, normalmente el donante da a su compañero la segunda etapa principal y se coloca el regulador combinado con el hinchador.

En cualquier caso, con este tipo de fuente de aire alternativa, puedes ayudar a tu compañero o tu compañero puede ayudarte a ti. Evidentemente, tener una segunda etapa adicional no te sirve de nada si no hay aire en tu botella.

La botella de reserva ("pony") es una fuente de aire alternativa que puedes utilizar de forma independiente. Es una pequeña botella de buceo normalmente sujeta a la botella principal, con su propio regulador. Otra fuente de aire alternativa que puedes utilizar es la botella de ascenso, que es una pequeña botella con un regulador muy sencillo que tiene suficiente aire para llegar a la superficie. Normalmente la sujetas a tu chaleco con un sistema de sujeción especial. La mayoría de buceadores que tienen una botella de reserva o una botella de ascenso tienen también una segunda etapa adicional para compartir aire con un compañero que se ha quedado sin aire.

Saber dónde buscar
Marca tu fuente de aire alternativa para que tu compañero pueda identificarla rápidamente. Sujeta la fuente de aire alternativa en tu pecho en el triángulo formado por tu barbilla y los extremos inferiores de la caja torácica.

Selección. La mayoría de los buceadores prefieren las fuentes de aire alternativas del tipo de segunda etapa adicional o regulador combinado con el hinchador porque son más baratas y menos voluminosas y requieren menos mantenimiento que las botellas de reserva. Algunos buceadores prefieren la seguridad extra que ofrece una botella de reserva en algunas situaciones de buceo. Tu instructor puede ayudarte a elegir la fuente de aire alternativa más adecuada para el tipo de buceo que te interese.

Preparación. Sea cual sea la fuente de aire alternativa que elijas, debes lograr que se vea fácilmente y debes sujetarla de forma que no aumente la resistencia. Marcarla claramente facilita la rápida

Ayúdate a ti mismo
La botella de reserva "pony" (arriba) es una pequeña botella de buceo con su propio regulador. La botella de ascenso (abajo) es una pequeña botella con un regulador muy sencillo que tiene suficiente aire para llegar a la superficie.

1. Una fuente de aire alternativa es cualquier boquilla, aparte de la tuya principal, con la que puedas ascender respirando normalmente.

   ☒ Verdadero ☐ Falso

2. La _____ es un ejemplo de fuente de aire alternativa que requiere ayuda del compañero.

   ☒ a. segunda etapa alternativa
   ☐ b. botella de ascenso independiente
   ☐ c. Nada de lo anterior.

3. La/el _____ es un ejemplo de fuente de aire alternativa que puedes utilizar de forma independiente.

   ☐ a. segunda etapa alternativa
   ☐ b. regulador alternativo en el hinchador
   ☒ c. Nada de lo anterior.

4. Es importante marcar claramente la fuente de aire alternativa para:

   ☐ a. que tu centro de buceo pueda identificarla al hacer el mantenimiento.
   ☒ b. tu compañero y tú podáis identificarla sin confusión en caso de emergencia.

5. Debes sujetar la fuente de aire alternativa en la parte delantera de cualquiera de los hombros para que no cuelgue y la puedas cogerla de un tirón.

   ☐ Verdadero ☒ Falso

¿Cómo lo has hecho?
1. Verdadero   2. a   3. c   4. b
5. Falso. Debes sujetarla en el triángulo formado por la barbilla y los bordes de la caja torácica.

identificación evitando la confusión en caso de emergencia. Para que se vea claramente puedes elegir una segunda etapa de un color brillante (el amarillo es muy popular) o que tenga un latiguillo de color brillante, o ambos. Sujetas la fuente de aire alternativa en tu pecho en el triángulo formado por tu barbilla y los extremos inferiores de la caja torácica, lo que ofrece a tu compañero un acceso rápido y fácil a ella.

No dejes que tu fuente de aire alternativa vaya colgando. Esto puede dañarla y también puede dañar el entorno y se puede llenar de arena o barro haciendo que resulte difícil o imposible utilizarla en caso de emergencia. Debes sujetarla de forma que quede en su sitio pero pueda soltarse con un tirón firme. Tu centro de buceo debería tener algunos dispositivos que cumplan esta función.

Mantenimiento. Cuida de tu fuente de aire alternativa igual que de otro regulador y/o botella de buceo.

Hinchador de baja presión

Finalidad. Probablemente estés familiarizado con los hinchadores de baja presión que utilizas para hinchar fácilmente tu chaleco con una mano. Al igual que el manómetro y la fuente de aire alternativa, el hinchador de baja presión es una pieza obligatoria del equipo.

Tipos, características, materiales y selección. Cuando elijas un chaleco, tendrá un hinchador de baja presión, por lo que normalmente no tienes que elegir uno separado. Aunque puede haber diferentes variedades, la mayoría de los hinchadores de baja presión operativamente tienen más semejanzas que diferencias. Una excepción puede ser si decides invertir en un regulador combinado con el hinchador; la mayoría de los chalecos no lo llevan como parte normal del equipo, así que tu centro de buceo te instalará uno si lo deseas.

Objetivos principales

Marca/subraya la respuesta a esta pregunta conforme vayas leyendo:

31. ¿Por qué necesitas un hinchador de baja presión?

Preparación. Cuando tengas tu chaleco y regulador necesitarás instalar el latiguillo de baja presión en tu regulador. Esto puede hacerlo tu PADI Dive Center o Resort. La única otra preparación relativa es conectar el hinchador de baja presión durante el montaje del equipo, cosa que harás varias veces durante este curso.

Mantenimiento. Seguir los procedimientos normales de mantenimiento para el chaleco cubrirá el mantenimiento del hinchador de baja presión.

Cuchillos de buceo

Finalidad. Llevarás un cuchillo o herramienta de buceo para tener una herramienta útil a mano, por seguridad y comodidad. Además del uso evidente – cortar – puedes medir, serrar y golpear, teniendo siempre en cuenta no dañar la vida acuática. Tu cuchillo de buceo no es un arma. En algunas zonas, las leyes locales prohiben o regulan los cuchillos de buceo o prohiben a los centros de buceo que los vendan.

Viene en el paquete

Cuando elijas un chaleco, tendrá un hinchador de baja presión, por lo que normalmente no tienes que elegir uno separado. Hay diferentes variedades, pero la mayoría de los hinchadores de baja presión son similares.

Objetivos principales

Marca/subraya las respuestas a las siguientes preguntas conforme vayas leyendo:

32. ¿Por qué necesitas un cuchillo o herramienta de buceo?

33. ¿Qué tres características debes tener en cuenta al seleccionar un cuchillo o herramienta de buceo?

Tipos, características y materiales. Puedes escoger entre una gran variedad de cuchillos en material, tamaño y características. Se diferencian de otros cuchillos principalmente en el metal utilizado para su elaboración y en el diseño de la hoja y el mango. Como mínimo, un cuchillo de buceo debería: 1) estar hecho de acero inoxidable (o titanio), 2) tener un filo liso y otro serrado, y 3) traer una funda o sistema de sujeción.

Selección y compra. Además de esas tres características mínimas, puede que quieras tener en cuenta el diseño de la funda y dónde llevarás el cuchillo (en la parte interior de tu pierna, en el muslo, en el brazo o en el cinturón de plomos, enganchado a la

Cuestionario Rápido

Autoevaluación 12

1. Necesitas un hinchador de baja presión
   - ☒ a. para permitirte hinchar el chaleco fácil y rápidamente con una mano.
   - ☐ b. para controlar la presión de hinchado del chaleco en un nivel bajo.

¿Cómo lo has hecho?
1. a.

consola de instrumentos, etc.). Ten en cuenta que algunos países exigen una licencia para tener un cuchillo de buceo.

Mantenimiento. La mayoría de los cuchillos de buceo están hechos de acero inoxidable, aunque se oxidan. Enjuaga tu cuchillo con agua dulce después de usarlo, y límpialo y afílalo cuidadosamente si es necesario siguiendo las instrucciones del fabricante. Puedes elegir algunos cuchillos de buceo modernos realizados en titanio que requieren menos mantenimiento.

Bolsas para el equipo

Finalidad. Querrás comprar algo para llevar tu equipo de buceo al sitio de buceo y ese algo es una bolsa para el equipo de buceo. En un barco, mantiene tu equipo junto para que no pierdas nada y para que nadie lo coja por equivocación.

Parece afilado
Llevarás un cuchillo o herramienta de buceo para tener una herramienta útil a mano, por seguridad y comodidad.

Tipos, características, materiales y selección. Es fácil pensar que cualquier bolsa de gran tamaño servirá pero piénsalo bien. El equipo de buceo puede ser pesado y la sal corroe las cremalleras convencionales, estropeando rápidamente las bolsas que no están diseñadas para esa finalidad. Escoge tu bolsa para el equipo seleccionando una lo suficientemente grande para llevar todo excepto la botella, los plomos y el traje seco (si utilizas uno). (Las botellas y los plomos podrían estropear el resto del equipo, y los trajes secos van aparte porque su cremallera necesita protección). La bolsa debe estar realizada con un material resistente y tener una gran cremallera que no se oxide. Muchas bolsas de equipo de buceo tienen características tales como protecciones en los hombros, bolsillos y acolchados. Una buena bolsa para el equipo no es barata, pero te costará menos a la

Cuestionario Rápido
Autoevaluación 13

1. Necesitas un cuchillo de buceo (marca todas las correctas):
   ☒ a. como herramienta útil.
   ☒ b. por seguridad.
   ❑ c. como arma para defenderte.

2. Las tres características que debes buscar en un cuchillo de buceo incluyen (marca todas las correctas):
   ☒ a. borde liso.
   ☒ b. borde en sierra.
   ☒ c. funda.
   ❑ d. tapón.

¿Cómo lo has hecho?

1. a, b   2. a, b, c.

larga porque aguanta, y porque es menos probable que pierdas cosas o que se te estropee el contenido. Las opciones incluyen diseño de mochila que te permite llevarla dejando las manos libres, o diseños con ruedas para llevarlas con facilidad en el aeropuerto y en los aparcamientos.

Preparación.

Preparas una bolsa para el equipo empaquetándolo adecuadamente. Prepara las cosas en el orden inverso al que las vas a necesitar. De esta forma no tienes que sacar todo de la bolsa para preparar el equipo. Cuando te quites el equipo después de bucear, ponlo directamente en la bolsa para evitar perderlo o mezclarlo con el de otros buceadores.

Mantenimiento.
Vacía y enjuaga tu bolsa para el equipo después de cada uso. Deja que se seque bien antes de guardarla.

Instrumentos de buceo

Como no eres un pez, no tienes instintos que te digan todo lo que necesitas saber bajo el agua: tiempo, profundidad, dirección, temperatura y suministro de aire (el pez no necesita ni el suministro de aire). Tú utilizas los instrumentos de buceo para que te ofrezcan esta información de un vistazo.

Aparatos para controlar el tiempo bajo el agua.
Conforme progreses en el curso, irás aprendiendo que no puedes estar bajo el agua un tiempo ilimitado, incluso aunque tuvieras suficiente aire. Cada inmersión tiene un límite de tiempo, que cambia con la profundidad, por lo que necesitas saber cuánto tiempo has estado bajo el agua.

Puedes medir el tiempo con un reloj resistente al agua o con un medidor del tiempo en el fondo. Los relojes subacuáticos pueden ser

---

Objetivos principales

Marca/subraya las respuestas a las siguientes preguntas conforme vayas leyendo:

34. ¿Por qué necesitas una bolsa de equipo?

35. ¿Cómo preparas la bolsa de equipo antes de una inmersión?

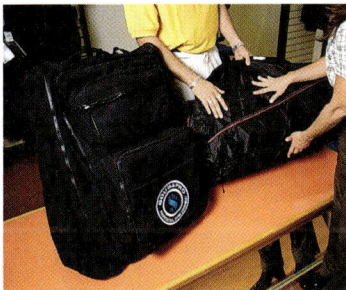

La herramienta correcta para el trabajo
Es fácil pensar que cualquier bolsa de gran tamaño servirá como bolsa de buceo, pero el equipo de buceo estropea rápidamente las bolsas que no están diseñadas para esa finalidad. Escoge tu bolsa para el equipo seleccionando una lo suficientemente grande para llevar todo excepto la botella, los plomos y el traje seco si utilizas uno.

Cuestionario Rápido
Autoevaluación 14

1. Necesitas una bolsa de equipo para llevar tu equipo hasta el sitio de buceo.
   ☒ Verdadero   ❑ Falso

2. La mejor forma de preparar tu bolsa con el equipo para bucear es:
   ❑ a. con los elementos del mismo color juntos.
   ☒ b. en el orden inverso al que vas a necesitarlo.

¿Cómo lo has hecho?
1. Verdadero   2. b.

Marca/subraya las respuestas a las siguientes preguntas conforme vayas leyendo:

36. ¿Qué cinco tipos de información de referencia puedes obtener de los instrumentos de buceo?

37. ¿Qué dos tipos de relojes subacuáticos se emplean en el buceo?

38. ¿Por qué necesitas un profundímetro?

39. ¿Cuál es el propósito de un ordenador de buceo?

40. ¿Por qué tres razones necesitas una brújula subacuática?

¿A dónde se fue el tiempo?
Los relojes subacuáticos incluyen modelos analógicos (indican el tiempo con manecillas) o modelos digitales (indican el tiempo con números). Si utilizas un reloj analógico mides el tiempo transcurrido en una escala giratoria (corona) que marcas al principio de la inmersión; con un reloj digital normalmente utilizas la función de cronómetro.

analógicos (indican el tiempo con agujas) o digitales (indican el tiempo con números). Si utilizas un reloj analógico mides el tiempo transcurrido en una escala giratoria (corona) que marcas al principio de la inmersión; con un reloj digital normalmente utilizas la función de cronómetro. Los dos tipos deben comprobarse al comienzo y al final de la inmersión. Al elegir un reloj para bucear, asegúrate de escoger uno que esté probado para profundidad, no sólo para resistir el agua. La mayoría de los relojes diseñados para el buceo con equipo autónomo tienen una profundidad probada de 200 metros o más, y te durarán años porque están diseñados para soportar presiones muy superiores a las que experimentan los buceadores recreativos.

Los medidores del tiempo en el fondo son cronómetros activados por la presión que comienzan automáticamente cuando empiezas a descender y se paran automáticamente cuando regresas a la superficie. Hoy en día, los medidores de tiempo en el fondo más modernos son digitales y registran el tiempo transcurrido entre inmersiones (que también tienes que conocer). La mayoría combinan profundímetros digitales o computadores en un instrumento.

Maneja los medidores de tiempo subacuáticos con cuidado, y enjuágalos después de cada inmersión. La mayoría no necesitan casi mantenimiento; consulta las instrucciones del fabricante.

Profundímetros. Como ya mencionamos, tienes límites de tiempo según la profundidad, por lo que necesitas saber a qué profundidad estás. Para eso, necesitas un profundímetro, que puedes encontrar en una gran variedad de tipos, estilos y precios. Al igual que los medidores del tiempo, existen modelos analógicos y digitales, siendo hoy en día los más populares los modelos digitales electrónicos. Los profundímetros se consideran elementos obligatorios del equipo de buceo.

Cuida tu profundímetro como cualquier otro instrumento de precisión. Protégelo de los golpes y enjuágalo después de cada inmersión, siguiendo las instrucciones del fabricante. Algunos profundímetros analógicos pueden estropearse si se ven expuestos a presiones reducidas en altitud. Mantén tu profundímetro alejado de la luz solar directa.

Ordenadores de buceo. Los ordenadores de buceo son con mucho, los instrumentos de buceo más comunes y se han convertido en parte del equipo estándar. Tu ordenador es

Tres instrumentos en uno

Los ordenadores de buceo combinan el profundímetro, el medidor de tiempo y a veces el manómetro en un sólo instrumento que lee los datos y calcula el tiempo de inmersión remanente permitido en cada momento. Puedes escoger entre una gran variedad.

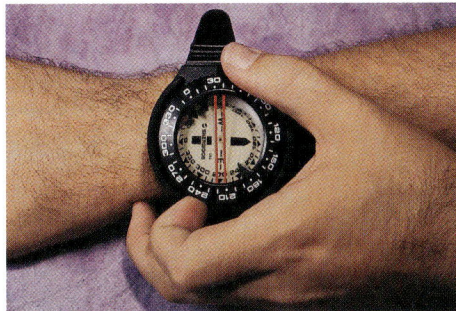

Encuentra tu camino

Una brújula de buceo estará rellena de líquido para hacer que aguante la presión, y para ayudar a estabilizar la aguja de la brújula. El tipo preferido de brújula tiene una marca de referencia denominada línea de rumbo y marcas indicativas que alineas con la aguja de brújula para mantener un rumbo.

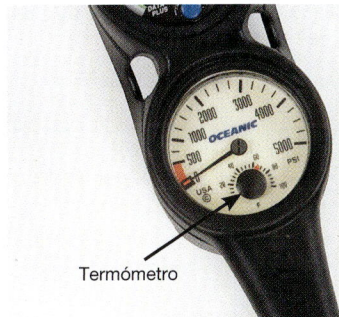

Termómetro

¿A qué temperatura está el agua?

Puedes encontrar termómetros como instrumentos separados, pero hoy en día normalmente forman parte de otros instrumentos, como el manómetro.

normalmente una de las primeras inversiones del equipo. Tu ordenador combina el profundímetro, el contador de tiempo y a veces, el manómetro en un solo instrumento, aunque es mucho más que un conjunto apropiado de instrumentos. Tu ordenador de buceo aplica la información de la profundidad y el tiempo a un modelo de descompresión para mantener el control del nitrógeno que se disuelve en tu cuerpo durante una inmersión, y de esta manera te informa constantemente del tiempo restante de que dispones. Esto pueden hacerlo las tablas (aprenderás cómo), sin embargo, tu ordenador de buceo lo realiza de forma más eficiente de modo que dispones de más tiempo de fondo y también lo hace más convenientemente. Los ordenadores de buceo te dan más libertad en la forma de bucear, representando uno de los avances más significativos en los equipos de buceo. Aprenderás más acerca del uso de los ordenadores de buceo en las Secciones Cuatro y Cinco. Tu profesional de PADI puede ayudarte a escoger uno apropiado para ti y para el lugar donde vayas a bucear.

Brújula. Una brújula te ayuda a saber dónde estás y hacia dónde vas, lo que resulta útil porque estar bajo el agua puede hacerte perder el sentido de la orientación. Tener y seguir una brújula te permite seguir un rumbo determinado, encontrar el camino de salida y saber dónde estás en todo momento. A veces resulta útil en la superficie, por ejemplo en caso de condiciones de poca visibilidad como la niebla.

Una brújula de buceo estará rellena de líquido para hacer que aguante la presión, y para ayudar a estabilizar la aguja de la brújula. El tipo preferido de brújula tiene una marca de referencia denominada *línea de rumbo* y marcas indicativas que alineas con la aguja de brújula para mantener un rumbo. Aprenderás más sobre la navegación con brújula más adelante en este curso.

Como con los otros instrumentos de buceo, enjuaga tu brújula después de cada inmersión, evita golpearla y manténla apartada de la luz solar directa.

Termómetro. Aunque no es un instrumento de buceo esencial, un termómetro hace el buceo más cómodo dándote una referencia de la temperatura. Con experiencia, aprenderás qué protección necesitas para una determinada temperatura, haciendo que resulte más fácil planificar una inmersión cómoda. Puedes encontrar termómetros como instrumentos separados, pero hoy en día normalmente forman parte de otros instrumentos, como el manómetro.

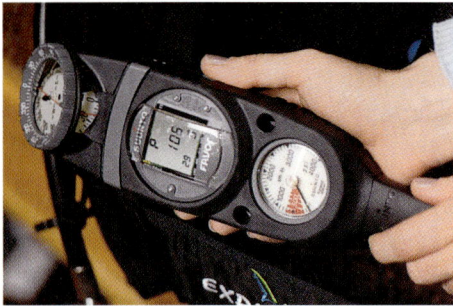

Manómetro sumergible. Aprendiste sobre el manómetro en la sección Uno, pero se repite aquí porque es un instrumento obligatorio para bucear, por lo que estaría mal no mencionarlo al hablar de los instrumentos de buceo.

Consolas de instrumentos. Puedes llevar los instrumentos de buceo individualmente en la muñeca o puedes combinarlos en una consola conectada al manómetro. Las consolas colocan todo en un mismo sitio para tener toda la información de un vistazo. También reducen el tiempo que necesitas para equiparte porque no necesitas colocarte todos los instrumentos uno a uno.

Por otro lado, algunos buceadores opinan que llevar los instrumentos en la muñeca les resulta más efectivo para lograr una posición hidrodinámica. Una consola es relativamente grande comparada con sólo el manómetro, haciendo que las consolas tengan más tendencia a colgar o a engancharse. Los instrumentos en la muñeca no van colgando.

Todo junto
Las consolas colocan todo en un mismo sitio reduciendo el tiempo necesario para equiparse porque no necesitas sujetar cada elemento. Por otro lado, algunos buceadores opinan que llevar los instrumentos en la muñeca les resulta más efectivo para lograr una posición hidrodinámica porque una consola es relativamente grande comparada con sólo el manómetro, haciendo que las consolas tengan más tendencia a colgar o a engancharse.

Cuestionario Rápido

Autoevaluación 15

1. La información de referencia que obtienes de los instrumentos de buceo incluye (marca todas las correctas):
   - ☒ a. tiempo.
   - ☒ b. temperatura.
   - ☒ c. dirección.

2. Los medidores de tiempo subacuáticos pueden ser (marca todas las correctas):
   - ☒ a. relojes de buceo.
   - ☒ b. cronómetros.
   - ☐ c. tiempos de fondo.

3. Necesitas un profundímetro porque:
   - ☐ a. las leyes locales exigen uno.
   - ☒ b. los límites de tiempo bajo el agua están relacionados con la profundidad.

4. Un ordenador de buceo proporciona una biblioteca de referencia subacuática, para darte por ejemplo datos sobre la vida acuática.
   - ☐ Verdadero ☒ Falso

5. Las razones para tener una brújula subacuática incluyen (marca todas las correctas):
   - ☐ a. controlar el suministro de aire.
   - ☒ b. determinar dónde se encuentra el punto de salida.
   - ☒ c. seguir un rumbo.

¿Cómo lo has hecho?
1. a, b, c   2. a, b   3. b
4. Falso. Un ordenador de buceo calcula el tiempo de fondo remanente basado en tu profundidad y el tiempo transcurrido.   5. b, c.

Objetivos principales

Marca/subraya las respuestas a las siguientes preguntas conforme vayas leyendo:

41. ¿Qué dos formas de llamar la atención de otro buceador bajo el agua existen?

42. ¿Por medio de qué dos maneras se comunica un buceador con otro bajo el agua?

43. ¿Cuáles son las 25 señales manuales (visuales) normales y qué significa cada una de ellas?

44. ¿Qué deberías hacer si escuchas una señal de llamada bajo el agua?

Sistema de compañeros: comunicación y procedimientos

La Sección Uno te introdujo en el sistema de compañeros, y en su importancia por seguridad y diversión. Veamos algunas de las formas en que puedes comunicarte con tu compañero bajo el agua y algunos procedimientos para un sistema de compañeros eficaz.

Comunicación

El sonido viaja bien en el agua, pero la comunicación por la voz no es posible sin sistemas de comunicación electrónicos. Como consecuencia, hablarás principalmente con tus manos – señalando o escribiendo en una pizarra.

Llamar la atención. Para que las señales manuales funcionen, tu compañero tiene que mirarte. Esto significa que tocas a tu compañero

Hablar con gestos
La mayor parte de la comunicación bajo el agua la realizarás señalando con tus manos.

en el hombro o golpeas en tu botella para llamar su atención. No asustes a tu compañero cuando hagas esto.

Señales. Después de captar la atención de tu compañero, puedes comunicarte con él escribiendo en una pizarra o utilizando las señales manuales. El principal inconveniente de utilizar la pizarra es que escribir requiere mucho

Puntos clave

En este subapartado sobre el Equipo de buceo has aprendido que:

▲ Los trajes húmedos y los trajes secos te aíslan, pero se diferencian en que con un traje húmedo te mojas y con un traje seco permaneces seco.

▲ Deberías evitar llevar una capucha excesivamente apretada.

▲ Querrás llevar guantes al bucear como protección térmica y para evitar cortes, arañazos y pinchazos.

▲ Aunque estés protegido (en gran manera) del entorno, debes recordar que el entorno no está protegido de ti – ten cuidado para evitar los daños a la vida acuática.

▲ Debes tener cuidado para evitar el exceso de calor con tu traje de protección.

▲ La característica más importante de un sistema de lastre es el zafado rápido.

▲ Debes colocar tu fuente de aire alternativa en el triángulo formado por tu barbilla y las esquinas de tu caja torácica.

▲ Debes buscar un cuchillo de buceo con un borde afilado y otro serrado y una funda.

▲ Necesitas los instrumentos de buceo que te digan la profundidad, la dirección, la temperatura, el tiempo y el suministro de aire.

Señales manuales comunes

Como las señales varían algo, repásalas cuando planifiques una inmersión con un nuevo compañreo.

1. Alto, párate, quédate allí.

2. Algo no va bien.

3. ¿Todo bien? Todo bien.

4. ¿Todo bien? Todo bien (con manoplas).

5. Emergencia, ayuda.

6. ¿Todo bien? Todo bien (en la superficie a distancia).

7. ¿Todo bien? Todo bien (con una mano ocupada).

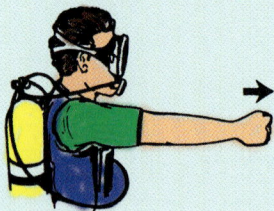

8. Peligro.

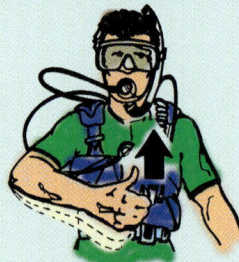

9. Subir, subiendo.

10. Bajar, bajando.

11. Poco aire.

12. No tengo aire.

13. Compartir aire.

14. Ven aquí.

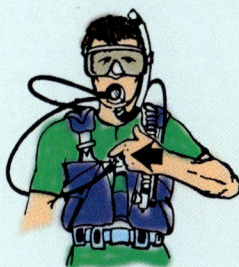

15. Yo o mírame.

16. Por debajo, por encima o alrededor.

17. Nivelarse, quedarse a esa profundidad.

18. Vamos en esa dirección.

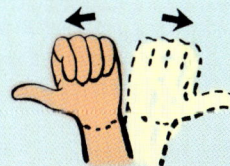

19. ¿En qué dirección?

20. No puedo compensar los oídos.

21. Tengo frío.

22. Despacio, tranquilo.

23. Agarrarse las manos.

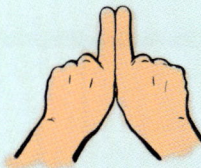

24. Reúnete con tu compañero.

25. Tú delante, yo te sigo.

tiempo, por lo que cuando puedas utilizarás las señales manuales. El dibujo muestra las señales manuales subacuáticas estándar (dedica unos minutos a aprenderlas – son bastante intuitivas), y además tu compañero y tú podéis inventar o improvisar si lo necesitáis. Como las señales varían algo, repásalas cuando bucees con un compañero nuevo por primera o segunda vez.

Comunicación en la superficie. A veces necesitas comunicarte con alguien que está en el barco o en la orilla cuando estás en la superficie. Puedes utilizar las manos o señales sonoras. Los dibujos muestran algunas de las señales manuales más normales, y como puedes observar, agitar los brazos significa "¡AYUDA!" Por eso no lo debes hacer para saludar. Para llamar la atención, desearás llevar un silbato como parte del equipo. Un silbato llega muy lejos y sirve para llamar la atención sin tener que gastar mucha energía (al contrario que gritar). Coloca tu silbato en el latiguillo del chaleco en un sitio en el que no moleste pero de fácil acceso y uso. También puedes llevar un silbato/bocina que funciona con el latiguillo de baja presión del hinchador del chaleco; son bastante ruidosos, pero es buena idea llevar también un silbato normal en caso de necesitar hacer señales cuando no te quede aire en la botella.

En la superficie, ten cuidado con los barcos y el tráfico naval. Muchos buceadores llevan tubos hinchables de señalización que avisan a los barcos de su presencia en la superficie. También son útiles al intentar llamar la atención de alguien en el barco o en la orilla a distancia.

Llamada subacuática. La mayoría de barcos chárter de buceo tienen procedimientos de llamada para llamar tu atención bajo el agua, que pueden incluir sirenas electrónicas, golpes en partes metálicas, arrancar y parar el motor y otros métodos. La tripulación te explicará el procedimiento de llamada durante el briefing. Si recibes la llamada, sube con cuidado a la superficie y mira hacia el barco para recibir instrucciones. No nades hacia el barco

Cuestionario Rápido

Autoevaluación 16

1. Para llamar la atención de tu compañero bajo el agua puedes tocar a tu compañero o:
   - ☒ a. golpear en tu botella.
   - ☐ b. usar tu silbato.

2. Los dos métodos de comunicación bajo el agua son utilizar una pizarra y:
   - ☒ a. las señales manuales.
   - ☐ b. el código Morse.

3. Identifica las siguientes señales:

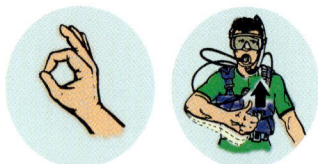

   a. __OK__   b. __SUBIR__   c. _____

4. Si recibes una llamada subacuática deberías:
   - ☐ a. nadar inmediatamente hasta el barco.
   - ☒ b. subir cuidadosamente a la superficie y mirar hacia el barco para recibir instrucciones o hacer lo que se haya indicado en el briefing.

¿Cómo lo has hecho?
1. a   2. a   3. a. todo bien, b. subir, c. no tengo aire
4. b.

Objetivos principales

Marca/subraya las respuestas a las siguientes preguntas conforme vayas leyendo:

45. ¿Qué nueve consideraciones debes tratar con tu compañero al planificar una inmersión?

46. ¿Cuáles son los pasos del Control de seguridad preinmersión?

47. ¿Qué debes hacer si pierdes el contacto con tu compañero bajo el agua?

hasta que el capitán te indique que lo hagas. Dependiendo de las circunstancias, la tripulación del barco puede explicarte procedimientos de llamada ligeramente diferentes.

Procedimientos del sistema de compañeros

En la Sección Uno, aprendiste que tus responsabilidades como compañero incluyen ayudar al compañero a evitar problemas y ayudarle cuando lo necesite. Tú proporcionas ojos y manos "extra" para tu compañero y viceversa. Hay nueve puntos concretos que hay que acordar con el compañero para coordinar vuestros esfuerzos y optimizar tanto la seguridad como la diversión.

Tener un plan
Tu compañero y tú debéis planificar juntos la inmersión y bucear juntos el plan.

1. Ponerse de acuerdo en los puntos y técnicas de entrada.

2. Elegir el rumbo a seguir.

3. Acordar los límites de profundidad y tiempo.

4. Establecer y repasar las comunicaciones.

5. Determinar la presión de aire para regresar.

6. Decidir la técnica que utilizaréis para permanecer juntos.

7. Acordar qué hacer si os separáis.

8. Comentar los procedimientos de emergencia.

9. Acordar el objetivo de la inmersión. "Vamos a echar un vistazo" es un objetivo suficiente pero comprueba que tu compañero tenga el mismo.

Cada – C – Chaleco

Persona – P – Plomos

Planificar la inmersión juntos y bucear el plan juntos. Antes de cada inmersión, revisar mutuamente el equipo del compañero utilizando el control de seguridad pre-inmersión. Utiliza la frase **Cada Persona Trabaja Ayudando al Otro** para ayudarte a recordar los controles:

Cada — **C** — **C**haleco – Comprueba el ajuste, funcionamiento, conexión del latiguillo de baja presión, y que la botella esté sujeta con la tira. Si es adecuado para la técnica de entrada asegúrate de que esté parcialmente hinchado.

Persona — **P** — **P**lomos – Comprueba el lastre adecuado, y que el sistema de zafado rápido está libre para ser soltado. Los cinturones de plomos deberían estar preparados para soltarse con la mano derecha.

Trabaja — **T** — **T**iras de sujeción – Asegúrate que conoces las tiras de sujeción de tu compañero y cómo funcionan. Comprueba que estén sujetas.

Ayudando — **A** — **A**ire – Confirma que los dos tenéis al suficiente aire para la inmersión, que la grifería está abierta, que el regulador y la fuente de aire alternativa funcionan y qué sabes dónde encontrar y cómo utilizar la fuente de aire alternativa del compañero.

Otro — **O** — **O**K final – Echar un último vistazo general para ver si hay equipo fuera de su sitio, instrumentos colgando, falta algo, etc.

Trabaja – T – Tiras

Ayudando al – A – Aire

Otro – O – OK final

Acostúmbrate a realizar este control – con la experiencia lo harás tan rápidamente que será casi intuitivo. Si te sirve de ayuda puedes inventar tu propia frase para recordar el CPTAO.

Durante la inmersión, tu compañero y tú debéis estar juntos para poder prestaros ayuda mutua si fuera necesario, por no mencionar que es más divertido. Lo ideal es mantenerse a unos pocos metros de distancia. Mantenerse juntos es más fácil si os ponéis de acuerdo en quién guía, las posiciones relativas, y el rumbo general a seguir hasta que os aviséis de un cambio. Si os separáis, la regla general es buscaros uno a otro no más de un minuto y ascender a la superficie para reuniros. En algunos casos puede ser mejor evitar salir a la superficie para reunirse. Si esto es así en una inmersión en concreto, es importante ponerse de acuerdo en otro tipo de acción que os reúna después de unos pocos minutos.

El sistema de compañeros sólo funciona si los buceadores permanecen juntos. **Recuerda: Es tú responsabilidad mantenerte junto al compañero y seguir las reglas, normas y recomendaciones para la seguridad del otro.** Nadie puede hacerlo por ti.

Anticipo de la Inmersión en aguas confinadas

Control de seguridad pre-inmersión

Como acabas de leer, realizarás el control de seguridad pre-inmersión con tu compañero antes de cada inmersión. Comenzando a practicarlo en las inmersiones en aguas confinadas, tu compañero y tu practicaréis el control antes de cada entrada. En el momento de terminar el curso, deberías haberlo realizado muchas veces. Recuerda **CPTAO** – **C**haleco, **P**lomos, **T**iras de sujeción, **A**ire y **O**K Final.

Entrar en el agua

Diferentes tipos de sitios de buceo tienen diferentes tipos de entradas – y los diferentes

Cuestionario Rápido

Autoevaluación 17

1. Las consideraciones de la planificación de buceo que tienes que comentar con tu compañero incluyen (marca todas las correctas):
   - ☑ a. el objetivo de la inmersión.
   - ☑ b. qué hacer si os separáis.
   - ☑ c. los límites de tiempo y profundidad.
   - ☑ d. el rumbo a seguir.

2. El CPTAO del control de seguridad pre-inmersión controla:
   - ❑ a. Chaleco, Plomos, Traje, Aire, OK final.
   - ❑ b. Chaleco, Plomos, Traje, Aire alternativo, Olvidar las aletas.
   - ☑ c. Chaleco, Plomos, Tiras, Aire, OK final.
   - ❑ d. Chaleco, Pantalones, Tiras, Aire, OK final.

3. Si pierdes contacto con tu compañero el procedimiento general es:
   - ❑ a. esperar donde estés hasta que tu compañero te encuentre.
   - ☑ b. buscar no más de un minuto y ascender a la superficie para reunirse.

¿Cómo lo has hecho?
1. a, b, c, d   2. c   3. b.

buceadores pueden también utilizar diferentes entradas en el mismo sitio. En general, la mejor entrada es normalmente la más fácil. Si puedes bajar o entrar en el agua caminando, normalmente eso es mejor que saltar. La idea es entrar sin perder la orientación ni hacer que se suelte nada del equipo. Algunas reglas generales para las entradas incluyen:

1. Asegúrate de que la zona de entrada está libre de forma que no golpees nada ni a nadie al entrar.

Inmersión en aguas confinadas Dos

Requisitos de los ejercicios

Esto es lo qué serás capaz de realizar después de completar con éxito la Inmersión en aguas confinadas Dos:

1. Realizar el control de seguridad preinmersión.

2. Demostrar una entrada adecuada en agua profunda.

3. Vaciar el agua del tubo utilizando el método de soplido y volver a respirar de él sin levantar la cara del agua.

4. Intercambiar del tubo al regulador y del regulador al tubo repetidamente en la superficie sin sacar la cara del agua.

5. Nadar una distancia de al menos 50 metros/yardas en la superficie llevando el equipo de buceo autónomo y respirando por el tubo.

6. Demostrar un descenso utilizando el método de los cinco pasos.

7. Quitarse completamente, volverse a poner y vaciar la máscara bajo el agua.

8. Respirar bajo el agua durante no menos de un minuto sin máscara.

9. Demostrar la respuesta ante un hinchador de baja presión que se ha pegado desconectando el latiguillo de baja presión del mecanismo de hinchado.

10. En la superficie, en agua demasiado profunda para estar de pie, hinchar oralmente el chaleco al menos la mitad y después vaciarlo.

11. Ajustar el lastre adecuado que se define como el necesario para flotar a nivel de los ojos en la superficie con el chaleco vacío aguantando una respiración normal.

12. Reaccionar ante una falta de aire utilizando la señal correcta en agua demasiado profunda para estar de pie.

13. Demostrar un ascenso utilizando el método de los cinco pasos.

14. Quitarse los plomos en la superficie con ayuda mínima utilizando el mecanismo de zafado rápido del sistema de lastre.

15. En agua demasiado profunda para estar de pie, quitarse los plomos, el equipo autónomo y las aletas (si es necesario) y salir del agua utilizando el método más adecuado. (Se puede emplear ayuda del compañero).

2. Si entras en una zona de agua demasiado profunda para ponerse de pie, mantén tu chaleco parcialmente hinchado para tener flotabilidad.

3. Comprueba que tu compañero también está preparado para entrar.

4. Sujeta la máscara para que el agua no la haga caer. Esta consideración no es necesaria en algunos tipos de entrada.

5. Después de entrar, señala que estás bien y deja libre la zona de entrada para esperar a tu compañero.

Puedes utilizar *la entrada controlada sentado* para entrar desde una plataforma que quede justo por encima de la superficie del agua – como en un muelle, plataforma de un barco o borde de la piscina. Siéntate en la plataforma con los pies colgando en el agua. Gírate ligeramente y cruza un brazo por delante de tu cuerpo para colocar las dos manos juntas en el borde de la plataforma. A continuación, utilizando tus brazos como apoyo, inclínate suavemente de forma que te gires y quedes mirando hacia la plataforma conforme te dejas caer en el agua. Una vez estés cómodo en el agua, sepárate de la plataforma para dejar libre la zona de entrada. Como utilizas tus brazos en esta entrada, puede ser una técnica de entrada útil si tienes problemas físicos que limitan el uso de tus piernas.

Cuando tienes que entrar en el agua desde una plataforma elevada como por ejemplo un barco, puerto o pared, puedes utilizar *la entrada de paso de gigante.* Para hacerlo, sujeta tu equipo, controla que tu chaleco esté parcialmente hinchado, coloca el regulador en tu boca y sujeta tu máscara en su sitio. Cuando tu compañero esté preparado, comprueba que la zona esté libre y simplemente da un paso hacia adelante con un pie.

Mantén tus piernas separadas hasta que lleguen al agua, entonces júntalas aleteando para reducir el hundimiento al mínimo. Una vez en el agua, haz la señal de "OK" y deja libre la zona de entrada para tu compañero.

Empieza con seguridad con un control
Comenzando a practicarlo en esta inmersión en aguas confinadas, tu compañero y tú practicaréis el control antes de cada entrada. En el momento de terminar el curso, deberías haberlo realizado muchas veces. Recuerda CPTAO – Chaleco, Plomos, Tiras de sujeción, Aire y OK final.

Entrada fácil
Puedes utilizar la entrada controlada sentado para entrar desde una plataforma que quede justo por encima de la superficie del agua – como en un muelle, plataforma de un barco o borde de la piscina.

Practicarás la entrada controlada sentado, el paso de gigante y/o cualquier otro método apropiado para entrar en una zona de agua demasiado profunda para ponerse de pie.

Respirar por el tubo y vaciado soplando

Durante esta inmersión en aguas confinadas, comenzarás a acostumbrarte a utilizar el tubo para ahorrar energía y descansar en la superficie sin malgastar el aire de la botella. Si no estás acostumbrado a utilizar el tubo, no es demasiado difícil: respira lenta y profundamente. Sujeta suavemente la boquilla, dejando que tus labios la sellen alrededor y la mantengan en su sitio. Cuando te pongas el tubo en la boca exhala antes de inhalar cuidadosamente por si acaso queda algo de agua en el tubo.

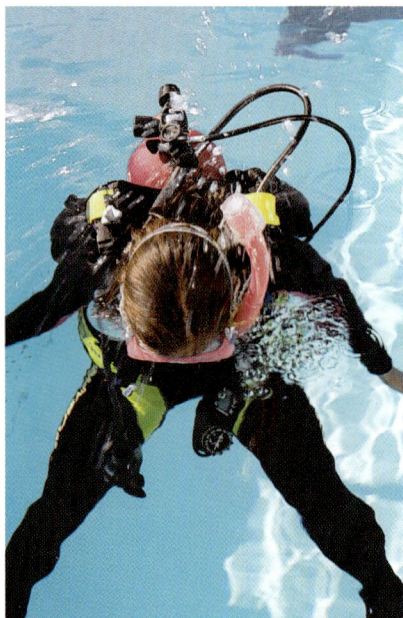

Para vaciar el agua del tubo, como harás normalmente cuando llegues a la superficie y cambies el regulador por el tubo, simplemente exhala con fuerza en él. Este "soplido" expulsa el agua del tubo por la parte superior y por la válvula de autovaciado. El "método de soplido" para vaciar el tubo eliminará casi toda el agua del tubo. Utiliza el control de las vías aéreas para respirar con cuidado a través de cualquier pequeña cantidad de agua que haya quedado, y vacíalo con un segundo soplido.

Recuerda: Al utilizar el método de soplido para vaciar el tubo, la exhalación debe ser rápida y fuerte, como si estuvieras soplando por una cerbatana. Utiliza este método para vaciar el agua que puede entrar en el tubo al nadar en la superficie.

¡Sopla!
Para vaciar el agua del tubo simplemente exhala con fuerza en él.

El vaciado de tubo se vuelve automático y más fácil con la experiencia. Ten en cuenta que si queda algo de agua en el tubo, inhalando lentamente y usando el control de las vías aéreas, puedes hacer pasar el aire a través del resto de agua hasta que tengas suficiente aire para otro soplido.

Intercambio de tubo/regulador

Bastante a menudo nadarás con el tubo en la superficie hacia el sitio en el que quieras bucear para no gastar aire durante el camino. Cuando llegues, cambiarás el tubo por el regulador. Como es posible que haya olas en el mar o en el lago, puedes hacerlo eficazmente con la cara en el agua. Por eso durante esta inmersión de aguas confinadas, simularás esto manteniendo tu cara en el agua mientras intercambias el tubo y el regulador.

Encuentra tu regulador y sujétalo con la mano derecha. Toma una respiración y, con la mano izquierda, quítate el tubo de la boca, ponte el regulador (con la mano derecha), vacíalo y comienza a respirar. Pon la cara en el agua – no hagas trampas. Cuando subes a la superficie después de la inmersión, intercambias tu regulador por el tubo. Para practicar esto, haz lo contrario. Toma una respiración, sácate el regulador de la boca con la mano derecha y reemplázalo por el tubo con la izquierda. ¿Te das cuenta de por qué llevas el tubo en el lado *izquierdo?* Sopla el agua del tubo e inhala cuidadosamente cuando empieces a respirar. Sopla pequeñas burbujas durante el intercambio para reforzar la costumbre de no aguantar nunca la respiración con equipo autónomo.

Practicarás el intercambio de tubo y regulador hasta que seas capaz de hacerlo con un mínimo esfuerzo, es decir, hasta que resulte aburrido. Pero esto significa que lo dominas.

Nadar con tubo en la superficie

Durante esta inmersión en aguas confinadas, tu instructor te hará practicar nadar en la superficie con todo el equipo respirando por el tubo. Controla la posición de tu cuerpo. Mantén los brazos a los lados y la parte superior del tubo fuera del agua. Nada lentamente y relajado con las aletas por debajo de la superficie para aumentar la eficacia. Esto puede resultar más fácil si miras hacia delante, no hacia abajo. Te puede resultar más fácil nadar de lado o de espaldas (puede que tengas que reajustar el tubo para mantenerlo fuera del agua).

Descenso

El descenso tiene cinco puntos que comenzarás a practicar durante esta inmersión en aguas confinadas:

1. Tu compañero y tú hacéis la señal de que estáis los dos preparados para descender.

2. Oriéntate con algo en la superficie que te ayudará a saber dónde estás cuando regreses a la superficie.

3. Cambia el tubo por el regulador. Haz esto con la cara en el agua.

4. Controla el tiempo/fija la corona de tu reloj o conecta tu cronómetro. Si no tienes un reloj subacuático, para practicar

mira hacia tu muñeca dónde llevarías el reloj para simular que anotas el tiempo.

5. Deshincha lentamente el chaleco para comenzar un descenso con la cabeza hacia arriba. Compensa tus oídos inmediatamente nada más sumergirte y hazlo frecuentemente durante el descenso. No necesitas mantenerte rígido y vertical como si estuvieras saludando a un general, sino mantenerte en una posición vertical con la cabeza más alta para ayudarte a controlar la orientación y a compensar más fácilmente los oídos.

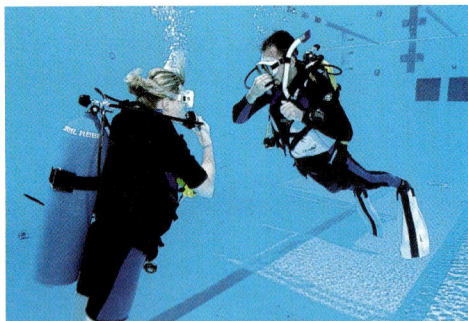

Controla siempre tu descenso de forma que puedas detenerte o ascender en cualquier momento. Presta atención a tu volumen pulmonar y al aire de tu chaleco para compensar la pérdida de flotabilidad debida a la compresión del traje. Desciende lentamente, manteniendo tus aletas por debajo para poder aletear hacia arriba si lo necesitas.

Controla tu flotabilidad
Controla siempre tu descenso de forma que puedas detenerte o ascender en cualquier momento. Presta atención a tu volumen pulmonar y al aire de tu chaleco para compensar la pérdida de flotabilidad debida a la compresión del traje. Desciende lentamente, manteniendo tus aletas por debajo para poder aletear hacia arriba si lo necesitas.

Respirar sin máscara

No ocurre con frecuencia, pero es posible que pierdas tu máscara por lo que necesitas ser capaz de respirar y nadar teniendo la nariz expuesta al agua. Esto puede sonar mucho más difícil de lo que es en realidad. Con la práctica, serás capaz de respirar por la boca sin máscara fácilmente manteniendo el agua fuera de la nariz.

Al principio, te puede resultar más fácil inhalar por la boca y exhalar por la nariz. Una vez estés cómodo con esto, practica inhalar y exhalar por la boca sólo. Si te parece que el agua va a entrar por la nariz, exhala por la nariz para sacarla. El agua no entrará por tu nariz por sí sola a no ser que gires la cabeza hacia arriba o inclines la cabeza hacia atrás. Si necesitas mirar hacia arriba sin máscara, exhala por la nariz mientras lo haces.

Con un poco de práctica, te darás cuenta de que respirar sin máscara es tan fácil como hacerlo con máscara. Tu instructor te hará respirar sin máscara durante un

No te apures
Con un poco de práctica, te darás cuenta que respirar sin máscara es tan fácil como hacerlo con máscara. Tu instructor te hará respirar sin máscara durante un minuto, que sería el tiempo suficiente para llegar a la superficie en una inmersión normal.

minuto, que sería suficiente tiempo para llegar a la superficie en una inmersión normal. De esta forma puedes estar seguro de que puedes llegar a la superficie de forma controlada si se te cae la máscara y no puedes encontrarla.

Volverse a colocar la máscara

Si pierdes tu máscara bajo el agua, es probable que la encuentres o que tu compañero te la alcance, y que te la vuelvas a poner. Primero, ponte la máscara en la cara, asegurándote que no hay pelos ni el borde del traje por debajo del faldón. De otra forma, entraría agua.

Asegúrate de que la tira esté libre tirando de ella hacia delante con el dorso de la mano que sujeta la máscara. Una vez tengas la máscara colocada correctamente y el faldón libre, vacía inmediatamente la máscara como hiciste en la primera inmersión en aguas confinadas, o coloca la tira bien y vacía la máscara. Algunas personas encuentran más fácil colocar la tira primero y luego vaciar la máscara; otras piensan que vaciar primero la máscara les ayuda a asegurarse de que han colocado bien la máscara. Utiliza el método que te resulte más cómodo.

Desconectar el latiguillo del hinchador de baja presión

Si el mecanismo de tu chaleco (o traje seco) se queda pegado o pierde aire, podría comenzar a hinchar tu chaleco (o traje seco) sólo. Para pararlo, debes desconectar el latiguillo de baja presión y terminar la inmersión. Para simular un hinchador pegado, tu instructor puede hacerte apretar el botón de hinchado con una mano mientras desconectas el latiguillo de baja presión con la otra. Recuerda volver a conectarlo después del ejercicio.

Hinchar oralmente el chaleco

En la Inmersión Uno en aguas confinadas, aprendiste a hinchar el chaleco utilizando el hinchador de baja presión. Durante esta sesión, aprenderás a hacerlo oralmente. Puedes hinchar el chaleco oralmente si no tienes aire en la botella, o si tienes un problema con el hinchador de baja presión y lo has desconectado. Para hinchar oralmente el chaleco:

1. Toma una respiración.

2. Coloca la boquilla de la tráquea del chaleco en tu boca.

3. Abre la válvula apretando el mismo botón que utilizas para soltar aire.

Ponte la tira
Después de ponerte la máscara puede que te resulte más fácil colocar la tira primero para vaciarla, o puede que te resulte más fácil vaciar la máscara primero y colocar después la tira.

Otro sistema

Puedes hinchar el chaleco oralmente si no tienes aire en la botella, o si tienes un problema con el hinchador de baja presión y lo has desconectado.

4. Sopla aproximadamente dos tercios del aire de tus pulmones en el chaleco.

5. Suelta el botón de la válvula.

Tu boca no tiene que estar fuera del agua mientras soplas. De hecho, ahorras energía si no la tienes fuera – simplemente levanta tu barbilla para tomar una respiración, y relájate con la cara en el agua mientras soplas en la boquilla del chaleco. Levanta la cara para tomar la siguiente respiración y repítelo hasta que tengas suficiente flotabilidad para mantenerte sin necesidad de aletear. Suelta el botón de la válvula entre respiraciones porque si no el agua haría salir el aire y nunca conseguirías inflar el chaleco.

Lastrado adecuado

Tu instructor te hará ajustar el lastre utilizando el método que aprendiste antes en esta sección:

1. Entra al agua con todo el equipo puesto y el lastre que calculas que necesitas.

2. Mantén el regulador en la boca y, manteniéndote en la superficie, deshincha tu chaleco y aguanta una respiración normal. Estáte preparado para aletear o sujetarte a algo en caso de que tengas demasiado plomo.

3. Deberías flotar a la altura de los ojos. Si no es así, añade o quita plomo hasta que lo consigas. Puedes sujetar los plomos mientras calculas cuánto vas a necesitar.

4. Como prueba final, exhala. Comenzarás a descender lentamente si estás lastrado adecuadamente.

5. Si estás utilizando una botella llena, añade suficiente plomo para compensar el aire que usarás durante la inmersión (normalmente unos 2 kilogramos/5 libras para una botella normal).

Tu instructor te ayudará a preparar el sistema de lastre.

Ejercicio de falta de aire

Controla tu manómetro frecuentemente y nunca te quedarás sin aire. Sin embargo, deberías saber qué se siente cuando te estás quedando sin aire para poder darte cuenta lo antes posible.

A la altura de tus ojos
Cuando estés lastrado adecuadamente deberías flotar a la altura de los ojos con el chaleco vacío aguantando una respiración normal.

¿No puedes respirar?
Para simular la falta de aire, tu instructor cerrará la grifería de tu botella mientras continúas respirando por tu regulador. Cuando notes dificultades para respirar señala "no tengo aire" y tu instructor abrirá inmediatamente la grifería de la botella. Recupera la respiración normal.

Para simular la falta de aire, tu instructor se sentará frente a ti y cerrará la grifería de tu botella mientras continúas respirando por tu regulador. Notarás que la resistencia a la respiración aumenta gradualmente hasta que tienes dificultad para coger aire. En este momento, señala "no tengo aire" y tu instructor abrirá inmediatamente la grifería de la botella. Recupera la respiración normal.

Naturalmente, querrás evitar una situación de falta de aire manteniendo siempre una reserva suficiente. Puedes necesitar este aire para recuperar algo que se te cae después de salir a la superficie, y para asegurarte que no vacías completamente la botella. Como regla de aproximación, planifica salir a la superficie con *al menos* 20–30 bar/300 psi en tu botella. Muchos buceadores reservan aproximadamente 35–50 bar/500 psi; cuanto más pequeña sea la botella y más complicada la inmersión, mayor debe ser la reserva que debes guardar. Con una adecuada planificación, deberías ser capaz de hacer un ascenso lento y cómodo, una parada de seguridad de 3 minutos a 5 metros/15 pies, y llegar a la superficie sin utilizar la reserva. Esta es una de las marcas de un buen buceador.

Ascensos

Basándote en lo que has aprendido en la Inmersión Uno en aguas confinadas, un ascenso correcto tienen cinco pasos que aprendes y practicas comenzando en esta inmersión en aguas confinadas:

1. Tu compañero y tú señaláis y acordáis ascender.

2. Anota el tiempo de tu ascenso. (Si no tienes un reloj en esta inmersión, simula que controlas el tiempo mirando a tu muñeca).

3. Coloca tu mano derecha por encima de tu cabeza (para no golpearte con nada) y sujeta el latiguillo del chaleco con la válvula de vaciado con tu mano izquierda. Como verás, el aire que se expande en tu chaleco durante el ascenso aumenta tu flotabilidad. Necesitas soltar aire conforme asciendes para mantener el ascenso bajo control.

4. Mira alrededor y hacia arriba, girando lentamente para asegurarte que la zona por encima de ti está libre.

Salida fácil
Para salir del agua en una plataforma o un barco pequeño sin plomos, puedes quitarte los plomos y el equipo autónomo en la superficie, y después subir tú.

5. Nada lentamente hacia arriba, a no más de 18 metros/60 pies por minuto (más lento está bien), respirando normalmente.

En cuanto tu compañero y tú lleguéis a la superficie, hinchar el chaleco para flotar cómodamente y sin esfuerzo. Acostúmbrate a mantener el regulador en la boca hasta que hayas hinchado tu chaleco.

Quitarse los plomos en la superficie

En una situación de emergencia en la superficie, tu primera reacción debería ser asegurarte que puedes flotar. Normalmente harás esto con tu chaleco y el hinchador de baja presión, pero si no funciona (por ejemplo si la botella está vacía), tu siguiente opción sería soltar los plomos. Para que estés familiarizado con ello, tu instructor te hará practicarlo utilizando el sistema de zafado rápido de tu sistema de lastre.

Con un cinturón de plomos, busca con tu mano derecha, abre el mecanismo de zafado, sujeta el extremo libre del cinturón (no la hebilla) y tira del cinturón hacia fuera para separarlo del cuerpo. De esta forma sabes que no se va a enganchar cuando lo sueltes. Durante esta sesión práctica, tu instructor te puede decir que *no* lo tires en realidad (por ejemplo si puede dañar la piscina),

o puede que lo tire. En cualquier caso, antes de quitarte el cinturón comprueba que no haya buceadores debajo de ti que podrían ser lesionados por los plomos al caer.

Si estás utilizando un sistema de lastre integrado, utilizarás el sistema de zafado rápido. Sin embargo, dependiendo de la configuración del sistema, para evitar daños en la piscina, tu instructor puede que te haga quitar sólo uno o dos plomos y hacer que alguien los recoja cuando caen o te hará practicarlo en la parte poco profunda.

Salida desde agua profunda

A veces es posible que necesites quitarte los plomos, el equipo autónomo y (quizá) las aletas para salir del agua – por ejemplo al bucear desde un barco pequeño. Como ya te has quitado los plomos en el ejercicio anterior, tu instructor probablemente te enseñará a hacer el resto a continuación.

Primero, quítate el sistema de lastre (si todavía no lo has hecho; si tienes un sistema de lastre integrado en el chaleco probablemente dejarás los plomos en el chaleco durante la salida) y pásaselos al compañero, o déjalos en el borde de la piscina. A continuación, quítate el equipo autónomo – normalmente lo más fácil es sacar primero un brazo. Asegúrate de que tienes suficiente aire en el chaleco para que no se hunda, y sujétalo para que tu compañero pueda colocarlo en el borde.

Quítate lo último las aletas, si es necesario. En una plataforma baja te puede resultar más fácil dejarlas puestas porque puedes aletear para levantarte. Si tienes que quitarte las aletas, por ejemplo para subir por una escalera, asegúrate de que tienes contacto con algo para agarrarte y no alejarte de la salida. En aguas abiertas, intenta salir cuando las olas te ayuden a levantarte hacia la plataforma, barco o rocas.

Repaso de conocimientos

Capítulo 2

1. Marca una. "Bajo el agua, los objetos aparecen _____, haciendo que parezcan _____ y/o _____."

   ❏ a. minimizados, más pequeños, más lejanos

   ☒ b. aumentados, más grandes, más cercanos

2. Elige una. "Debido a que viaja aproximadamente cuatro veces más rápido en el agua que en el aire, tendrás dificultad para determinar el lugar de origen _____ debajo del agua".

   ❏ a. de la luz   ☒ b. del sonido

3. Rellena el espacio en blanco con las palabras apropiadas: más rápida o más lenta. "El agua elimina el calor de tu cuerpo de forma MAS RAPIDA que el aire."

4. Describe qué debes hacer si empiezas a sentir escalofríos continuamente bajo el agua.

   SALIR DEL AGUA, SECARME Y ABRIGARME

5. De los procedimientos que puedes seguir para compensar el aumento de resistencia del agua al bucear, marca aquellos que aparezcan a continuación:

   ☒ a. Adopta con tu equipo una posición hidrodinámica.

   ☒ b. Evita movimientos rápidos y bruscos.

   ☒ c. Muévete lentamente y de manera controlada.

   ☒ d. Establece tu propio ritmo.

6. Marca la frase que mejor describe el ritmo de respiración apropiado para bucear.

   ❏ a. Respirar continuamente de forma rápida y poco profunda.

   ☒ b. Respirar continuamente de forma lenta y profunda.

7. Es fácil evitar agotarse buceando. Marca las medidas preventivas apropiadas:

   ☒ a. Muévete lentamente y evita las actividades prolongadas.

   ❏ b. Usa los brazos en lugar de las piernas para impulsarte bajo el agua.

   ☒ c. Conoce tus limitaciones físicas.

8. Explica qué debes hacer si te sientes agotado buceando:

   a. Bajo el agua:

   PARAR, RESPIRAR PROFUNDAMENTE Y DESCANSAR. USAR APOYO, RELAJARSE

   b. En la superficie:

   ESTABLECER FLOTABILIDAD POSITIVA Y DEJAR DE MOVERSE. DESCANSAR

9. Marca las frases que describen una técnica que se utilice para el control de las vías respiratorias:

☑ a. Usar la lengua como protección colocándola en el paladar.

☑ b. Inhalar lentamente.

❏ c. Evitar hacer movimientos rápidos y bruscos.

☑ d. Inhalar con precaución.

10. Explica por qué es importante no usar una capucha que quede apretada.

COMPRIME EL FLUJO DE SANGRE A TRAVÉS DEL CUELLO Y PUEDE PROVOCAR MAREO, EL DESMAYO Y LA PÉRDIDA DE CONOCIMIENTO

11. Marca la respuesta correcta. La característica más importante de cualquier sistema de lastre es:

❏ a. el tamaño y la forma de los plomos.

❏ b. la facilidad de ajustarlo.

☑ c. que tenga un mecanismo de zafado rápido.

12. Elige una. "Una fuente alternativa de aire debe _____, de modo que pueda ser identificada rápida y fácilmente por un buceador que necesita aire."

❏ a. colocarse debajo del cinturón de plomos

☑ b. marcarse claramente

13. Describe en qué parte de tu cuerpo debes colocar una fuente alternativa de aire.

EN EL PECHO, EN EL TRIÁNGULO FORMADO POR LA BARBILLA Y LOS EXTREMOS INFERIORES DE LA CAJA TORÁCICA

14. Verdadero o Falso. "Un cuchillo de buceo se utiliza como herramienta (para medir, hacer palanca, cavar, cortar, y golpear), pero no está diseñado, ni debe ser usado como arma." VERDADERO

15. Identifica el significado de la señal de mano estándar que figura a continuación:

❏ a. ¿Todo bien? Todo bien. ☑ b. Socorro, ayuda. ❏ c. Estoy sin aire.

16. Explica cómo comprobar que llevas el lastre correcto.

PREPARADOS PARA SOLTARSE CON LA MANO DERECHA

17. Nombra y describe los pasos del control de seguridad preinmersión y explica cuándo se debe utilizar esta comprobación.

CPTAO - CHALECO, PLOMOS, TIRAS, AIRE, OK,
ANTES DE CADA INMERSIÓN

Declaración del alumno: He completado este Repaso de conocimientos lo mejor posible, y me han explicado y he comprendido todos los fallos de las preguntas que no he respondido o que he respondido incorrectamente.

Nombre ANA CANEVA PUYOL _____ Fecha 28-6-2014 _____

Curso PADI **Enriched Air Diver** Online

Aumenta tu tiempo de buceo con el aire enriquecido (Nitrox). Completa la parte teórica online y después termina tu entrenamiento en tu PADI Dive Center o Resort local.

AUMENTA
tu tiempo de buceo

© PADI 2010

El entorno de buceo

Durante tus dos primeras inmersiones en aguas confinadas, experimentaste por primera vez el entorno subacuático. Probablemente te diste cuenta enseguida de algunas condiciones que varían y afectan a los buceadores.

Si un entorno relativamente vacío como el de una piscina o un sitio de aguas confinadas tiene variables ambientales, imagínate las variables que puedes encontrar en los sitios de aguas abiertas dependiendo del tiempo atmosférico, del clima y de otros factores. Las condiciones que te afectan más directamente cuando buceas son:

1. Temperatura

2. Visibilidad

3. Movimiento del agua

4. Composición del fondo

5. Vida acuática

6. Luz solar

Quizás uno de los mayores atractivos del buceo se deriva de la diversidad de entornos que puedes visitar. Puedes explorar ríos, lagos, presas, estanques, mares tropicales y océanos templados, cada uno con sus características y atractivos especiales. El

Objetivos principales

Marca/subraya las respuestas a las siguientes preguntas conforme vayas leyendo:

1. **¿Qué seis condiciones ambientales generales te pueden afectar en cualquier entorno acuático?**

2. **¿Cómo puedes obtener una orientación sobre un entorno acuático desconocido?**

tiempo atmosférico, el clima y la época del año afectan a las condiciones ambientales, por lo que tus experiencias de buceo en un sitio concreto variarán dependiendo de la época del año.

En esta sección, te harás una idea de cómo las condiciones ambientales pueden afectarte como buceador, además de recibir la información básica sobre los entornos de buceo tanto de agua dulce como de agua salada. Tu instructor te explicará un poco sobre las condiciones que puedes esperar en el sitio de buceo en el que realizarás las primeras inmersiones en aguas abiertas.

En este sentido, ten en cuenta que cuando estés pensando bucear por primera vez en una zona, necesitas recibir una orientación sobre la zona de un buceador experimentado en esa zona, o mejor todavía bucear bajo supervisión. La experiencia PADI Discover Local Diving es una forma de hacerlo. Este programa es una excursión guiada por un PADI Instructor, Assistant Instructor o Divemaster que te introduce a un nuevo entorno de buceo, qué cosas interesantes puedes encontrar, qué debes buscar, y las técnicas o procedimientos especiales de buceo que necesitas conocer. Esto es conveniente no sólo por seguridad, sino porque una orientación local es la mejor forma de visitar los mejores sitios de buceo y de realizar las mejores inmersiones.

Sabiduría local

Ten en cuenta que cuando estés pensando bucear por primera vez en una zona, querrás recibir una orientación sobre la zona de un buceador experimentado en esa zona, o mejor todavía bucear bajo supervisión.

Temperatura

El tema de los trajes de protección en la Sección Dos dejaba bastante claro que como buceador, necesitas prestar atención a la temperatura del agua y a una protección adecuada. La cantidad de

Cuestionario Rápido
Autoevaluación 1

1. Las condiciones que pueden afectarte como buceador en cualquier entorno acuático incluyen (marca todas las correctas):
   - ☑ a. la luz solar.
   - ☒ b. la temperatura.
   - ☑ c. el movimiento del agua.
   - ☑ d. la composición del fondo.

2. Para obtener una orientación sobre las condiciones de buceo de la zona, puedes (marca todas las correctas):
   - ☑ a. comprobarlas con un PADI Dive Center o Resort de la zona.
   - ☑ b. realizar una orientación Discover Local Diving.
   - ☑ c. hablar con un buceador experto en la zona.
   - ☐ d. consultar el periódico local.

¿Cómo lo has hecho?
1. a, b, c, d   2. a, b, c.

3. **¿Cómo puedes esperar que cambie la temperatura con la profundidad?**

4. **¿Qué es una termoclina?**

5. **¿Cómo deberías planificar la inmersión en una zona donde se sabe que hay termoclinas?**

protección varía con la temperatura del agua, y la temperatura del agua depende de dónde estés, de la época del año, y en cierto sentido del tiempo atmosférico. La temperatura del agua varía desde –2 °C/28 °F (¡guau!) en las regiones polares hasta más de 30 °C/85 °F (¡ahhh!) en los trópicos. Dentro de una región determinada, la temperatura del agua varía normalmente, pero no más de 8 °C–11 °C/15°–20 °F a lo largo del año. En los climas templados, es más que suficiente para hacer que sea preferible un traje seco durante las épocas frías y un traje húmedo en las cálidas.

La temperatura del agua cambia a menudo con la profundidad, siendo normalmente más fría conforme desciendes. El agua tiende a formar diferentes capas según la temperatura, con una transición tan brusca que en aguas tranquilas puedes nadar en agua caliente y meter tu mano en agua a una temperatura mucho más fría. Esto se denomina *termoclina*. La diferencia de temperatura por encima y por debajo de la termoclina puede ser de hasta 8 °C–11 °C/15°–20 °F. A veces puedes ver la distorsión de la termoclina, algo similar al reflejo que se ve saliendo del asfalto caliente, producido por la mezcla de dos capas de diferente temperatura.

Puedes encontrar termoclinas tanto en agua dulce como en agua salada, y son especialmente bruscas en lagos, presas y estanques durante la época más cálida. La termoclina sube y baja de profundidad con la temperatura estacional.

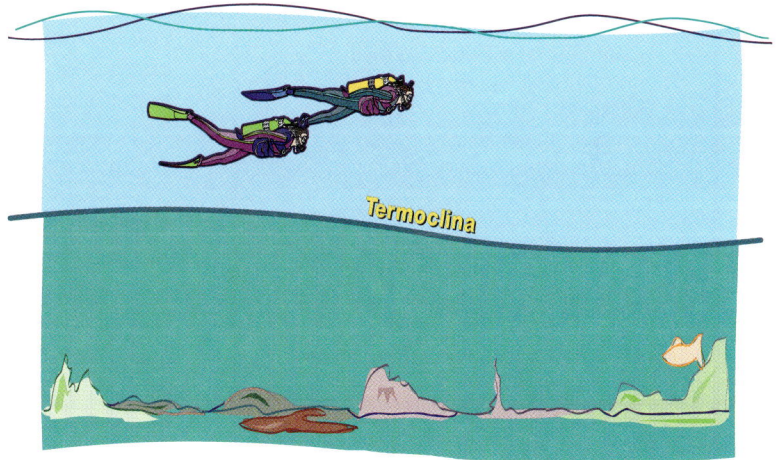

Calor y frío

El agua tiende a formar diferentes capas según la temperatura, con una transición tan brusca que en aguas tranquilas puedes nadar en agua caliente y meter tu mano en agua a una temperatura mucho más fría. Esto se denomina termoclina.

⚠️ Para estar cómodo y evitar la excesiva pérdida de calor, basa tu protección en la temperatura que haya a la profundidad que

Caliente y confortable

Puedes bucear incluso en agua polar con comodidad si utilizas un traje seco adecuado. Pero bucear en agua helada o extremadamente fría requiere equipo especial además de experiencia y entrenamiento.

pienses bucear, que puede ser más fría que la temperatura de la superficie. Como la temperatura del fondo y las termoclinas pueden ser difíciles de predecir, pregunta a tu PADI Dive Center, resort o Instructor para saber la información de la zona. Si te encuentras con un agua inesperadamente fría, es probable que tu compañero y tú queráis revisar el plan de inmersión para permanecer en la zona menos profunda y agua más cálida.

En la Sección Dos aprendiste que la pérdida de calor del cuerpo puede crear un grave riesgo a la salud (hipotermia). El agua muy fría puede provocar también algunas complicaciones con el equipo. Lo creas o no, puedes bucear incluso en agua polar (es uno de los entornos de buceo más espectaculares del mundo) con comodidad – *pero*, bucear en agua helada o extremadamente fría requiere equipo especial además de experiencia y entrenamiento especializados. Puedes encontrar cursos especiales (como el curso PADI de especialidad de Buceo bajo el hielo) que pueden ofrecerte entrenamiento supervisado para el buceo en agua fría.

Visibilidad

Si te cruzas con un buceador que va a entrar al agua cuando tú estás saliendo, siempre te preguntará "Eh, ¿Cómo estaba la visibilidad?" La visibilidad afecta de forma significativa a la inmersión por eso es lo primero que quieres saber. Durante tus inmersiones en aguas abiertas, aprenderás cómo evitar estropear la visibilidad, cómo calcularla y cuándo es demasiado mala para bucear.

La visibilidad subacuática se define basándose en la distancia que se puede ver en horizontal. Como esto puede ser algo subjetivo – a veces puedes ver las siluetas pero nada más – algunos buceadores añaden que la visibilidad es la distancia horizontal a la que puedes reconocer a otro buceador.

Cuestionario Rápido

Autoevaluación 2

1. Conforme desciendes, lo más normal es que puedas encontrar un cambio de temperatura a agua más _____

   ❏ a. caliente.   ☒ b. fría.

2. Al descender, una termoclina es
   ❏ a. un cambio brusco a una capa de agua más caliente.
   ❏ b. un cambio gradual a una capa de agua más caliente.
   ❏ c. un cambio gradual a una capa de agua más fría.
   ☒ d. un cambio brusco a una capa de agua más fría.

3. Si sabes que hay una termoclina, al planificar la inmersión deberías:
   ❏ a. no hacer ningún cambio.
   ☒ b. escoger la protección basándote en la temperatura a profundidad.

¿Cómo lo has hecho?
1. b   2. d   3. b.

La visibilidad varía desde 0 hasta más de 60 metros/200 pies. Los factores que afectan a la visibilidad incluyen 1) movimiento del agua, 2) tiempo atmosférico, 3) partículas en suspensión y 4) composición del fondo. Las olas, el mar de fondo y las corrientes revuelven el sedimento, y la lluvia normalmente estropea la visibilidad. Si se revuelve con el aleteo, el barco o cualquier otro movimiento del agua, los sedimentos finos del fondo pueden disolverse en el agua, estropeando rápidamente la visibilidad. En algunas ocasiones, los animales (plancton) y plantas (algas) en suspensión abundan y enturbian el agua – los afloramientos de plancton oceánico denominados mareas rojas pueden ser tan extremos que matan a los peces y vuelven el agua de color rojo.

⚠️ Los efectos de algunas condiciones de visibilidad son evidentes, mientras que otros son más sutiles. En casos de visibilidad limitada, es más difícil permanecer junto al compañero y tener idea de dónde estás y hacia dónde vas. Te puedes sentir desorientado cuando no puedes ver la superficie ni el fondo como referencia.

Para manejar estas situaciones, mantente más cerca de tu compañero de lo normal de forma que siempre os podáis ver uno al otro. Toma nota de tu posición utilizando tu brújula y observando las características más evidentes (aprenderás más sobre el uso de la brújula en la Sección Cinco). Puedes mantener la orientación al ascender o descender utilizando un cabo de referencia, o al bucear desde la orilla, siguiendo el contorno del fondo hacia y desde agua profunda.

Si la visibilidad es realmente escasa, puede que quieras hacer otra cosa. Pero con experiencia y entrenamiento especial, puedes disfrutar los retos de bucear en visibilidad extremadamente limitada – te puede sorprender, pero muchos buceadores lo hacen. Puedes aprender más sobre las técnicas y retos del buceo en mala visibilidad en los cursos PADI Underwater Navigator y Search and Recovery Diver.

⚠️ Puede sonar extraño, pero el bucear en agua extremadamente clara requiere algunas precauciones. Como el agua magnifica todo, el fondo puede parecer más cerca de lo que realmente está. Conforme desciendes, necesitas controlar tu profundímetro (o el ordenador) y mantenerte dentro de los límites de profundidad planificados. Incluso aunque puedas ver el fondo desde la superficie, puedes experimentar desorientación

Objetivos principales

Marca/subraya las respuestas a las siguientes preguntas conforme vayas leyendo:

6. ¿Cuál es la definición del término "visibilidad subacuática"?

7. ¿Qué cuatro factores principales afectan a la visibilidad subacuática?

8. ¿De qué tres formas te puede afectar la visibilidad limitada?

9. ¿Cómo evitas los problemas derivados del buceo en aguas claras?

Qué ves, no a qué distancia
Con experiencia y entrenamiento especial, puedes disfrutar los retos de bucear en visibilidad extremadamente limitada – muchos buceadores lo hacen. Puedes aprender más sobre las técnicas y retos del buceo en mala visibilidad en los cursos PADI Underwater Navigator y Search and Recovery Diver.

(vértigo) durante los descensos y ascensos sin una referencia en agua clara. De nuevo, un cabo de descenso y otras referencias ayudan a evitar este problema. Y, en agua clara, recuerda permanecer cerca de tu compañero – el hecho de que os podáis ver uno a otro no significa que estéis lo suficientemente cerca.

Corrientes

Anteriormente aprendiste a permanecer relajado, evitar el sobreesfuerzo y a tomártelo con calma al bucear. También aprendiste que el agua ofrece resistencia al movimiento, y por eso tienes que procurar conseguir una posición lo más hidrodinámica posible. De ahí se deduce que cuando tienes una corriente empujando contra ti, necesitas aprender algunas técnicas para evitar perder el ritmo respiratorio y cansarte, para evitar gastar el aire demasiado rápido, y para evitar tener que nadar largas distancias de regreso al barco o a la orilla.

Aire puro
Bucear en agua extremadamente clara requiere algunas precauciones. El fondo puede parecer más cerca de lo que realmente está, y puedes experimentar desorientación durante los descensos y ascensos sin una referencia.

Empecemos por ver qué causa la corriente.

Las corrientes son movimientos masivos del agua en los océanos, aunque también en grandes lagos, mares e incluso pequeñas masas de agua en cierto sentido. Algunas corrientes son generales y relativamente permanentes (enseguida veremos más sobre esto), mientras que otras son temporales y causadas por 1) vientos que soplan sobre la superficie, 2) la diferencia de temperatura del agua, 3) mareas y 4) olas.

Intentar nadar contra una corriente mediana puede cansarte

Cuestionario Rápido

Autoevaluación 3

1. Defines la visibilidad subacuática como:
   - ❏ a. más o menos la mayor distancia que puedes ver en cualquier dirección.
   - ❏ b. la menor distancia que puedes ver en cualquier dirección.
   - ☑ c. la distancia aproximada que puedes ver horizontalmente.

2. Los factores que afectan a la visibilidad bajo el agua incluyen (marca todas las correctas):
   - ☑ a. movimiento del agua.
   - ☑ b. partículas en suspensión.
   - ☑ c. composición del fondo.
   - ❏ d. población de peces.

3. La visibilidad limitada puede producir (marca todas las correctas):
   - ☑ a. separación del compañero.
   - ☑ b. desorientación.
   - ☑ c. pérdida de dirección.

4. Al bucear en agua clara se recomienda:
   - ☑ a. usar un cabo u otra referencia al ascender y descender.
   - ❏ b. cerrar los ojos para evitar el vértigo.

¿Cómo lo has hecho?
1. c   2. a, b, c   3. a, b, c
4. a.

rápidamente. Es un gran esfuerzo, lo que supone también que gastarás el aire más rápido. Por esto es por lo que necesitas utilizar las técnicas correctas y evitar toda corriente que sea más que de mediana intensidad.

⚠️ Si hay una corriente de mediana intensidad en un sitio de buceo, comienza la inmersión nadando lentamente contra la corriente de modo que al final de la inmersión, en vez de tener que luchar para regresar al barco o a la orilla, la corriente te ayude a volver. Evita nadar largas distancias en la superficie en contra de una corriente de intensidad media; avanzarás más en el fondo donde la corriente es generalmente más débil que en la superficie.

⚠️ Si por accidente terminas la inmersión en una corriente que te lleva más allá del punto de salida, no intentes nadar contra ella. En vez de eso, nada *cruzando* (perpendicular a) la corriente. Luchar en una corriente nadando directamente en contra de ella te agotará. Al nadar *cruzando* la corriente, puedes ser capaz de escapar de la corriente, alcanzar un cabo que flota desde el barco, o llegar a la orilla corriente abajo.

Al bucear desde una embarcación, si te ves atrapado en una corriente en la superficie y no puedes llegar al barco, no luches contra ella. Hincha tu chaleco para establecer flotabilidad positiva (suelta tus plomos si tienes algún problema con el chaleco), pide ayuda, descansa y espera a que el barco te recoja. Ante todo, mantén la calma. Bucear en corrientes *fuertes* y en aguas de movimiento rápido

Objetivos principales

Marca/subraya las respuestas a las siguientes preguntas conforme vayas leyendo:

10. ¿Qué cuatro causas principales producen las corrientes en la superficie y bajo el agua?

11. ¿Qué deberías hacer si te ves atrapado en una corriente y arrastrado corriente abajo más allá de un punto predeterminado de destino o del punto de salida?

12. ¿En la mayoría de las circunstancias en qué dirección debes iniciar la inmersión cuando hay corriente leve?

13. ¿Qué debes hacer si, al bucear desde una embarcación, te cansas y te ves atrapado por la corriente en la superficie?

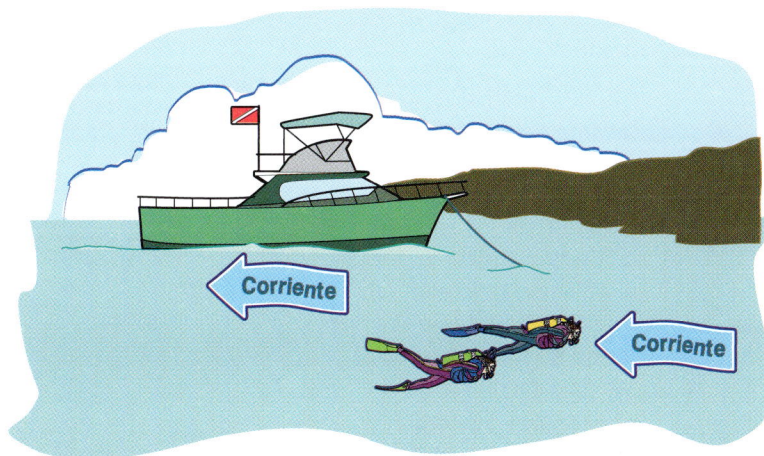

Encara la corriente
Si hay una corriente de mediana intensidad en un sitio de buceo, comienza la inmersión nadando lentamente contra la corriente de modo que al final de la inmersión la corriente te ayude a volver al barco o a la orilla.

(como los ríos) requiere entrenamiento especial y experiencia que podrás encontrar normalmente en las zonas en las que se presentan estas condiciones con frecuencia.

Composición del fondo

Pasas la mayor parte del tiempo buceando cerca del fondo (porque es donde se encuentran las cosas interesantes). La composición del fondo puede afectarte a ti y afectar a las técnicas de buceo que utilices. Puedes clasificar la composición del fondo en sedimentos, barro, arena, roca, coral y vegetación. Todos ellos albergan vida acuática y ofrecen inmersiones interesantes con fondos de coral, rocas y vegetación. Algunos de estos ecosistemas se te presentan de forma evidente y otros requieren una observación más minuciosa para apreciar los fascinantes aspectos de los fondos de sedimentos, fango y arena.

Puedes remover fácilmente algunos tipos de fondo, especialmente sedimentos y fango, y algunos fondos requieren cuidado al entrar y salir o al moverse bajo el agua. Puedes hundirte en un fondo de fango blando al caminar y, si se te cae algo en un fondo de sedimentos muy blando puede desaparecer en el fondo. Si no prestas atención hacia

Equipo ajustado, aletas hacia arriba

Establece flotabilidad neutra, coloca todo el equipo bien sujeto y manténte separado del fondo. Nada con las aletas hacia arriba para evitar remover los sedimentos y reducir la visibilidad.

Objetivos principales

Marca/subraya las respuestas a las siguientes preguntas conforme vayas leyendo:

14. ¿Qué seis tipos de composición de fondos acuáticos existen?

15. ¿Cuáles son las dos maneras de evitar el contacto con el fondo?

dónde vas, hay alguna posibilidad de quedarte enganchado en árboles, plantas, u objetos artificiales sumergidos. Las rocas o el coral pueden cortar y raspar si no tienes cuidado. Evidentemente, es importante conocer la composición del fondo y cualquier problema asociado con ella. Conforme obtengas experiencia, aprenderás a conocer qué tipo de fondo esperar en la mayor parte de los casos, y cómo resolver los problemas asociados. Es primordialmente una cuestión de atención, observar dónde pones los pies y las manos, y de sentido común.

Algunas veces el fondo tiene que tener cuidado contigo. Como ya has aprendido, algunos organismos son tan delicados que incluso un leve roce puede dañarlos o matarlos. Por eso, evitar el contacto con el fondo y sus habitantes te ayudará a evitar problemas y a reducir el daño ambiental.

Independientemente de la composición del fondo, un control eficaz de la flotabilidad proporciona la forma más fácil de evitar el contacto. Establece flotabilidad neutra, coloca todo el equipo bien sujeto y manténte separado del fondo. Además, nada con las aletas hacia arriba para evitar remover los sedimentos y reducir la visibilidad. Aunque aprenderás a reconocer los fondos poco sensibles que puedes tocar sin dañar el entorno y sin correr peligro, lo mejor es evitar el contacto con el fondo todo lo posible.

Objetivos principales

Marca/subraya las respuestas a las siguientes preguntas conforme vayas leyendo:

16. **¿Cuáles son los dos tipos básicos de clasificar las interacciones de los buceadores con la vida acuática?**

17. **¿Cuál es la causa de casi todas las lesiones causadas por vida acuática?**

18. **¿Qué deberías hacer si ves un animal agresivo bajo el agua?**

19. **Hay nueve precauciones simples que reducen la probabilidad de ser lesionado por un animal acuático. ¿Cuáles son?**

20. **¿Por qué los buceadores deben cumplir toda la legislación de caza y pesca local?**

Cuestionario Rápido

Autoevaluación 5

1. Nombre los seis tipos generales de composición del fondo:

   1. SEDIMENTOS
   2. FANGO
   3. ARENA
   4. CORAL
   5. VEGETACIÓN
   6. ROCA

2. Para evitar el contacto con el fondo debes (marca todas las correctas):
   - ❏ a. empujarte suavemente por el fondo con las manos.
   - ❏ b. ponerte de pie sobre la punta de las aletas.
   - ☑ c. mantener flotabilidad neutra.
   - ☑ d. nadar con los pies separados del fondo.

¿Cómo lo has hecho?
1. sedimentos, fango, arena, coral, vegetación, roca.   2. c, d.

Vida acuática

Interacción con la vida acuática. Como buceador te relacionas con nuevos y fascinantes organismos subacuáticos. Algunos nadarán hacia ti con curiosidad, mientras que otros escaparán ante tu presencia. Algunos estarán inmóviles, sólidos como una roca. Puedes nadar entre plantas acuáticas que se alzan ante ti como un bosque, o se despliegan por debajo como un césped recién cortado. Este privilegio conlleva cierta responsabilidad.

No dejes nada más que burbujas...
Puedes clasificar tus relaciones con la vida acuática en pasivas o activas.

Puedes clasificar tus relaciones con la vida acuática en pasivas (observar, dejar todo como estaba, tomar fotografías, etc.) o activas (dar de comer, tocar, cazar, manipular, etc.). Como el nombre implica, incluso las relaciones pasivas afectan a la vida acuática, que es muy sensible a su entorno. Acercarse a los animales acuáticos puede hacer que modifiquen su comportamiento y el ritmo natural de sus vidas. Muévete lenta y suavemente – de forma que les perturbes lo menos posible – y tendrás más oportunidades de observar a los animales acuáticos comportarse naturalmente; en vez de huir o esconderse.

La interacción activa significa que estableces contacto físico con la vida acuática. Ya sabes que golpear el sensible coral, por ejemplo, puede dañarlo, y otras relaciones activas como la caza, no benefician de ningún modo al organismo al que afectan. Otras relaciones activas pueden parecer beneficiosas para el organismo o el entorno, pero puede que no lo sean. Dar de comer a los peces, por ejemplo, puede dañar a los organismos si les alimentas con comida que no es natural para ellos: la alimentación abundante y frecuente por parte de los humanos puede alterar los comportamientos normales y hacer que los peces u otros animales dejen de alimentarse con sus presas normales. Esto produce un desequilibrio en el número de habitantes que puede afectar ampliamente a la ecología de la zona.

Esto no quiere decir que no haya relaciones activas positivas – liberar peces de una nasa abandonada o estudiar la población de las especies para apoyar regulaciones protectoras, por ejemplo – pero necesitas asumir la responsabilidad de garantizar que tus relaciones activas – intencional o accidentalmente – causan el menor daño y perturbación al entorno y a los organismos con los

que te relacionas. Haciendo esto, estás colaborando para garantizar que tus hijos, y los suyos, puedan ver y relacionarse con las mismas criaturas. Estás dando un ejemplo positivo como embajador y abogado del mundo subacuático, y, a mayor escala, estás contribuyendo a un planeta más sano – algo con lo que todos podamos vivir.

Animales acuáticos. El típico animal acuático responde a la presencia del hombre con un "¡Huyamos! ¡Huyamos!" La inmensa mayoría son tímidos e inofensivos, aunque fascinantes y agradables a la vista. Pero hay algunos que requieren precaución.

Casi todas las lesiones relacionadas con la vida acuática (plantas o animales) son consecuencia de la imprudencia humana, y la inmensa mayoría son leves. Sólo hace falta un poco de comprensión y cuidado para evitar los posibles problemas.

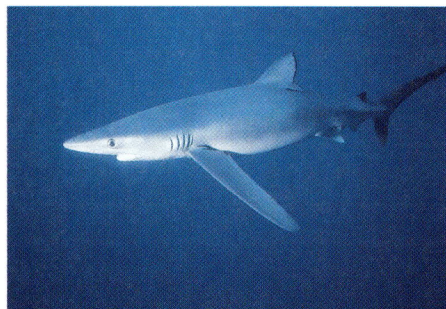

Es raro que los humanos sufran ataques de animales acuáticos.

Lo más probable es que sufras un encuentro desagradable con un organismo que no es agresivo – como por ejemplo un pinchazo de un erizo de mar, una picadura de una medusa y similar, o cortes y roces con los percebes o el coral. Para evitarlos, vigila lo qué tocas y utiliza un traje como protección para los contactos accidentales. Si no estás familiarizado con un organismo, déjalo en paz. Una buena regla de aproximación: Si es muy bonito, muy feo, o no se escapa – ¡no lo toques! Los peces venenosos y otros animales acuáticos urticantes tienden a tener estas características.

Muy pocos animales acuáticos son aparentemente agresivos. Aunque es verdad que casi cualquier animal lo suficientemente grande es potencialmente peligroso si es provocado, en realidad es muy raro que los seres humanos sufran ataques de los animales acuáticos. La reputación de algunos animales como asesinos sangrientos, como por ejemplo los tiburones y las orcas, es consecuencia de informes inexactos y distorsionados que se convierten en mitos. La inmensa mayoría de los incidentes entre tiburones y buceadores están relacionados con la caza subacuática (los peces heridos estimulan el comportamiento de alimentación de los tiburones). Las orcas tienen la capacidad de hacer daño a los humanos, aunque no se ha documentado ningún caso de ningún ataque a un buceador.

Las lesiones por animales que pueden parecer agresivos, como las morenas y las rayas, son en realidad resultado de animales atemorizados, que terminan reaccionando defensivamente – como por ejemplo si metes tu mano sin cuidado en el agujero de una morena sin mirar antes. (Si un brazo gigante se acercara a tu puerta y empezara a revolver en tu salón, tú también lo morderías).

Erizo

Manos fuera

Si tienes cuidado puedes evitar un desagradable encuentro con un organismo no agresivo, tales como los pinchazos de los erizos, las picaduras de medusas y semejantes, o los cortes y arañazos con los percebes y el coral. Los ataques de animales acuáticos son muy raros.

Por eso, si ves un tiburón, u otro animal potencialmente agresivo, permanece tranquilo y quieto en el fondo. No nades hacia él, cosa que podría provocar una reacción defensiva. Obsérvalo y mira lo qué hace. Lo más probable es que pase de largo. Y disfruta de la experiencia – son unas de las criaturas más impresionantes de la naturaleza, y no podrás verlas muy a menudo. Si se queda en la zona, nada tranquilamente por el fondo, observándole atentamente y sal del agua.

⚠️ Estas normas te ayudarán a evitar posibles problemas con los animales acuáticos:

1. Trata a todos los animales con respeto. No les molestes ni perturbes intencionadamente.

2. Ten cuidado en agua extremadamente turbia en la que tengas problemas para ver dónde pones las manos. Los animales potencialmente agresivos podrían confundirte con una presa en agua turbia, por lo que puede que quieras evitar bucear si sabes que están en la zona.

3. Evita llevar joyas brillantes colgando. Pueden parecer carnada o presas pequeñas y pueden atraer el interés de algunos animales.

4. Si estás cazando con fusil, saca los peces del agua inmediatamente.

5. Utiliza guantes y un traje de protección para evitar cortes y pinchazos. No es necesario mencionar que un traje de protección que cubra todo el cuerpo ofrece mayor protección que un pantalón vaquero corto y una camiseta.

6. Mantén flotabilidad neutra y permanece apartado del fondo.

7. Muévete lentamente y con cuidado.

8. Fíjate hacia dónde vas y dónde pones las manos, pies y rodillas.

9. Evita contacto con animales desconocidos. Si no sabes lo qué es, no lo toques.

Mientras que puede que quieras evitar contacto con algunos animales, hay otros que algunos buceadores buscan como caza o para coleccionarlos. Para nombrar unos cuantos, estos incluyen langostas, cangrejos, orejas marinas, vieiras, peces, almejas, conchas y otras caracolas. Antes de coleccionar o cazar ninguna, entérate de las leyes locales de caza y pesca, incluyendo temporadas de veda, límites de tamaño y captura y otras restricciones. Las leyes de caza y pesca existen para garantizar la continuidad de estos animales en el futuro. Si las leyes locales permiten cazar, coge sólo lo que *tú* puedas comer o utilizar – incluso aunque la ley te permita coger más. Sé razonable en lo que sacas para que otros buceadores puedan disfrutar en el futuro. Ten en cuenta que en muchas zonas, la comunidad de buceo local no participa en la caza aunque esté permitida.

Plantas acuáticas. La primera cosa que notarás es que es mucho más fácil observar las plantas acuáticas que muchos de los animales acuáticos. Las plantas acuáticas varían desde los enormes bosques de algas gigantes comunes en Nueva Zelanda, California y otras zonas de agua fría, hasta las pequeñas hierbas y algas en los lagos y ríos de agua dulce. Las plantas proporcionan comida y refugio a los animales acuáticos, por lo que normalmente puedes encontrar mucha vida animal en los entornos de plantas acuáticas.

Hay una pequeña posibilidad de quedar enganchado en algunos tipos de plantas. Este no es un problema grave, y te darás cuenta de que con un poco de cuidado, puedes moverte fácilmente entre casi cualquier planta sin quedar enganchado. Mantener tu equipo en una posición hidrodinámica, observar hacia dónde vas y evitar las zonas de crecimiento denso ayudan a reducir las probabilidades de quedar enganchado.

Si ocurriera, mantén la calma. En cuanto notes que estás enganchado, párate y retrocede un poco. No te gires porque puedes hacer que quedes rodeado. Es probable que sólo estés enganchado por una o dos ramas, así que retrocede y libérate con la ayuda de tu compañero. No te retuerzas ni intentes luchar con fuerza porque esto normalmente empeora las cosas. Aunque querrás evitar los daños a la vida acuática, si es necesario puedes doblar y romper alguna rama para liberarte.

Cuestionario Rápido

1. Los dos tipos de relaciones que puedes tener con la vida acuática son (marca todas las correctas):
   - ☒ a. pasiva.
   - ❑ b. agresiva.
   - ❑ c. dominante.
   - ☒ d. activa.

2. Casi todas las lesiones por vida acuática son resultado de:
   - ❑ a. ataques.
   - ☒ b. falta de cuidado por parte del buceador.
   - ❑ c. comportamiento de alimentación.
   - ❑ d. protección de las crías.

3. Si ves un animal agresivo bajo el agua debes observarle y abandonar la zona tranquilamente por el fondo si permanece allí o parece agresivo.
   - ☒ Verdadero   ❑ Falso

4. Las precauciones que puedes tener para evitar lesiones por vida acuática animal incluyen (marca todas las correctas):
   - ☒ a. usar un traje de protección y guantes.
   - ☒ b. observar dónde pones tus manos, pies y rodillas.
   - ❑ c. ir armado con un fusil de pesca.
   - ☒ d. no tocar nada que no conozcas.

5. Debes seguir las leyes de pesca:
   - ❑ a. para lograr el máximo número de capturas.
   - ☒ b. para ayudar a garantizar las futuras poblaciones de animales.

¿Cómo lo has hecho?
1. a, d   2. b   3. Verdadero
4. a, b, d   5. b.

Esto es normalmente más efectivo que utilizar tu cuchillo. Aprenderás más sobre cómo evitar los enganches más adelante en este capítulo.

Luz solar

El buceo se realiza normalmente bajo la luz solar directa en barcos, playas o desde muelles, por lo que necesitas tomar precauciones para prevenir las quemaduras solares. Fuera del agua, utiliza ropa de protección (sombreros de ala ancha, camisas de manga larga, etc.), permanece a la sombra lo más posible y utiliza un protector solar. Ten en cuenta que un día nublado no te protege – los rayos ultravioletas atraviesan las nubes, pero como no notas el calor, no te das cuenta de que te estás quemando. Esta es la razón por la que las peores quemaduras se producen en días nublados.

También puedes sufrir quemadura solares en el agua, especialmente en agua poco profunda mientras estás buceando con tubo. Utiliza un traje de protección y crema solar resistente al agua para protegerte mientras buceas con tubo, y recuerda que en el agua puede que no notes la quemadura hasta que sea demasiado tarde. La quemadura del sol es probablemente la "lesión" más común que sufren los buceadores, y es completamente evitable. No permitas que las quemaduras solares arruinen un viaje o vacaciones de buceo.

Agua dulce y agua salada

Conforme aumente tu experiencia de buceo, probablemente descubras

Bosques en el mar
Los bosques de algas (kelp) crean entornos acuáticos impresionantes en zonas de clima templado.

Marca/subraya la respuesta a esta pregunta conforme vayas leyendo:

21. **¿Cómo puedes evitar las quemaduras solares mientras estás fuera del agua (tres formas), y qué dos métodos puedes emplear para evitarlas cuando bucees con tubo?**

Cuestionario Rápido
Autoevaluación 7

1. No debes preocuparte por las quemaduras solares cuando está nublado o cuando estás en el agua.

   ❏ Verdadero ☒ Falso

¿Cómo lo has hecho?

1. Falso. Puedes quemarte con el sol a través de las nubes y del agua.

estupendas inmersiones en agua dulce y en agua salada, incluso aunque sean diferentes en cuanto a sus condiciones, vida animal y plantas, y exijan diferentes técnicas y procedimientos. Dependiendo de dónde bucees, puedes realizar tu actividad de buceo favorita – fotografía, buceo en barcos hundidos, la que sea – de forma algo diferente en agua dulce que en agua salada. O puede que prefieras realizar actividades completamente diferentes en ambos entornos.

Buceo en agua dulce. Los entornos típicos de buceo en agua dulce incluyen lagos, presas, manantiales y ríos. Muchos de ellos ofrecen buenos lugares para la fotografía y la exploración además de muchas actividades como buceo en barcos hundidos, buceo bajo el hielo, buceo en cavernas y buceo en aguas en movimiento. Algunas de estas actividades requieren entrenamiento y equipo especial antes de poder participar en ellas.

Las consideraciones relativas a los entornos de buceo en agua dulce incluyen composición del fondo, visibilidad limitada, termoclinas, agua fría, enganches, agua profunda y barcos – muchas consideraciones son las mismas que tendrás en agua salada. Puedes bucear en zonas de montaña muy por encima del nivel del mar, lo que requiere entrenamiento y técnicas especiales para tener en cuenta la altitud.

Incluso lejos del mar

Los entornos típicos de buceo en agua dulce incluyen lagos, presas, manantiales y ríos. Muchos de ellos ofrecen buenos lugares para fotografía y exploración además de muchas actividades como buceo en barcos hundidos, buceo bajo el hielo, buceo en cavernas y buceo en aguas en movimiento.

Como el agua dulce pesa menos que el agua salada, no tendrás tanta flotabilidad para un desplazamiento determinado. Esto significa que si buceas en agua dulce después de bucear en agua salada, suponiendo que utilices el mismo traje y equipo, necesitarás menos plomo. Ten en cuenta que es probable que encuentres una termoclina al bucear en lagos y pantanos de agua dulce.

Buceo en agua salada. El entorno de buceo en agua salada se divide en tres áreas generales: 1) templado, 2) tropical y 3) polar. La inmensa mayoría de las actividades de buceo recreativo tienen lugar en las zonas templadas y tropicales, aunque como ya mencionamos, el Ártico y el Antártico ofrecen inmersiones espectaculares para las personas entrenadas y equipadas para ello. Las actividades de buceo en agua salada incluyen todas las actividades de buceo en general además de la fotografía y buceo en estructuras artificiales como puertos, plataformas petrolíferas, barcos hundidos y arrecifes artificiales. Las consideraciones generales para este entorno incluyen olas, resaca, mareas, corrientes, coral, barcos, agua profunda, vida marina y sitios remotos.

Otro mundo

La inmensa mayoría de las actividades de buceo recreativo tienen lugar en las zonas templadas y tropicales.

Evidentemente, cada sitio en el que bucees tiene sus propias consideraciones, por lo que querrás recibir una orientación local a la nueva zona. Esto hará que el buceo sea más divertido, más agradable y más seguro.

Buceo en el océano

El océano es un entorno dinámico que cambia y se mueve constantemente. Puede estar en calma y tranquilo, o revuelto e impresionante. Su estado tiene una influencia directa en el buceo. Así que sin entrar a asignarle más emociones, veamos los fundamentos básicos en los que se basan las olas, mar de fondo, corrientes oceánicas, corrientes de resaca, y mareas. De esta forma comprenderás lo que estés viendo y experimentando al bucear en el océano, y lo qué puedes esperar.

Olas y rompientes. La mayor parte del movimiento del agua que te interesa como buceador tiene que ver con las olas. El viento forma olas al soplar sobre la superficie del océano, siendo su tamaño determinado por la intensidad del viento, y por la distancia que el viento empuja a la ola. Un viento fuerte soplando continuamente durante varias horas puede crear olas lo suficientemente grandes para destrozar las condiciones – haciendo que sean poco favorables, o incluso peligrosas. Una vez formadas, las olas pueden viajar por todo el océano, afectando al buceo a cientos de kilómetros/millas de donde se han formado.

Una ola viaja por la superficie hasta que el viento de otra dirección la anula, hasta que pierde gradualmente su energía, o hasta que encuentra una zona de agua poco profunda y rompe formando la *rompiente*. Este fenómeno es la base de toda una cultura de tablas de surf y pelos rubios.

Las olas rompen en agua poco profunda porque la parte inferior de la ola arrastra por el fondo del mar; esto hace que reduzca su velocidad en comparación con la de la parte superior de la ola, haciendo que la cresta de la ola llegue al máximo y pierda estabilidad. Eventualmente la ola "tropieza" y rompe formando la rompiente, lanzando su energía sobre la playa.

Entornos cerrados

⚠️ Tanto si buceas en agua dulce como en agua salada, puedes encontrar sitios en los que puedes entrar que *no* te permiten nadar directamente hacia la superficie. Los ejemplos incluyen el interior de barcos hundidos, bajo el hielo y cuevas o grutas. Estos sitios se denominan *entornos cerrados*. Pueden parecer engañosamente seguros y sencillos – *pero no lo son*. Pueden tener peligros que puede que no reconozcas, ni te des cuenta de que existen hasta que sea demasiado tarde.

Tu entrenamiento en este curso te prepara para bucear en *aguas abiertas* – con acceso directo a la superficie en todo momento. Desde el momento en que pierdes la capacidad de ascender directamente a la superficie, el riesgo y los posibles peligros aumentan dramáticamente.

Puedes aprender a bucear en estos entornos con seguridad – pero se necesita entrenamiento y equipo especial (en ocasiones mucho) para manejar los riesgos y complicaciones añadidos. Por esta razón, *hasta que no tengas el entrenamiento y el equipo que necesitas no entres en una cueva, gruta, barco hundido y otros entornos cerrados.* Hacerlo te coloca en una situación innecesaria y *extremadamente peligrosa*.

Muchos entornos cerrados pueden *parecer* acogedores y seguros, pero en cualquier momento en el que no puedes nadar directamente a la superficie, estás en una situación especial. Esto hace reflexionar: *una de las principales causas desencadenantes de las muertes en buceo es entrar en entornos*

Una forma demasiado fácil de morir
No entres nunca en una cueva, un barco hundido u otro entorno cerrado a menos que tengas el entrenamiento y el equipo necesario. Hacerlo te sitúa en una situación innecesaria y extremadamente peligrosa.

cerrados sin el entrenamiento y el equipo adecuados. Las personas con entrenamiento y equipo adecuado tienen unos registros de seguridad excelentes en cuevas, barcos hundidos, bajo el hielo y en otros entornos cerrados – las personas sin este entrenamiento (incluyendo profesionales de buceo bien entrenados en otros campos) tienen un registro de seguridad *muy escaso* en estos entornos.

Evita el riesgo completamente. Disfruta de la diversión y aventura del buceo fuera de los entornos cerrados. Si estás interesado en este tipo de buceo, obtén el entrenamiento que necesitas – pero mientras tanto manténte fuera.

La zona en la que la ola rompe se denomina *zona de rompiente*. La rompiente mediana o grande puede complicar las entradas y salidas a no ser que utilices técnicas especiales. No te resultará difícil entrar y salir en una playa de poca pendiente entre olas que no sean más altas que, digamos tu cintura (técnicamente zona de rompiente pero no considerada "rompiente" en la mayor parte de los entornos de buceo) – pero necesitarás técnicas específicas para bucear en una rompiente mayor.

Las olas rompen cuando el agua es poco más profunda que su altura, así que observar la zona de rompiente te sirve de indicativo sobre la profundidad. Un arrecife, barco hundido o banco de arena alejado de la orilla puede crear una zona de poca profundidad que haga que rompan las olas. Las zonas de poca profundidad alejadas de la orilla pueden ser sitios de buceo populares, o peligros a evitar (algo para aprender durante la orientación de la zona). A veces verás olas romper, volverse a formar y romper de nuevo. Esto indica que el fondo sube, baja y vuelve a subir otra vez conforme te mueves hacia el mar. Saber lo que te dicen las olas te ayuda a planificar tu inmersión.

A veces las olas se aproximan a la orilla desde diferentes direcciones. Dependiendo de los ángulos y del ritmo, las olas pueden combinarse en olas muy grandes, o anularse unas a otras y reducir la rompiente. Este es el motivo por el que a menudo tienes una serie de olas pequeñas – o ninguna ola – seguido de una serie de olas grandes. Al entrar y salir por la rompiente, observa el agua y aprende el ritmo de las olas, para poder programar tus entradas y salidas para pasar la zona de rompiente durante las olas más pequeñas.

⚠️ Evita bucear en una rompiente demasiado grande y fuerte. No sólo puede ser peligroso, sino

El océano en movimiento
La mayor parte del movimiento del agua que te interesa como buceador tiene que ver con las olas. El viento forma olas al soplar sobre la superficie del océano, siendo el tamaño de las olas determinado por la intensidad del viento, y de la distancia que el viento empuja a la ola.

Objetivos principales

Marca/subraya las respuestas a las siguientes preguntas conforme vayas leyendo:

23. **¿Qué produce el oleaje y cómo evitarlo?**

24. **¿Cómo se generan las corrientes de orilla, cómo te pueden afectar?**

25. **¿Por qué puede una ola romper lejos de la orilla?**

26. **¿Cómo se produce la corriente de resaca y cómo puedes saber si hay?**

27. **¿Qué debes hacer si te ves arrastrado por una corriente de resaca?**

28. **¿Qué produce las corrientes emergentes y cómo pueden afectar a las condiciones de buceo mar adentro locales?**

29. **¿Qué tres condiciones ambientales pueden quedar modificadas según el movimiento de las mareas?**

30. **¿Cuál es generalmente el mejor nivel de la marea para bucear?**

que las condiciones de buceo tienden a ser de todas formas malas. Necesitas entrenamiento especializado de buceo en rompientes antes de intentar bucear en una zona de rompiente de cualquier tamaño. En el entrenamiento en rompientes aprendes a evaluar las condiciones y a utilizar las técnicas correctas de entrada y salida entre las olas. Mantente fuera de la rompiente hasta que tengas este entrenamiento. Ten en cuenta que las técnicas de buceo en rompientes varían de zona a zona, e incluso en diferentes épocas del año en la misma zona.

Mar de Fondo. En agua poco profunda las olas que pasan por encima te mueven hacia delante y hacia atrás. Esto se denomina *mar de fondo*. El mar de fondo puede moverte una distancia apreciable cuando pasan olas grandes y el mar de fondo fuerte puede ser peligroso. Tiende a disminuir conforme desciendes a mayor profundidad, por lo que a menudo puedes evitar el mar de fondo planificando una inmersión más profunda. Evita bucear cerca de zonas rocosas de poca profundidad cuando hay mar de fondo fuerte.

Resaca. Después de que rompe una ola, el agua fluye de regreso al océano por debajo de las olas que entran, produciendo la *resaca*. En las condiciones en las que probablemente bucees, la resaca se disipa a una profundidad no mayor de un metro. No es una corriente que arrastra cosas hacia mar abierto pero tienes que estar atento a ella. En playas abruptas, la resaca puede ser bastante fuerte; como las olas empujan la parte superior de tu cuerpo hacia la orilla y la resaca tira de tus piernas hacia el mar, tienes que prestar atención a mantener el equilibrio durante las entradas y salidas. Evita bucear desde playas con líneas de costa muy abruptas cuando haya algo más que una resaca moderada.

Corrientes. Las olas causan muchas de las corrientes que afectan a los buceadores. Se aproximan a la costa típicamente con un ligero ángulo que empuja el agua a lo largo de la línea de la costa creando una *corriente paralela a la costa*. Este tipo de corriente tiende a empujarte playa abajo – lejos de tu zona de salida

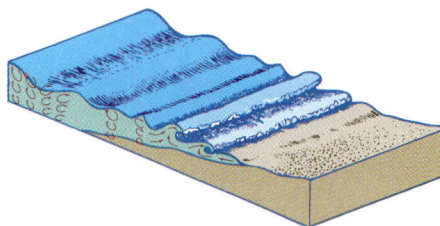

La rompiente aumenta

Las olas rompen en agua poco profunda porque la parte inferior de la ola se arrastra por el fondo del mar; esto hace que reduzca su velocidad en comparación con la de la parte superior de la ola, haciendo que la cresta de la ola llegue al máximo y pierda estabilidad. Eventualmente la ola "tropieza" y rompe formando la rompiente, lanzando su energía sobre la playa.

Claves fuera de la orilla

Las olas rompen cuando el agua es poco más profunda que su altura, así que observar la zona de rompiente te sirve de indicación sobre la profundidad. Un arrecife, barco hundido o banco de arena alejado de la orilla puede crear una zona de poca profundidad que haga que rompan las olas.

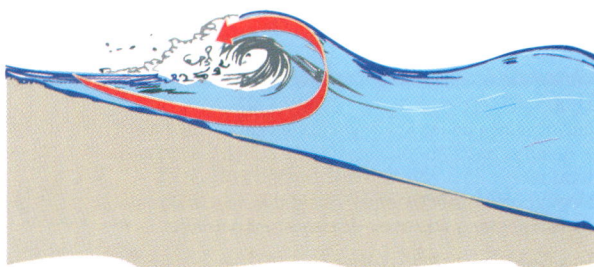

Arrastre por el fondo

Después de que rompe una ola, el agua fluye de regreso al océano por debajo de las olas que entran, produciendo la resaca.

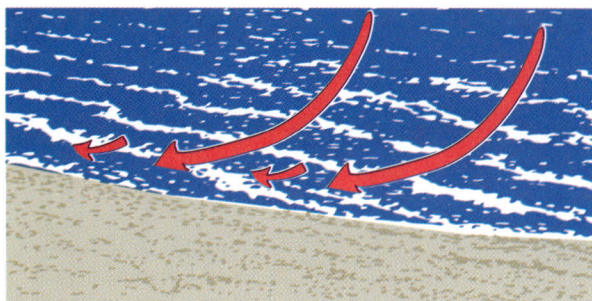

A lo largo de la orilla, siguiendo la corriente

Las olas se aproximan a la costa típicamente con un ligero ángulo que empuja el agua a lo largo de la línea de la costa creando una corriente paralela a la costa.

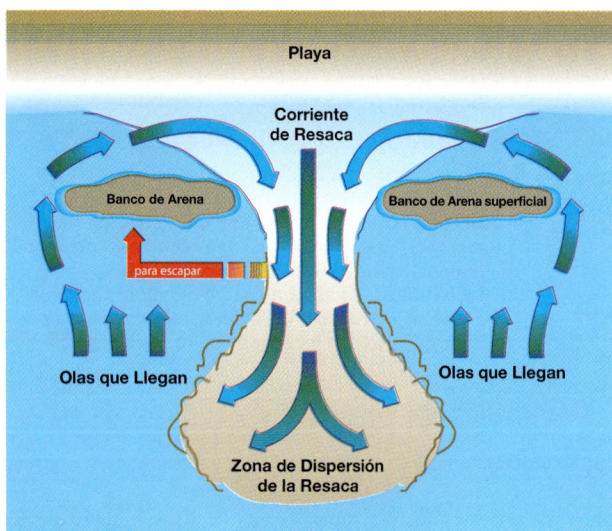

Playa

Corriente
de Resaca

Banco de Arena

Banco de Arena superficial

para escapar

Olas que Llegan

Olas que Llegan

Zona de Dispersión
de la Resaca

Agua de arrastre

Una corriente de resaca se produce cuando las olas empujan el agua por encima de una construcción larga como un banco de arena o un arrecife. El agua no puede regresar por el fondo, por lo que se canaliza de regreso al mar a través de una abertura estrecha.

planificada, si no la tienes en cuenta. Al bucear en una corriente paralela a la costa, puedes comenzar tu inmersión por arriba de la corriente con referencia a tu punto de salida, o bucear contra la corriente de forma que te dejes llevar de regreso a la salida al final de la inmersión.

Otro tipo de corriente generada por las olas es la *corriente de resaca*. Una corriente de resaca se produce cuando las olas empujan el agua por encima de una formación larga como un banco de arena o un arrecife. El agua no puede regresar por el fondo, por lo que se canaliza de regreso al mar a través de una abertura estrecha. Como suelen ser fuertes, las corrientes de resaca pueden arrastrarte lejos de la orilla muy rápidamente lo que puede asustarte si no sabes lo qué está pasando y qué hacer. Normalmente puedes reconocer una corriente de resaca como una línea de agua turbia y espumosa que se mueve hacia el mar; también interrumpe las olas en el punto en el que las arrastra hacia el mar.

Evidentemente, debes evitar las corrientes de resaca. Si te ves atrapado en una de ellas, establece flotabilidad positiva y nada *paralelo* a la orilla para escapar de la zona de resaca. Normalmente son relativamente estrechas y se dispersan rápidamente en agua profunda. Una vez estés fuera puedes volver a tu rumbo original aunque termines más lejos en la orilla. Nunca intentes nadar directamente en contra de una corriente de resaca.

Al bucear en corrientes desde un barco, generalmente comienzas la inmersión en contra de la corriente de forma que te empuje de regreso al barco al final de la inmersión. Si te ves atrapado en una corriente, no luches contra ella. En la superficie, hincha el chaleco, señala al barco que te recoja y descansa.

Aunque la mayoría de las corrientes que puedes encontrarte provienen del viento, las corrientes oceánicas que son corrientes permanentes a gran escala como la Corriente del Golfo, también

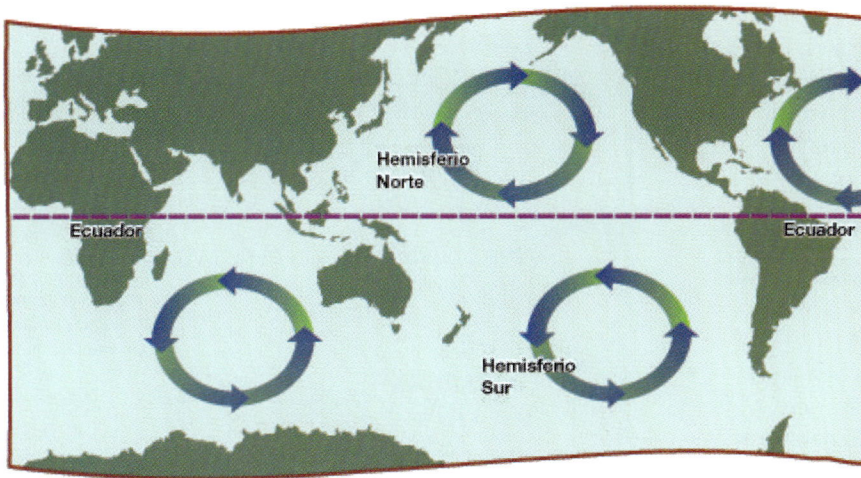

Cuando el mundo gira
La rotación de la tierra genera corrientes permanentes a gran escala. Estas corrientes son generalmente predecibles, aunque los remolinos y las contra-corrientes pueden hacer que cambie la dirección del flujo de la zona.

pueden afectar al buceo. La rotación de la tierra genera estas corrientes, lo que hace que sean generalmente predecibles, aunque los remolinos y las contra-corrientes pueden hacer que cambie la dirección del flujo de la zona. Ten en cuenta que una corriente puede a veces cambiar su dirección durante tu inmersión.

Aprenderás más sobre las corrientes más adelante.

Afloramiento. Un afloramiento es una corriente de movimiento lento causada normalmente por los vientos terrales que empujan la superficie del agua alejándola de la orilla. Conforme la superficie del agua se mueve hacia el mar, el agua profunda asciende para ocupar su lugar. El agua más profunda es normalmente más fría y más clara, creando condiciones de buceo excelentes, aunque frías.

Mareas. El nivel del agua en los mares y océanos (e incluso en algunos lagos muy grandes) sube y baja en un ciclo diario denominado *marea*. La luna y el sol causan las mareas conforme la gravedad afecta al agua, creando un bombeo que, desde nuestra perspectiva, se mueve cruzando el océano conforme gira la tierra. Las mareas varían en su horario y altura de lugar a lugar debido a la configuración geográfica. Afectan a las condiciones de buceo – a veces mejorándolas y a veces empeorándolas – produciendo corrientes, cambios de profundidad y cambios de visibilidad.

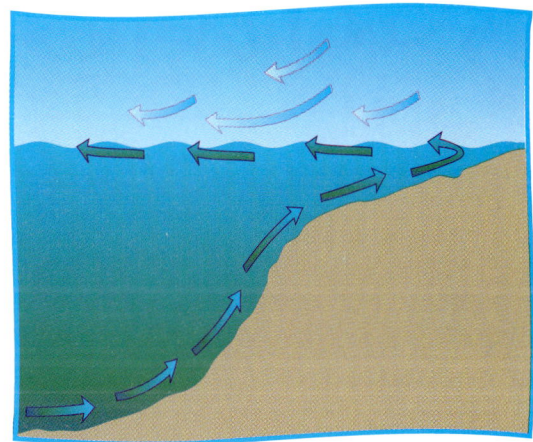

Saliendo de la profundidad
Un afloramiento es una corriente de movimiento lento causada normalmente por los vientos terrales que empujan la superficie del agua alejándola de la orilla. Conforme la superficie del agua se mueve hacia el mar, el agua profunda asciende para ocupar su lugar.

Antes de bucear comprueba las tablas de mareas de la zona y familiarízate en cómo las mareas afectan a las condiciones de la zona. Como regla general, las mejores condiciones de buceo se producen a marea alta.

Planificación de buceo

La planificación de buceo evita problemas debidos a malentendidos con tu compañero, olvidos de equipo o malas condiciones en el sitio de buceo – en realidad se trata de planificar tu diversión. Puedes pensar en la planificación de buceo en cuatro pasos: planificación

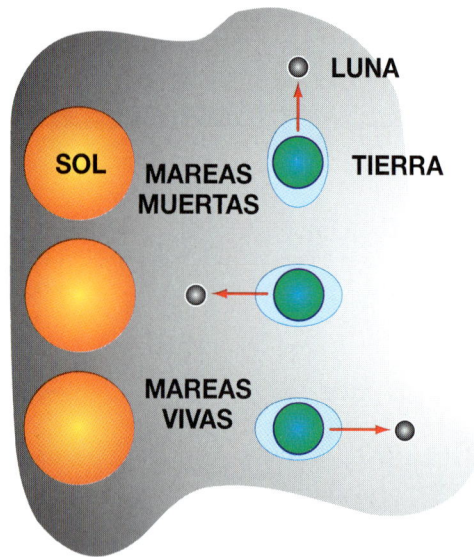

Influencia del espacio exterior

La luna y el sol causan las mareas conforme la gravedad afecta al agua, creando un bombeo que, desde nuestra perspectiva, se mueve cruzando el océano conforme gira la tierra.

LUNA

SOL

MAREAS MUERTAS

TIERRA

MAREAS VIVAS

Cuestionario Rápido

Autoevaluación 9

1. _____ pueden producir mar de fondo que puedes evitar _____
   - ❑ a. Las mareas, evitando la marea llena.
   - ☒ b. Las olas, yendo a mayor profundidad.
   - ❑ c. Las mareas, yendo a mayor profundidad.
   - ❑ d. Las olas, permaneciendo a poca profundidad.

2. Las corrientes paralelas a la costa tienden a:
   - ☒ a. arrastrarte paralelamente a la costa.
   - ❑ b. arrastrarte hacia mar abierto.
   - ❑ c. Nada de lo anterior.

3. Las olas que rompen lejos de la costa indican:
   - ❑ a. un futuro cambio en las condiciones de la rompiente.
   - ❑ b. un afloramiento.
   - ❑ c. una marea de arrastre.
   - ☒ d. Nada de lo anterior.

4. Puedes reconocer una corriente de resaca por:
   - ☒ a. el agua turbia y espumosa.
   - ☒ b. un chorro fuerte que se aleja de la orilla.
   - ☒ c. la interrupción en el ritmo de las olas.
   - ☒ d. Todo lo anterior.

5. Si te ves atrapado en una corriente de resaca deberías:
   NADAR PARALELO A LA ORILLA

6. Un afloramiento tiende a causar condiciones de buceo _____
   - ❑ a. malas.
   - ☒ b. excelentes.
   - ❑ c. imprevisibles.

7. Las mareas afectan a las condiciones de buceo (marca todas las correctas):
   - ☒ a. produciendo corrientes.
   - ☒ b. afectando a la visibilidad.
   - ❑ c. generando corrientes de resaca.
   - ❑ d. provocando afloramientos.

8. En general, el mejor nivel de marea para bucear es:
   - ❑ a. marea baja.
   - ☒ b. marea alta.

   ¿Cómo lo has hecho?
   1. b   2. a   3. d   4. d
   5. nadar paralelo a la orilla.
   6. b   7. a, b   8. b.

Puntos clave

En este subapartado sobre El entorno de buceo has aprendido que:

▲ La temperatura, la visibilidad, el movimiento del agua, la composición del fondo, la vida acuática y la luz del sol afectan a las condiciones de buceo.

▲ Una termoclina es una transición brusca a agua más fría.

▲ Debes planificar tu inmersión teniendo en cuenta la temperatura del agua en la profundidad a la que piensas bucear.

▲ Si es posible, tienes que utilizar una referencia visual para descender y ascender.

▲ Al bucear cuando hay corriente presente, debes nadar en contra de la corriente durante la inmersión.

▲ Si te atrapa una corriente, no tienes que luchar. Debes nadar atravesando la corriente, o establecer flotabilidad y pedir ayuda.

▲ Debes evitar el contacto con el fondo manteniéndote con flotabilidad neutra.

▲ La mayor parte de las lesiones por vida acuática son resultado de un descuido – mira dónde pones las manos, rodillas y pies.

▲ Debes usar guantes y un traje de protección para reducir la probabilidad de cortes y pinchazos con la vida acuática.

▲ Las quemaduras solares son completamente evitables.

▲ El buceo en rompientes requiere técnicas y entrenamiento especial.

▲ Si te atrapa una corriente de resaca, debes nadar paralelo a la orilla hasta que salgas de ella.

anticipada, preparación, preparación de último minuto y planificación preinmersión.

Planificación anticipada

La planificación de una inmersión comienza cuando decides ir a bucear. En este momento generalmente: eliges un compañero (o viceversa), estableces un objetivo para la inmersión (o te pones de acuerdo en lo que harás en la inmersión), eliges un sitio de buceo (puede ser una elección general en este momento), decides la mejor hora para bucear y comentas la logística (ponerse de acuerdo en dónde/cuándo reunirse, etc.) con tu compañero.

Es buena idea ponerse de acuerdo en un objetivo común para evitar malentendidos. Si tú apareces con una cámara de fotos y tu compañero llega preparado para una búsqueda y recuperación, uno de los dos no hará lo que había pensado.

Si es necesario, puedes consultar tu diario de buceo para obtener información importante sobre el sitio si ya has buceado antes en ese lugar. Planifica un sitio de buceo alternativo en caso de no poder bucear en el elegido (malas condiciones, competición de embarcaciones rápidas, tu ex-marido está allí, etc.). Decide la mejor hora para ir que puede estar influenciada por las mareas y otras actividades de la zona. Por último, comenta la logística, como por ejemplo desde dónde partir para la inmersión, cómo llegar allí, qué llevar y la información de contactos de emergencia.

Preparación

Es una buena idea comenzar a preparar una inmersión al menos uno o dos días antes. Comprueba todo el equipo que usarás, asegúrate de que la botella esté cargada, guarda todo tu equipo en un sitio y utiliza una lista de comprobación del equipo para asegurarte que tienes todo (hay una lista de comprobación de muestra en el Apéndice.) Comprueba tu equipo mientras tengas tiempo suficiente para arreglar o reemplazar cualquier cosa rota, perdida o mordida por tu perro. Si es posible, comprueba las fuentes locales de información como la televisión, radio, centro de buceo, etc. para obtener un informe sobre las condiciones del sitio de buceo.

Preparación de último minuto

Justo antes de salir para la inmersión:

1. Comprueba el parte meteorológico.

2. Deja a alguien que no vaya a ir contigo un plan de tu inmersión, incluyendo dónde vas a ir, cuándo esperas regresar y qué hacer si te retrasas. Incluye tu número de teléfono móvil si lo llevas contigo.

3. Recoge esas cosas de última hora como una chaqueta, un sombrero, gafas de sol, cartera, bocadillos, nevera, titulación de buceo, diario de buceo, etc.

4. Si todavía no lo has hecho empaqueta el equipo en la bolsa: si vas a bucear desde barco, guárdalo de forma que lo primero que guardes sea lo último que necesitas sacar.

5. Realiza el "control del idiota" para no dejarte nada olvidado y aparecer, por ejemplo, con sólo una aleta.

Planificación preinmersión

En el sitio de buceo, planifica los detalles. Es mejor hacer lo siguiente antes de empezar a preparar el equipo:

1. Evaluar las condiciones. Tómate tu tiempo, especialmente si estás observando el ritmo de las olas.

2. Decidir si las condiciones son favorables para la inmersión y tu objetivo. En caso contrario, ir al sitio alternativo, y si las condiciones allí son malas también, anular la inmersión. El buceo se supone que tiene que ser divertido; si no va a ser divertido, haz otra cosa.

3. Acordar dónde entrar, el rumbo general a seguir, las técnicas a utilizar durante la inmersión y dónde salir.

4. Repasar las señales manuales y otros sistemas de comunicación.

5. Decidir qué hacer si os separáis.

6. Acordar los límites de tiempo, profundidad y suministro de aire.

7. Comentar qué hacer en caso de emergencia.

La idea de la planificación pre-inmersión es anticipar, comentar y acordar lo más posible antes de entrar al agua.

No puedes planificar por casualidad
Piensa en la planificación de la inmersión como en la planificación de tu seguridad y tu diversión. Nadie puede planificar una inmersión y seguir el plan por ti – tu compañero y tú tenéis que hacerlo.

Bucear según el plan

No tiene demasiado sentido realizar un plan de inmersión y luego no usarlo. Te lo pasarás mejor y tendrás menos problemas si tu inmersión se ajusta a lo acordado. Obtendrás lo que quieres de la inmersión si tu compañero y tú comprendéis qué hacer y cuándo hacerlo porque lo habéis comentado antes de la inmersión. Siguiendo un plan de buceo sólido, tienes muchas menos probabilidades de correr ningún riesgo, y más probabilidades de resolverlo si ocurre.

Un plan de buceo no tiene que ser complicado, ni necesita mucho trabajo, ni tiene que ser inflexible. Puede ser muy sencillo, llevar sólo un par de minutos de comentarios, y ofrecer suficientes opciones dependiendo de qué quieres encontrar bajo el agua – pero debes seguirlo.

Obtén el máximo del buceo planificando tu inmersión con tu compañero, y buceando según el plan. Esto es importante para tu seguridad y tu diversión – nadie puede planificar una inmersión y seguir ese plan por ti – tu compañero y tú debéis hacerlo.

Buceo desde barco

Es probable que hagas muchas inmersiones desde barco. En muchas zonas, hace falta un barco para llegar a las zonas de mejor visibilidad, más vida acuática y arrecifes más interesantes. Los barcos te llevan a sitios de buceo inaccesibles desde la orilla y, en algunos sitios, todos o la mayor parte de los sitios de buceo son accesibles sólo con barco. El buceo desde barco elimina el nadar grandes distancias en la superficie, la zona de rompiente y el escalar para entrar y salir del agua. Además de todo esto, es divertido navegar con otros buceadores. Conocerás gente nueva, verás el mar durante el trayecto hasta el sitio de buceo y, generalmente, disfrutarás de toda la experiencia.

Antes de salir en un barco, dedica un poco de tiempo para prepararte:

1. Controla tu equipo para evitar posibles problemas, carga tu botella y coge piezas de repuesto. Una

---

Cuestionario Rápido
Autoevaluación 10

1. Planificar tu inmersión ayuda a evitar problemas debidos a malentendidos, olvido de equipo, o malas condiciones del sitio de buceo.
   ☑ Verdadero ☐ Falso

2. Puedes dividir la planificación de buceo en planificación avanzada, preparación, preparación de último minuto y planificación preinmersión.
   ☑ Verdadero ☐ Falso

3. Los pasos en la planificación avanzada incluyen (marca todas las correctas):
   ☑ a. elegir un compañero.
   ☑ b. ponerse de acuerdo en el objetivo.
   ☑ c. ponerse de acuerdo sobre la logística.
   ☐ d. revisar las señales manuales.

4. En la etapa de preparación, no necesitas revisar tu equipo.
   ☐ Verdadero ☑ Falso

5. La preparación de último minuto incluye (marca todas las correctas):
   ☑ a. decir a alguien dónde vas a ir y cuándo piensas regresar.
   ☑ b. empaquetar los elementos como neveras, chalecos, etc.
   ☑ c. controlar el tiempo atmosférico.

6. Si las condiciones en el sitio de buceo son malas:
   ☐ a. debes ser valiente y bucear de todas formas.
   ☑ b. intenta el sitio alternativo. En caso contrario, cancela la inmersión.

¿Cómo lo has hecho?
1. Verdadero   2. Verdadero   3. a, b, c
4. Falso   5. a, b, c   6. b.

¡Soltando amarras!
Es divertido navegar con otros buceadores. Conocerás gente nueva, verás el mar durante el trayecto hasta el sitio de buceo y, generalmente, disfrutarás de toda la experiencia.

Objetivos
principales

Marca/subraya las respuestas a las siguientes preguntas conforme vayas leyendo:

37. ¿Qué tres ventajas existen al bucear desde un barco?

38. ¿Qué cinco consideraciones generales sobre la preparación del equipo se aplican al prepararse para bucear desde un barco?

39. Antes de una inmersión desde barco, ¿qué cuatro consideraciones generales sobre la preparación personal se aplican?

40. ¿Qué parte de un barco es:
    • la proa?
    • la popa?
    • babor?
    • estribor?
    • sotavento?
    • barlovento?
    • el puente?
    • el baño?
    • la cocina?

41. ¿De qué cuatro formas puedes reducir al mínimo los efectos del mareo por movimiento en un barco?

vez en alta mar, a menudo que algo se rompa o falte supone perder la inmersión. Tener piezas de repuesto puede hacerte inmensamente popular entre otros buceadores que necesiten algo pero que no tengan su propio repuesto.

2. Asegúrate de que has marcado tu material para que no se confunda con el de otras personas en un barco muy lleno.

3. Utiliza una bolsa de buceo para llevar tu equipo hasta y desde el barco.

4. Empaqueta tu equipo de forma que lo que vayas a necesitar primero entre lo último.

5. Lleva suficiente ropa seca/de abrigo según sea adecuado para la zona. Estáte preparado porque en muchos sitios es normal experimentar cambios bruscos de clima fuera del agua.

Prepárate tú además del equipo. Estáte bien descansado, sobre todo si el barco sale temprano. Es mejor evitar el exceso de alcohol la noche anterior, y evitar comidas que no digieras bien. Es importante estar bien hidratado con mucho agua o zumos. Asegúrate de que tienes tu billete, dinero, almuerzo y ropa de abrigo, etc. todo preparado.

Si no has pasado mucho tiempo entre barcos, querrás aprender algunos términos nuevos de forma que cuando el capitán diga, "amigos, el baño está hacia proa, en el lado de babor de la cocina y a popa del puente", tú no digas, "¿Eh?"

La *proa* es la parte delantera del barco, y la parte trasera se llama *popa*. Ir hacia la proa es ir a *proa*, y a *popa* es ir hacia la popa. El lado de *babor* del barco es el lado izquierdo del barco cuando miras hacia proa. El lado de *estribor* es el lado derecho.

Cuando el viento sopla a través del barco, el viento viene del lado de *barlovento* y el otro lado es el lado de *sotavento*. La rueda del volante es el *timón* que se encuentra situado *en el puente*. El puente está a menudo en la *timonera*, una cabina con todos los controles que hacen que el barco haga lo que el capitán quiera (casi siempre).

En los barcos chárter, puedes encontrar zonas de acceso restringido, o prohibido cuando estás mojado. Consulta con la tripulación o con el capitán antes de entrar en el puente, cocina o zona de dormir cuando estés mojado.

Intenta llegar al menos media hora antes de la salida del barco. Esto te da tiempo para hablar con la tripulación, rellenar la documentación y preparar tu equipo de buceo. En algunos barcos chárter también cogerás una litera o un espacio en la cabina para guardar tu ropa seca y objetos personales.

Necesitas pensar en el mareo antes de que se produzca. El mareo, como las quemaduras solares es una de esas cosas que te hacen sentir completamente miserable, pero puedes tomar precauciones. Por eso, si eres propenso a marearte, evítalo tomando medicación contra el mareo (según las indicaciones de tu médico) *antes* de zarpar y evitando comidas grasas antes de embarcar.

Durante el trayecto, manténte al aire libre en la cubierta fuera de los humos del barco. Mantenerse en el centro del barco, que se mueve menos y mirar hacia el horizonte sirve de ayuda. Procura estar ocupado preparando tu equipo para poder estar preparado para entrar al agua lo antes posible. Leer o realizar tareas difíciles tienden a provocar el mareo, por lo que es mejor dejar el punto de cruz en casa.

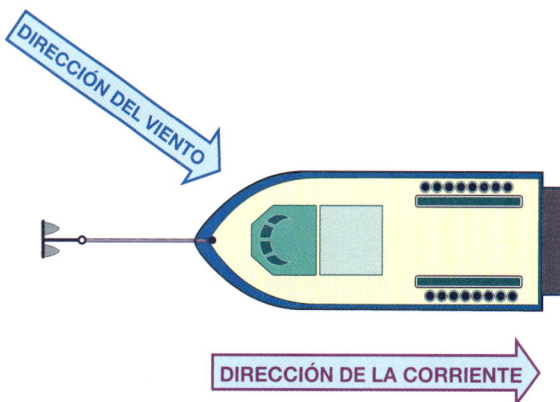

Fácil cuando marcha
Disposición básica de un barco de buceo.

Si te mareas, vete al lado de sotavento (con el viento en tu espalda) y haz que alguien te acompañe (no es broma – para sujetarte por seguridad si te inclinas por la borda). Manténte fuera del baño (es uno de los *peores* sitios a los que puedes ir), y procura relajarte. Para evitar el mareo, muchos buceadores *toman medicación contra el mareo* si esto puede ser un problema – consulta con tu médico o farmacéutico si necesitas alguna recomendación sobre el tipo que más te conviene.

El trayecto hasta el sitio de buceo puede durar minutos u horas, dependiendo de dónde estés. Una vez el barco fondea en el sitio de buceo, la inmersión comienza sólo cuando el capitán o la tripulación dan la señal. Normalmente un miembro de la tripulación te explicará los procedimientos de buceo que debes escuchar con atención. Presta atención a las explicaciones de la tripulación porque incluyen importante información que utilizarás para planificar tu inmersión con tu compañero, como por ejemplo intensidad y dirección de la corriente, profundidad, procedimientos de emergencia e información similar. Si no prestas atención a las explicaciones de la tripulación puedes situarte y situar a tu compañero en una situación de riesgo.

Cuando te equipes, ten cuidado con el equipo pesado. En un barco que se mueve, es fácil perder el equilibrio y hacerte daño, y tirar las botellas o cinturones de plomos pueden dañar la cubierta. Al ponerte el equipo autónomo haz que alguien te ayude a mantener el equilibrio. Muchos barcos de buceo tienen bancos y estantes que ayudan a ponerse el equipo sentado. Para ponerte el cinturón de plomos da un paso por encima de él en vez de hacerlo rodar por tu cintura.

Ten cuidado al caminar con el equipo puesto. El equipo modifica tu centro de gravedad y hace que tu equilibrio resulte extraño, siendo todavía más difícil si la cubierta es resbaladiza y el barco se mueve. Si es necesario, agárrate a las barandillas conforme te mueves, y no intentes caminar con las aletas puestas. Ponte las aletas justo antes de entrar al agua utilizando una barandilla o a tu compañero para mantener el equilibrio.

Cuando tu compañero y tú estéis preparados para entrar al agua, avisa al Divemaster o al miembro de la tripulación y entra donde él te diga. La entrada más común cuando bucees de un barco grande es la entrada del paso de gigante, pero en barcos más pequeños puedes utilizar la entrada controlada sentado o la entrada rodando hacia atrás. Si tienes problemas físicos que requieran una entrada diferente, hazlo saber a la tripulación para que puedan adaptarse a ti. Asegúrate de que la zona está libre antes de entrar.

Si utilizas una cámara u otros accesorios, no entres al agua con ellos. Haz que alguien te los alcance después de entrar. Fíjate en la dirección de la corriente para poder nadar contra ella en el fondo, y desciende, preferiblemente a lo largo del cabo del ancla o de otro cabo de descenso hacia el fondo. En el fondo, toma tus referencias y nada en contra de la corriente. Planifica tu inmersión y navega de forma que termines cerca del barco con aire suficiente para regresar al barco con 20–40 bar/300 a 500 psi en la botella. Si hay corriente, te resultará más fácil ascender por el cabo del ancla, lo que evita que la corriente te arrastre más allá del barco.

Si oyes la llamada subacuática del barco durante la inmersión, recuerda ascender a la superficie y mirar hacia el barco para recibir instrucciones, o seguir lo indicado durante el briefing.

Al final de la inmersión, normalmente ascenderás frente al barco, con una mano por encima de la cabeza para protegerte. Cuando llegues a la superficie, establece flotabilidad positiva y señala al Divemaster o a la tripulación que estás bien. Evita nadar hacia el barco inmediatamente por debajo de la superficie porque si hay otros barcos navegando en la zona no serán capaces de verte. Si estás en la superficie lejos del barco observa el tráfico de barcos. Puedes utilizar un tubo de señal hinchable, un silbato o cualquier otro dispositivo de señales para atraer la atención del barco de buceo, o de otros barcos que puede que no te vean.

No es muy probable, pero si sales a la superficie y el barco no está a la vista, permanece tranquilo y con flotabilidad positiva. El barco puede que haya perdido el ancla o puede que el capitán haya tenido que partir por una emergencia. Relájate y espera a que te recojan. Si la orilla y una zona de salida razonable están cerca, nada lentamente en esa dirección.

Cuando llegues a la zona de salida del barco, no te precipites. Salid de uno en uno y mantente apartado de los buceadores que están subiendo la escalera por encima de ti porque pueden caerse, soltar un cinturón de plomos o caérseles la botella, cosa que no te resultará agradable si estás directamente debajo. Pasa el equipo accesorio antes de subir por la escalera, pero mantén el resto del equipo puesto hasta que estés a bordo (la máscara puesta, respirando del regulador o del tubo, etc.). Normalmente necesitarás sacarte las aletas, pero no lo hagas hasta que no te hayas agarrado firmemente al barco porque la corriente puede separarte de él y, sin aletas, puedes tener dificultades para nadar de regreso. Si llevas aletas de tira ajustable puedes pasar la tira de tus aletas por tus muñecas, de forma que si pierdes el agarre, seas capaz de ponértelas para poder nadar.

Una vez a bordo, aparta tu equipo de la cubierta. Una cubierta revuelta puede hacer que la gente se caiga, y se rompa el equipo si los buceadores lo pisan. Almacena tu equipo directamente en tu bolsa de buceo cuando te lo quites, sujeta tu botella y guarda los accesorios adecuadamente.

Después de la última inmersión, intenta recoger tu equipo antes de que el barco zarpe, porque normalmente es más fácil empaquetar con el barco fondeado. En un barco chárter, presta atención a las indicaciones relativas a los recuentos antes y después de la inmersión, al almacenaje del equipo y a otras instrucciones.

Viejos amigos
En tus primeras inmersiones desde barco, observa a los buceadores experimentados en el buceo desde barco y aprende de ellos. Los procedimientos de buceo desde barco son generalmente de sentido común y no especialmente difíciles, y permiten que tus inmersiones desde barco se encuentren entre tus mejores experiencias de buceo.

Cuestionario Rápido

Autoevaluación 11

1. Las ventajas de bucear desde un barco incluyen (marca todas las correctas):
   - ☒ a. ir a sitios de buceo inaccesibles desde la orilla.
   - ☒ b. evitar tener que nada largas distancias en la superficie.
   - ☒ c. diversión.

2. Al preparar tu equipo para una inmersión desde barco querrás (marca todas las correctas):
   - ☒ a. revisarlo.
   - ☒ b. utilizar una bolsa para el equipo.
   - ☒ c. comprobar que todo está marcado.
   - ☒ d. incluir ropa adecuada al prepararlo.

3. Para estar preparado para bucear desde un barco deberías (marca todas las correctas):
   - ☒ a. estar bien descansado.
   - ☒ b. evitar beber en exceso la noche anterior.
   - ❑ c. comer una comida pesada.
   - ☒ d. preparar la bolsa de forma que lo que necesitas primero esté en la parte de arriba.

4. _____ es la parte delantera del barco; _____ es la parte trasera.
   - ❑ a. Proa, estribor
   - ❑ b. Popa, estribor
   - ❑ c. Proa, babor
   - ☒ d. Proa, popa

5. Para reducir al mínimo el mareo puedes decidir (marca todas las correctas):
   - ☒ a. tomar medicación contra el mareo.
   - ☒ b. mantenerte al aire libre en cubierta.
   - ☒ c. mirar al horizonte.
   - ☒ d. permanecer cerca del centro del barco.

¿Cómo lo has hecho?
1. a, b, c   2. a, b, c, d   3. a, b, d
4. d   5. a, b, c, d.

En tus primeras inmersiones desde barco, observa a los buceadores experimentados en el buceo desde barco y aprende de ellos. Los procedimientos de buceo desde barco son generalmente de sentido común y no especialmente difíciles, y permiten que tus inmersiones desde barco se encuentren entre tus mejores experiencias de buceo.

Resolución de problemas

El buceo cuenta con unos registros de seguridad mejores que muchos otros deportes y actividades de aventura – pero el sentido común te dirá que cuando estás bajo el agua y en el agua, te enfrentas a peligros y riesgos. Las normas y procedimientos que aprendes en este curso te ayudan a reducir y controlar (pero nunca eliminar por completo) estos riesgos, y te darás cuenta de que si tu compañero y tú bucéais dentro de vuestros límites, planificáis vuestras inmersiones y seguís prácticas de buceo seguras, evitaréis situaciones problemáticas. Mantenerte en buena forma física y mantener tu nivel de técnicas de buceo también juegan un papel importante en la prevención de problemas.

Sin embargo, si ocurre un problema, querrás ser capaz de cuidar de ti mismo y de prestar ayuda a otro buceador. Esta sección te presenta algunos de los conceptos básicos de la resolución de problemas. Es esta sección aprenderás cómo prevenir y responder a problemas tales como cómo reconocer cuándo un buceador necesita ayuda, cómo ayudar a otro buceador, cómo responder a problemas bajo el agua y los procedimientos básicos de emergencia para ayudar a un buceador inconsciente.

Ten en cuenta, sin embargo, que si planificas bucear en zonas en las que la ayuda (paramédicos, salvavidas, Divemaster o instructores) estén alejados (bien por tiempo, distancia o por ambos) o completamente fuera de alcance, deberías recibir entrenamiento adicional en primeros auxilios, resucitación cardiopulmonar (RCP) y rescate de buceo. El entrenamiento en

Puntos clave

En estos subapartados sobre Planificación de buceo y Buceo desde barco has aprendido que:

▲ Al planificar tus inmersiones planificas tu diversión.

▲ Un plan de buceo no tiene que ser complicado, ni requerir mucho tiempo, ni ser rígido, pero debes seguirlo.

▲ El buceo desde barco tiene muchas ventajas que hacen que sea popular.

▲ Tienes que inspeccionar y preparar tu equipo adecuadamente antes de cada inmersión desde barco.

▲ Las diferentes partes y zonas de un barco tienen nombres náuticos que deberías conocer.

▲ Tienes que tener cuidado al moverte en un barco que cabecea con el equipo puesto.

▲ Tienes que escuchar las explicaciones de la tripulación acerca de los procedimientos, dónde entrar y salir del agua, y otras técnicas y consideraciones de emergencia.

▲ No te debes colocar debajo de otro buceador que está subiendo por la escalera del barco.

▲ Puedes decidir evitar el mareo tomando medicación contra el mareo.

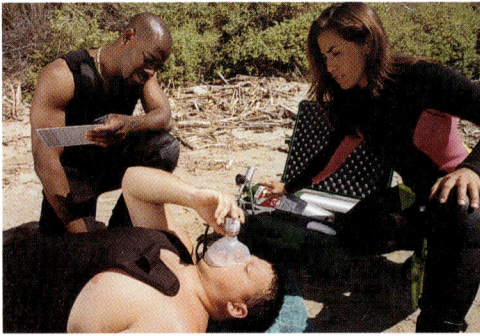

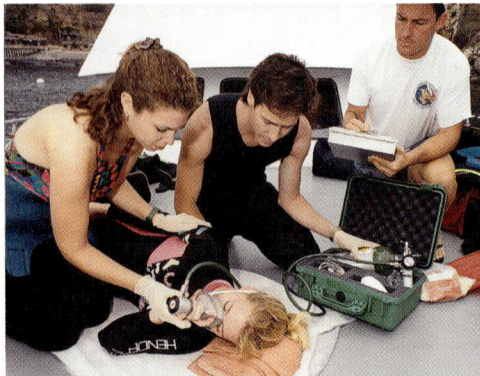

Diversión responsable
Para aprender cómo manejar los problemas específicos y potencialmente complejos especiales del buceo, planifica realizar el curso PADI Rescue Diver. Muchos buceadores opinan que el curso Rescue Diver es uno de los cursos más gratificantes que han realizado.

primeros auxilios y RCP proporciona técnicas que pueden ayudar a otros estés donde estés, ya que funcionan aparte del buceo. El curso Emergency First Response (EFR) ofrecido por PADI te entrena en RCP y primeros auxilios de emergencia. El curso EFR está disponible a través de Instructores, Dive Center y Resort PADI.

Para aprender cómo manejar los problemas específicos y potencialmente complejos especiales del buceo, planifica realizar el curso PADI Rescue Diver. El curso Rescue Diver te convierte en un buceador más capaz ampliando y mejorando tus técnicas de prevención, gestión y resolución de problemas. Aunque trata de un tema serio y *requiere* un esfuerzo, muchos buceadores opinan que el curso Rescue Diver es uno de los cursos más gratificantes que han realizado.

Pero por ahora como buceador, necesitas resaltar la prevención de problemas y estar preparado con la información de contacto de emergencia: números de teléfono de los paramédicos y de la policía, frecuencias de radio de los Guardacostas, información de contacto de los servicios de emergencias de buceo de la zona como Divers Alert Network (DAN) y el Diving Emergency Service (DES). En zonas en las que no haya servicios de emergencia de buceo, ten el número y la información de contacto de la cámara de descompresión más cercana y de los servicios de emergencia médica. Lleva monedas sueltas, una tarjeta de teléfono, un teléfono móvil, o cualquier medio adecuado para poder contactar con la ayuda en caso de emergencia. Tu instructor te indicará la información de contactos de emergencia específica de la zona en la que vas a bucear.

Resolución de problemas en la superficie

Teniendo en cuenta que buceas *bajo el agua*, puede resultar extraño que la mayoría de las situaciones en las que los buceadores tienen problemas tengan lugar *en la superficie*, pero eso es exactamente lo que ocurre. Puedes controlar o prevenir los problemas en la superficie buceando dentro de tus limitaciones, buceando de forma relajada y estableciendo y manteniendo flotabilidad positiva cuando estés en la superficie.

¿Puedes echar una mano?

Los buceadores que tienen un problema, pero que mantienen el control de sus actos normalmente parecen relativamente relajados y respiran normalmente. Típicamente, piden ayuda si la necesitan, mantienen su equipo puesto, se mueven de forma controlada, con movimientos adecuados y responden a las indicaciones.

1. Puedes prevenir y controlar la mayoría de los problemas en la superficie (marca todas las correctas):
   - ☒ a. estableciendo flotabilidad positiva.
   - ☒ b. buceando dentro de tus límites.
   - ☒ c. relajándote al bucear.

2. Si tienes un problema en la superficie deberías (marca todas las correctas):
   - ☒ a. establecer flotabilidad positiva.
   - ☒ b. pedir ayuda.

¿Cómo lo has hecho?

1. a, b, c   2. a, b.

Los posibles problemas en la superficie incluyen sobreesfuerzo, calambres de los músculos de las piernas y tragar agua. Ya has aprendido como manejar el sobreesfuerzo y los calambres en las piernas, y como recordarás, si tragas agua, debes sujetar el tubo o regulador y toser a través de él – mantenerlo en la boca y mantener la máscara en su sitio. El tragar a veces ayuda también a eliminar el atragantamiento. Asegúrate de tener suficiente flotabilidad porque el toser reduce tu volumen pulmonar disminuyendo la tendencia de tu cuerpo a flotar.

Si tienes un problema en la superficie, establece inmediatamente flotabilidad positiva hinchando tu chaleco o soltando tus plomos. Deja que tu equipo haga el trabajo – tener que nadar, pedalear o luchar de cualquier otro modo para mantenerte en la superficie te agota rápidamente. No dudes en tirar tus plomos si no puedes mantenerte con tu chaleco; los plomos pueden reemplazarse fácilmente.

Párate, piensa y después actúa. ¿Necesitas ayuda? ¡Pídela! Silba, grita o haz señales. Es *la cosa más inteligente y más segura que puedes hacer*. Pide ayuda cuando la necesites, antes de que un pequeño problema se convierta en un gran problema, y harás las cosas más fáciles para ti *y* para los demás. Los Divemaster te pueden decir que no es la gente que pide ayuda la que les produce las canas – es la gente que necesita ayuda y *no la pide*.

Reconocimiento de problemas

Antes de que puedas ayudar a otro buceador, tienes que darte cuenta de que el buceador necesita ayuda, y

Objetivos
principales

Marca/subraya las respuestas a las siguientes preguntas conforme vayas leyendo:

42. ¿De qué tres maneras puedes prevenir o controlar la mayoría de los problemas de buceo que ocurren en la superficie?

43. ¿Qué debes hacer en caso de que se produzca un problema de buceo en la superficie?

después reaccionar a tu reconocimiento con la acción adecuada. Los buceadores que tienen un problema, pero que mantienen el control de sus actos, parecen buceadores sin problemas. Generalmente, si necesitan ayuda lo indicarán. Los buceadores en control normalmente parecen relativamente relajados y respiran normalmente. Típicamente, mantienen su equipo puesto, se mueven de forma controlada, con movimientos adecuados y responden a las indicaciones.

Los buceadores que tienen un problema y entran en pánico, pierden el auto control, y repentinamente, las acciones instintivas inadecuadas y el miedo irracional sustituyen a la acción adecuada. Los buceadores en pánico, tienen miedo de ahogarse, normalmente luchan para mantener su cabeza fuera del agua gastando mucha energía. Normalmente no son capaces de establecer flotabilidad positiva y escupen su regulador y se quitan la máscara colocándola en la frente, haciendo que tengan que luchar todavía más para respirar. Los buceadores en pánico generalmente estarán ansiosos y respirarán de forma rápida y superficial. No prestan atención a su compañero ni a otras personas y realizan movimientos bruscos y rápidos. Sus ojos están perdidos y no ven y normalmente no responden a órdenes directas. Los buceadores que muestran estos signos necesitan ayuda inmediata porque continuarán debatiéndose hasta terminar completamente agotados e incapaces de mantenerse a flote.

¡Alerta roja!

Los buceadores en pánico, tienen miedo de ahogarse, normalmente luchan para mantener su cabeza fuera del agua. Normalmente no son capaces de establecer flotabilidad positiva y escupen su regulador y se quitan la máscara colocándola en la frente. No prestan atención a su compañero ni a otras personas y realizan movimientos bruscos y rápidos. Sus ojos están perdidos y no ven y normalmente no responden a órdenes directas.

Ayudar a otro buceador

Hay cuatro pasos fundamentales para ayudar a otro buceador: 1) establecer suficiente flotabilidad (para *ambos*), 2) tranquilizar al buceador, 3) ayudar al buceador a recuperar el control de la respiración y 4) si es necesario, ayudar al buceador a regresar al barco o a la orilla.

Comienza siempre por la flotabilidad – reduces el riesgo inmediato asegurándote que ninguno de los dos se

Marca/subraya la respuesta a esta pregunta conforme vayas leyendo:

44. ¿Cómo se diferencian la apariencia y las acciones de un buceador que está bajo control con la apariencia y las acciones de un buceador que tiene, o está a punto de tener, un problema que implica pánico?

Cuestionario Rápido
Autoevaluación 13

1. Los buceadores con pánico normalmente (marca todas las correctas):
   - ❏ a. tiran los plomos y establecen flotabilidad positiva.
   - ☒ b. se quitan la máscara y escupen el regulador.
   - ❏ c. responden a las instrucciones.
   - ☒ d. necesitan ayuda inmediata.

¿Cómo lo has hecho?

1. b, d.

hunde. Para esto, lo mejor es alcanzar algún tipo de flotación al buceador, pero si no puedes hacerlo, hincha el chaleco del buceador y/o tira sus plomos. Una vez hayas establecido flotabilidad, tranquiliza al buceador hablándole, ofreciéndole apoyo y convenciéndole para que se relaje y se tranquilice.

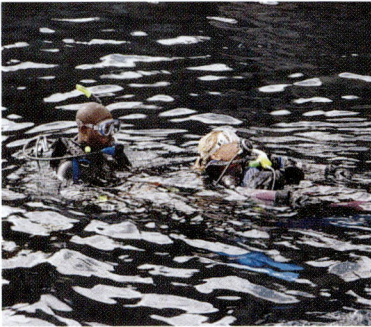

Disfruta del paseo
Después de un tiempo para descansar y recuperarse, si es necesario, ayuda al buceador utilizando el arrastre por la grifería de la botella o el arrastre modificado del nadador cansado.

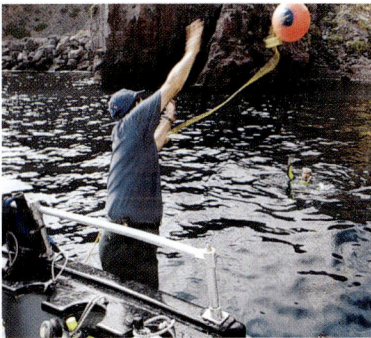

Para el rescate
El método más rápido y el mejor para ayudar a un buceador a establecer flotabilidad positiva es lanzarle algo que flote, preferiblemente con un cabo para poder tirar suavemente del buceador hacia ti.

Objetivos principales

Marca/subraya la respuesta a esta pregunta conforme vayas leyendo:

45. ¿Cuáles son los cuatro pasos básicos para ayudar a otro buceador?

Haz que el buceador respire lenta y profundamente para recuperar el control de la respiración y asegurar la relajación y el auto-control. Después de un tiempo para descansar y recuperarse, si es necesario, ayuda al buceador utilizando el arrastre por la grifería de la botella o el arrastre modificado del nadador cansado que practicarás durante la Inmersión en aguas confinadas Tres.

Resolución de problemas bajo el agua

Puedes prevenir o controlar los problemas bajo el agua 1) relajándote cuando bucees, 2) controlando atentamente el suministro de aire y 3) buceando dentro de tus limitaciones. De los pocos problemas que pueden ocurrir bajo el agua, los que ocurren más frecuentemente son el sobreesfuerzo, quedarse con poco aire o sin aire, regulador en flujo continuo y enganches. Otra manera de prevenir o de controlar problemas bajo el agua es permenecer claramente dentro de los límites de tiempo y profundidad de tu tabla de buceo/ordenador. Exceder esos límites puede ocasionar una grave lesión llamada enfermedad descompresiva, de la cual aprenderás más cosas en el Capítulo Cuatro.

Sobreesfuerzo. En la Sección Dos, aprendiste a prevenir el sobreesfuerzo moviéndote lentamente, respirando de forma controlada y siguiendo tu propio ritmo. También aprendiste que si experimentas el sobreesfuerzo debes detener toda actividad, descansar, relajarte y respirar lentamente hasta que hayas recuperado el ritmo respiratorio normal.

Bajo el agua, el sobreesfuerzo puede darte una sensación de *falta de aire* porque la resistencia a la respiración a través del regulador aumenta conforme desciendes. El sobreesfuerzo es el problema, pero puede parecer que tu regulador no te está dando suficiente aire. En realidad, estás pidiendo más aire de lo que él puede suministrarte – como recordarás, previenes el sobreesfuerzo (y la sensación de falta de aire) evitando la actividad agotadora y buscando tu propio ritmo.

Objetivos
principales

Marca/subraya las respuestas a las siguientes preguntas conforme vayas leyendo:

46. **¿De qué tres maneras puedes prevenir o controlar la mayoría de los problemas de buceo que pueden ocurrir bajo el agua?**

47. **¿Qué cuatro problemas pueden ocurrir bajo el agua?**

48. **¿Cuáles son los procedimientos de emergencia cuando queda poco o nada de aire?**

49. **¿Cómo respiras de un regulador en flujo continuo?**

50. **¿Qué debes hacer si te quedas enredado con algo bajo el agua?**

Quedarse sin aire o con poco aire. Quedarse sin aire es probablemente el problema más fácil de evitar, y quedarse sin aire debido a un malfuncionamiento del equipo es muy poco probable (veremos más sobre esto en un momento). Para evitar quedarse con excesivamente poco aire o sin aire, acostúmbrate a comprobar tu manómetro sumergible frecuentemente. Evidentemente, tu manómetro sólo funciona si tú lo miras.

Pero supongamos que ocurre y que se te acaba el aire o te quedas sin aire inesperadamente. Aún así no es una situación grave si te tomas un momento para estudiar las opciones y actúas de forma inteligente. He aquí las opciones que puedes tener en cuenta en una situación de falta de aire, así como las directrices sobre cuándo usarías cada una de ellas:

1. *Hacer un ascenso normal.* ¿Hacer qué? No es tan extraño como suena. Si tienes muy poco aire (notas la resistencia y tienes que tirar con fuerza pero tienes aire), tu botella no está completamente vacía. Conforme asciendes, la presión del agua circundante disminuye, de forma que puedes utilizar una cantidad mayor del aire que queda en tu botella. Respirando ligeramente (pero continuamente) puedes hacer un ascenso controlado continuo hasta la superficie.

2. *Ascender utilizando una fuente de aire alternativa.* Piensa en ésta como la mejor elección cuando estés sin aire y tu compañero esté cerca. Pero para que funcione, debes saber cómo localizar, sujetar y utilizar la fuente de aire alternativa de tu compañero. No olvides esos pasos en el control de seguridad pre-inmersión.

3. *Ascender utilizando un ascenso controlado de emergencia nadando.* Suponiendo que te hayas quedado por completo sin aire y que tu compañero esté demasiado lejos para proporcionarte una fuente de aire alternativa (¿Qué aprendiste sobre mantenerte cerca de tu compañero?) y la profundidad es de 6 a 9 metros/20 a 30 pies o menos, puedes decidir realizar un ascenso de emergencia controlado nadando. Esto simplemente supone mirar hacia arriba y nadar hacia la superficie exhalando continuamente mientras haces un sonido continuo *aaahhh* en tu regulador para liberar el aire en expansión para prevenir las lesiones por sobrepresión pulmonar. Después de llegar a la superficie, hincha oralmente el chaleco para establecer flotabilidad positiva. El ascenso de emergencia controlado nadando no es difícil y tendrás la oportunidad de practicarlo durante la tercera inmersión en aguas confinadas.

4. *Hacer un ascenso de emergencia con flotabilidad positiva.* Estás demasiado profundo para realizar un ascenso controlado de emergencia nadando y demasiado lejos de tu compañero para que te pueda ayudar. A pesar de todo, puedes llegar a la superficie aunque la situación no es la ideal. Puedes hacer un ascenso de emergencia con flotabilidad positiva del mismo modo que un ascenso controlado de emergencia nadando, excepto por el hecho de que sueltas tus plomos. Mi*ras* hacia arriba y exhalas continuamente haciendo un sonido continuo *aaahhh* en tu regulador conforme avanzas hacia la superficie. Vas a exceder la velocidad de ascenso, y existen algunos riesgos graves – así que utiliza este método sólo cuando tengas dudas de si serás capaz de llegar hasta la superficie de otra forma. Puedes estirarte para crear resistencia y ayudarte a ralentizar el ascenso si comienzas a subir más rápido de lo necesario para llegar a la superficie con seguridad.

Después de llegar a la superficie utilizando cualquiera de estas opciones, recuerda que puedes necesitar hinchar el chaleco *oralmente* para lograr flotabilidad positiva. Recuerda comentar con tu compañero las opciones de falta de aire dentro de la planificación de buceo, y mantenerte lo suficientemente cerca para poder ayudaros mutuamente si es necesario, sobre todo cuando vayas a mayor profundidad. Cuidar el uno del otro, comprobando el suministro de aire, el ritmo respiratorio, y los límites de tiempo y profundidad. Manteniéndoos alerta y controlándoos mutuamente podéis evitar los problemas con el suministro de aire y otros problemas.

Regulador en flujo continuo. Los reguladores de hoy en día son extremadamente fiables; es muy poco probable que un fallo del regulador te deje sin aire. Además, están diseñados para ser *seguros en el fallo*, es decir, la mayor parte de los fallos tienen como consecuencia un flujo continuo de aire en vez de una interrupción del flujo de aire. Puedes respirar de un regulador en flujo continuo siguiendo un par de procedimientos.

Primero, no selles tu boca alrededor del regulador porque el flujo continuo podría, en el peor de los casos, producir una lesión de sobrepresión pulmonar, pero más probablemente el regulador se escapará de tu boca y llenará tu máscara de agua. En vez de eso, sujeta el regulador con tu mano y apoya la boquilla en la parte exterior de tus

Canta durante todo el camino hasta la superficie

Un ascenso de emergencia controlado nadando supone mirar hacia arriba y nadar hacia la superficie exhalando continuamente haciendo un sonido chontinuo "aaahhhh" en tu regulador para liberar el aire en expansión para prevenir las lesiones por sobrepresión pulmonar.

Cuestionario Rápido

Autoevaluación 14

1. Puedes prevenir o controlar la mayoría de los problemas de buceo bajo el agua (marca todas las correctas):
   - ☑ a. relajándote al bucear.
   - ☑ b. controlando el suministro de aire.
   - ☑ c. buceando dentro de tus limitaciones.
   - ❑ d. manteniendo un ritmo vigoroso.

2. Los problemas que pueden ocurrir bajo el agua incluyen (marca todas las correctas):
   - ☑ a. sobreesfuerzo.
   - ☑ b. regulador en flujo continuo.
   - ☑ c. enganches.
   - ☑ d. quedarse sin aire.

3. La mejor opción general si te quedas sin aire es:
   - ❑ a. ascenso boyante de emergencia.
   - ❑ b. ascenso controlado de emergencia nadando.
   - ☑ c. Nada de lo anterior.

4. Para respirar de un regulador en flujo continuo (marca todas las correctas):
   - ☑ a. no selles tus labios alrededor de la boquilla.
   - ☑ b. deja que salga el exceso de aire.

5. Si te quedas enganchado bajo el agua tu primera reacción debería ser:
   - ☑ a. desengancharte tú mismo lentamente.
   - ❑ b. liberarte cortando.

¿Cómo lo has hecho?
1. a, b, c   2. a, b, c, d   3. c. La mejor opción general es ascender utilizando una fuente de aire alternativa.   4. a, b   5. a.

---

labios, insertando una esquina si lo deseas. Respira el aire que necesites como si bebieras agua de una fuente de agua, dejando escapar el exceso de aire.

Debes comenzar inmediatamente el ascenso si tu regulador está en flujo continuo porque el aire se acabará rápidamente. Cuando llegues a la superficie, cierra el aire y no utilices el regulador hasta que lo haya revisado un técnico cualificado. Si haces el mantenimiento adecuado del regulador, lo mantienes apartado de la arena o restos y haces que tu PADI Dive Center o Resort lo revise una vez al año, probablemente no tengas nunca un problema de ese tipo.

Enganches. Como ya mencionamos anteriormente en la discusión sobre las plantas acuáticas, los enganches son raros. Además de las plantas también existe el riesgo potencial de engancharse con cabos de pesca, ramas de árboles, cabos sueltos y redes de pesca viejas. Evita los enganches moviéndote lentamente, fijándote en hacia dónde vas y manteniendo tu equipo sujeto de forma que no vaya colgando.

Siempre y cuando tengas aire y no estés herido, quedarse enganchado no es en realidad una emergencia. Párate, piensa y trabaja lentamente para liberarte. Pide ayuda al compañero y no te gires porque normalmente esto hace que se enrede el cabo alrededor de ti y empeora la situación. Si tu botella está enganchada es probable que tengas que quitártela manteniendo el regulador en la boca, liberarla y volvértela a poner. (Practicarás cómo quitarte y volverte a poner el equipo autónomo durante la Inmersión en aguas confinadas Cinco). Si tienes poco aire, o estás muy enganchado, es probable que tengas que utilizar el cuchillo para liberarte cortando; al hacerlo, ten cuidado – no compliques la situación hiriéndote o cortando una pieza del equipo. Y, con cabos gruesos, cortar puede ser más lento que desenganchar – utiliza el sistema más rápido. En cualquier caso, el enganche no es muy común, y es más una molestia que un problema grave si lo resuelves con tranquilidad.

Semiahogamiento y buceador inconsciente

El semiahogamiento se produce cuando alguien reanima a un buceador (o a un bañista) que no responde (inconsciente, o incapaz de responder o actuar coherentemente) y ha dejado de respirar estando sumergido. El tragar agua, la fatiga extrema, los enganches o la sobrepresión pulmonar pueden ser la causa y el pánico, la respiración ineficaz, el bloqueo de glotis, la fatiga, la parada cardíaca y la inconsciencia pueden contribuir.

Con un buceador inconsciente, *la principal preocupación es controlar la respiración y comenzar la respiración artificial si el buceador no respira*. Si un buceador no responde bajo el agua, llévalo a la superficie; es posible que sea necesario que alguien realice la respiración artificial en el agua, y si la víctima no tiene pulso será necesaria la RCP. No puedes realizar la RCP en el agua, por lo que es necesario sacar al buceador del agua.

He aquí los cuatro procedimientos generales a seguir si un buceador parece perder el conocimiento y no responde en el agua:

1. Llevar rápidamente al buceador a la superficie y comprobar la respiración.
2. Establecer suficiente flotabilidad para la víctima y para ti.
3. Obtener ayuda si es necesario para realizar la respiración artificial.
4. Ayudar a sacar al buceador del agua.

La ayuda continúa fuera del agua y los siguientes pasos se pueden aplicar también a un buceador que, después de bucear pierde el conocimiento o sufre síntomas de lesiones por sobrepresión pulmonar. Estos síntomas pueden incluir dificultad respiratoria, confusión, disminución del nivel de consciencia,

Objetivos principales

Marca/subraya la respuesta a esta pregunta conforme vayas leyendo:

51. ¿Cuáles son los cuatro procedimientos generales para tratar un buceador inconsciente en el agua?

Respirar es vivir
Con un buceador inconsciente, la principal preocupación es controlar la respiración y comenzar la respiración artificial si el buceador no respira.

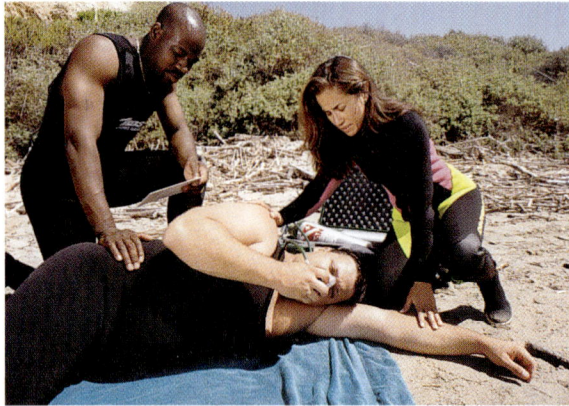

Boca abajo está bien

Si el buceador no requiere RCP o respiración artificial, mantener al buceador tumbado sobre el lado izquierdo con la cabeza sujeta (denominada posición de seguridad). Si el buceador esta consciente y más cómodo tumbado boca abajo, está bien.

confusión mental, problemas visuales, parálisis y dolor en el pecho.

1. Mantener las vías aéreas abiertas y comprobar la respiración. Si es necesario, comenzar y continuar con la respiración artificial y/o RCP.

2. Observar constantemente al buceador, controlando la respiración y el pulso.

3. Si el buceador no requiere RCP o respiración artificial, mantenerle tumbado sobre el lado izquierdo con la cabeza sujeta (denominada posición de seguridad). No permitas que esta posición interfiera con el transporte y otras asistencias, y no debe utilizarse si es necesaria la RCP. Si el buceador esta consciente y más cómodo tumbado boca abajo, está bien.

4. Administrar oxígeno de emergencia si es posible.

5. Mantener al buceador tranquilo y mantener la temperatura normal del cuerpo protegiendo al buceador del frío y del calor.

6. Buscar ayuda de emergencia médica.

7. Si no es posible acompañar al buceador al tratamiento médico, escribir toda la información posible y adjuntarla con el buceador en un sitio visible.

Anticipo de la Inmersión en aguas confinadas

Flotabilidad neutra

En este momento eres consciente de que necesitas mantener flotabilidad neutra mientras buceas para evitar el contacto con el fondo, para poder relajarte y moverte con facilidad, y para poder prevenir ascensos y descensos rápidos y sin control. En la última inmersión en aguas confinadas ajustaste tu flotabilidad neutra en la superficie. Durante esta inmersión, desarrollarás más tus técnicas de flotabilidad neutra.

Cuestionario Rápido

Autoevaluación 15

1. Si un buceador queda inconsciente bajo el agua debes:
   - ☑ a. llevar al buceador inmediatamente a la superficie y controlar la respiración.
   - ☐ b. quitarle la botella.
   - ☐ c. Todo lo anterior.

¿Cómo lo has hecho?

1. a.

Puntos clave

En este subapartado sobre Resolución de problemas has aprendido que:

▲ La mayoría de los problemas ocurren en la superficie.

▲ Puedes prevenir la mayoría de los problemas permaneciendo relajado y buceando dentro de tus limitaciones.

▲ Si tienes un problema en la superficie, tienes que establecer flotabilidad positiva y pedir ayuda si la necesitas.

▲ Un buceador con un problema que mantiene el control tiende a responder a las instrucciones y a establecer flotabilidad.

▲ Un buceador en pánico tiende a escupir el regulador, quitarse la máscara y no hinchar el chaleco ni soltar los plomos.

▲ Al ayudar a otro buceador, tienes que establecer flotabilidad, calmar al buceador, ayudarle a recuperar el control de la respiración, y, si es necesario, ayudarle a llegar al barco o a la orilla.

▲ Si controlas tu manómetro es muy poco probable que te quedes sin aire.

▲ Usar una fuente de aire alternativa es la mejor opción si te quedas sin aire.

▲ Puedes respirar de un regulador en flujo continuo no sellando los labios alrededor de la boquilla.

▲ El enganche no es un gran problema si reaccionas con calma y te desenganchas cuidadosamente.

▲ Tienes que llevar a un buceador inconsciente inmediatamente a la superficie, controlar la respiración y el pulso, y comenzar la respiración artificial y/o RCP si es necesario.

▲ Tienes que pedir ayuda cuando la necesites.

Seguramente te habrás dado cuenta de que necesitas utilizar tu chaleco para ajustar y afinar la flotabilidad cuando desciendes y cuando asciendes, debido a la compresión del traje y debido a la compresión y expansión del aire en tu chaleco. Al hacer cambios en tu flotabilidad, ya sea añadiendo o soltando aire, hazlo lentamente. Los cambios rápidos hacen más difícil controlar la flotabilidad y pueden terminar en ascensos o descensos sin control.

Probablemente has estado utilizando principalmente tu hinchador de baja presión para llenar el chaleco bajo el agua. Para hinchar oralmente el chaleco bajo el agua – cosa que tendrás que hacer si tienes un problema con el latiguillo por ejemplo, toma tu segunda etapa con la mano derecha y el hinchador del chaleco con la izquierda. Toma una respiración, sácate el regulador de la boca y sopla aproximadamente dos tercios del aire en el chaleco, manejando los controles igual que lo hacías al hinchar el chaleco oralmente en la superficie. Guarda suficiente aire para vaciar el regulador, y no olvides soplar burbujas mientras intercambias los controles – no aguantes nunca la respiración. Haz esto hasta que hayas hinchado el chaleco lo suficiente para lograr flotabilidad neutra.

Veamos el método de pivotar sobre la punta de las aletas para establecer flotabilidad neutra. Este método te ayuda a conseguir las sensaciones de flotabilidad neutra. Lo practicarás varias veces durante este curso, utilizando tanto el hinchador de baja presión como el hinchador oral. Cuando utilices el hinchador de baja presión, recuerda añadir aire en pequeñas dosis. No mantengas el botón apretado continuamente, y suelta aire del chaleco en pequeñas cantidades.

Inmersión en aguas confinadas Tres

Requisitos de los ejercicios

Esto es lo qué serás capaz de realizar después de completar con éxito la Inmersión en Aguas Confinadas Tres:

1. Establecer independientemente flotabilidad neutra bajo el agua pivotando sobre la punta de las aletas, o, si es adecuado, sobre otro punto de contacto (con hinchado tanto oral como con el hinchador de baja presión).

2. Nadar al menos 10 metros/yardas bajo el agua manteniendo flotabilidad neutra.

3. Demostrar la técnica para quitar un calambre.

4. En la superficie en agua demasiado profunda para estar de pie, remolcar a un buceador cansado 25 metros/yardas.

5. Reaccionar ante una falta de aire señalando la falta de aire y sujetando y respirando de una fuente de aire alternativa proporcionada por un compañero durante al menos un minuto nadando bajo el agua.

6. Respirar eficazmente de un regulador en flujo continuo durante no menos de 30 segundos.

7. Simular un ascenso controlado de emergencia nadando horizontalmente bajo el agua al menos 9 metros/30 pies exhalando continuamente emitiendo un sonido continuo.

Básicamente he aquí como lo realizas: 1) túmbate boca abajo en el fondo, 2) respira lenta y profundamente y 3) añade pequeñas cantidades de aire a tu chaleco (o traje seco – tu instructor te dará más detalles sobre esto si vas a utilizar un traje seco), aumentando gradualmente tu flotabilidad hasta que pivotes lentamente hacia arriba sobre la punta de tus aletas cuando inhales (la flotabilidad aumenta con el volumen pulmonar) y pivotes lentamente hacia abajo cuando exhales (la flotabilidad disminuye con el volumen pulmonar). Esto significa que estás con flotabilidad neutra a esa profundidad y puedes afinar tu flotabilidad controlando tu volumen pulmonar. Asegúrate de no aguantar la respiración en ningún momento.

Si tienes un problema físico que te impide pivotar sobre la punta de las aletas, puedes utilizar tus rodillas o cualquier otro punto de contacto para pivotar. Sin embargo, utiliza tus aletas si es posible porque de este modo empujas toda tu

Sin hinchador de baja presión bajo el agua

Para hinchar oralmente el chaleco bajo el agua – cosa que tendrás que hacer, por ejemplo, si tienes un problema con el latiguillo, toma tu segunda etapa con la mano derecha y el hinchador del chaleco con la izquierda. Toma una respiración, sácate el regulador de la boca y sopla aproximadamente dos tercios del aire en el chaleco, manejando los controles igual que lo hacías al hinchar el chaleco oralmente en la superficie. Guarda suficiente aire para vaciar el regulador, y no olvides soplar burbujas mientras intercambias los controles.

Arriba y abajo

Para pivotar sobre las aletas: 1) túmbate boca abajo en el fondo, 2) respira lenta y profundamente y 3) añade pequeñas cantidades de aire en tu chaleco. Aumenta gradualmente tu flotabilidad hasta que pivotes lentamente hacia arriba sobre la punta de tus aletas cuando inhales. Cuando exhales, deberías pivotar lentamente hacia abajo.

Pequeñas diferencias

Si utilizas un traje seco, usarás el hinchador de baja presión de tu traje en vez del chaleco para ajustar tu flotabilidad pivotando sobre las aletas.

Proteger el entorno

Después de que hayas logrado establecer flotabilidad neutra, tu instructor te hará nadar 10 metros/yardas o más manteniendo flotabilidad neutra. Esto simula cómo debes nadar para evitar dañar el entorno cuando hagas inmersiones en aguas abiertas.

masa corporal sobre el mismo lado del punto de contacto; un punto de contacto que tenga masa corporal en ambos lados (como por ejemplo tus rodillas – en el que la parte inferior de la pierna, los pies y las aletas están en el otro lado) puede no ajustar tu flotabilidad con la misma precisión.

Con la práctica, te resultará bastante fácil mantener la flotabilidad neutra, hasta el punto de que se vuelve una cosa natural. Si te resulta extraño al principio, no te preocupes. Es normal. Ten en cuenta que la densidad del agua ralentiza el movimiento, así que los cambios en tu flotabilidad no parecen tener efecto inmediato. Esto es por lo que debes añadir y soltar pequeñas cantidades de aire y esperar un momento para comprobar sus efectos antes de añadir o soltar más.

El volumen de aire en tu chaleco cambia cada vez que cambias de profundidad. En agua poco profunda, donde el aire se expande y comprime más para un determinado cambio de profundidad, el control de flotabilidad te resultará más difícil – normalmente es más fácil cuando vayas a mayor profundidad, como en agua abiertas.

No olvides ajustar tu flotabilidad conforme cambies de profundidad, o te puedes encontrar flotando lejos del fondo inintencionadamente. Si esto ocurre, exhala y expulsa el aire del chaleco y nada hacia abajo. Algunos chalecos tienen válvulas de vaciado extra que te permiten vaciar aire del chaleco y nadar hacia abajo al mismo tiempo. Si no puedes vaciar aire del chaleco y realizas un ascenso incontrolado, estírate mirando hacia la superficie para crear el máximo de resistencia y reducir la velocidad del ascenso, mientras respiras continuamente y mantienes un volumen normal en los pulmones. Con la experiencia y estando atento a tu flotabilidad, deberías tener muy pocas, si es que tienes alguna, situaciones de ascenso incontrolado.

Durante un ascenso normal, mantén tu mano en el deshinchador soltando pequeñas cantidades de aire cuando lo necesites para evitar un exceso de flotabilidad. Cuando llegues a la superficie hincha inmediatamente el chaleco y establece flotabilidad positiva. Al principio tendrás que prestar atención al control de flotabilidad, pero poco a poco se convertirá en algo que harás de forma automática.

Nadar con flotabilidad neutra

Después de que hayas logrado establecer flotabilidad neutra, tu instructor te hará nadar 10 metros/yardas o más manteniendo la flotabilidad neutra. Mientras estés nadando, imagínate que lo haces por encima de un arrecife con organismos acuáticos sensibles y evita el contacto con el fondo. Esto simula cómo debes nadar para evitar dañar el entorno cuando hagas inmersiones en aguas abiertas.

Eliminar un calambre

Un calambre es una contracción muscular involuntaria dolorosa, que, como buceador puedes sufrir en los músculos de los pies o de las piernas. Varios factores pueden contribuir a los calambres: deshidratación, hacer trabajar al músculo por encima de su capacidad, restricción de la circulación, agua fría y una combinación de todos ellos. Tus aletas pueden contribuir a la aparición de calambres si la pala es demasiado grande para la fuerza de tus piernas, o si los espacios para el pie son demasiado pequeños y el pie no entra bien. La buena forma física, la adecuada selección de las aletas, la práctica, una protección adecuada contra el frío y relajar la actividad ayudarán a evitar los calambres.

Pero de todas formas pueden ocurrir. Como la mayoría de los problemas, es más una molestia que una emergencia si te paras y piensas qué hacer. En caso de un calambre, párate y descansa el músculo que ha sufrido el calambre. Estira y masajea suavemente el músculo para aumentar la circulación y eliminar el calambre. Si tienes un calambre en una pierna en el músculo de la pantorrilla, puedes estirarlo agarrando la punta de la aleta y tirando de ella hacia ti mientras empujas con la pierna. Tu compañero puede sujetar la punta de la aleta por ti.

¡GUAU!
Para eliminar un calambre, párate y descansa el músculo que ha sufrido el calambre. Estira y masajea suavemente el músculo para aumentar la circulación y eliminar el calambre. Si tienes un calambre en una pierna en el músculo de la pantorrilla, puedes estirarlo agarrando la punta de la aleta y tirando de ella hacia ti mientras empujas con la pierna.

Tirar
Remolque por la grifería de la botella.

Empujar
Empuje del buceador cansado, a veces llamado arrastre modificado del nadador cansado.

Gracias por la ayuda
En cuanto notes que tu respiración aumenta la resistencia, señala "no tengo aire" y "dame aire" a tu compañero. Busca y empieza a respirar de la fuente de aire alternativa del compañero.

Después de eliminar el calambre, descansa el músculo unos minutos antes de continuar a un ritmo más suave – con aproximadamente un 50 a un 75 por ciento de la carga de trabajo que tenía el músculo antes. Un músculo que ha sufrido un calambre se recupera mejor normalmente si comienzas a utilizarlo a un ritmo tranquilo después de una breve pausa que si dejas de utilizarlo completamente.

Remolque del buceador cansado

A veces los buceadores están tan cansados que no pueden nadar hacia el barco o la orilla. O, pueden tener calambres graves en las piernas que les impiden nadar. Puedes ayudar a estos buceadores estableciendo flotabilidad positiva y haciendo que el buceador haga lo mismo, y después ayudando al buceador a llegar hasta el barco o la orilla utilizando una de las diferentes técnicas de remolque, como el *remolque por la grifería de la botella o el arrastre modificado del nadador cansado.* Tu instructor te demostrará estas técnicas y te hará practicarlas.

Ejercicio combinado de falta de aire/uso de la fuente de aire alternativa

Durante las dos primeras inmersiones en aguas confinadas has aprendido cómo utilizar una fuente de aire alternativa y aprendiste qué se siente al quedarse sin aire. Ahora vas a unir estas técnicas para responder a una situación de falta de aire. Tu instructor cerrará tu aire igual que cuando hicisteis el ejercicio de simulación de falta de aire. No mires a tu manómetro – pero en cuanto notes que tu respiración aumenta la resistencia, señala "no tengo aire" y "dame aire" a tu compañero. Busca y empieza a respirar de la fuente de aire alternativa del compañero; después de tomarte un momento para situarte y establecer contacto mutuo, tu instructor os hará nadar juntos durante al menos un minuto mientras continúas utilizando la fuente de aire alternativa. Esto simula el nadar hasta la superficie desde 18 metros/60 pies de profundidad.

En cuanto tengas sujeta la fuente de aire alternativa de tu compañero y te hayas quitado el regulador de la boca, tu instructor abrirá el aire de tu botella. De esta forma, puedes volver a coger tu regulador si lo necesitas. Comprueba que la grifería está abierta controlando tu manómetro, que no debería marcar cero (o casi) si está abierto el aire.

Respirar de un regulador en flujo continuo

Anteriormente aprendiste que no es probable que tu regulador falle de forma que te deje sin aire, sino que en caso de fallar lo que hará será quedarse en flujo continuo. Puedes respirar de un regulador en flujo continuo si no sellas tus labios alrededor de la boquilla. Durante esta inmersión en aguas confinadas, tu instructor te hará practicar la respiración de esta manera.

Como tu regulador probablemente no coopere fallando espontáneamente justo cuando lo necesites para practicar esto, *simularás* el flujo continuo manteniendo presionado el botón de purga.

¡FUUUSSS!
Simularás el flujo continuo manteniendo presionado el botón de purga. Recuerda respirar sin sellar tu boca sobre el regulador, "sorbiendo" el aire que ne cesitas mientras deja escapar el exceso de aire.

Recuerda respirar *sin* sellar tu boca sobre el regulador, "sorbiendo" el aire que necesitas mientras dejas escapar el exceso de aire. Un regulador en flujo continuo puede asustar – no te sorprendas si mueve e inunda tu máscara un poco. Respirarás de un regulador simulando flujo continuo durante al menos 30 segundos, y tu instructor puede hacerte practicar el cerrar el aire después de llegar a la superficie como harías en una situación real de flujo continuo. Si no puedes alcanzar la grifería de la botella sin quitártela, quítatela como práctica. Aunque tu compañero podría hacerlo por ti, hacerlo tú mismo desarrolla la autosuficiencia. Comprueba tu manómetro cuando lo hagas; te sorprenderá la cantidad de aire que escapa en flujo continuo durante 30 segundos – por eso tienes que subir a la superficie si esto ocurre.

Ascenso controlado de emergencia nadando

Como ya aprendiste, el ascenso controlado de emergencia nadando es una de las opciones si te quedas sin aire a una profundidad de 6 a 9 metros/20 a 30 pies o menos, y tu compañero está demasiado lejos para alcanzarte una fuente de aire alternativa (¡Recuerda el sistema de compañeros! ¡No deberías estar tan lejos!).

Los ascensos de emergencia son interesantes porque empiezas con aire en tus pulmones, exhalas durante todo el camino hasta la superficie y todavía tienes aire en los pulmones cuando llegas. Esto ocurre porque el aire se expande en tus pulmones conforme asciendes; el riesgo potencial de una lesión por sobrepresión pulmonar, que debes evitar no aguantando nunca la respiración.

Para realizar un ascenso controlado de emergencia nadando, simplemente nada hacia arriba con todo el equipo en su sitio, incluyendo el regulador. Mira hacia arriba, y nada hacia arriba a una velocidad de 18 metros/60 pies por minuto o menos. Exhala todo el tiempo haciendo un sonido continuo *aaahhh* a través de tu regulador conforme asciendas.

Diciendo *aaahhh*, exhalas aire a un ritmo correcto para prevenir las lesiones por sobrepresión pulmonar, pero tampoco debes exhalar demasiado. La idea es mantener un volumen pulmonar que no sea ni vacío ni lleno.

Horizontal es vertical

Como no estarás a 9 metros/30 pies de profundidad durante tu inmersión en aguas confinadas, simularás el ascenso controlado de emergencia nadando primero horizontalmente.

Como no estarás a más de 9 metros/30 pies de profundidad durante tu inmersión en aguas confinadas, simularás el ascenso controlado de emergencia nadando primero *horizontalmente*, y después en diagonal de la parte profunda a la parte menos profunda. Tendrás suficiente aire en los pulmones para nadar una larga distancia horizontalmente mientras exhalas continuamente, pero 9 metros/30 pies será suficiente para practicar. Después de hacerlo en horizontal, puedes estar seguro de poder hacerlo *verticalmente* ayudado por el aire que se expande en tus pulmones y en el chaleco. Después de un ascenso controlado de emergencia nadando real no notarás que te falta aire – todavía tendrás aire en tus pulmones. Tendrás la oportunidad de practicar el ascenso controlado de emergencia nadando verticalmente durante las inmersiones en aguas abiertas y te puede sorprender que resulta mucho más fácil que simularlo en horizontal.

Quizá la mayor importancia del entrenamiento del ascenso controlado de emergencia nadando sea saber que lo puedes hacer. Cuando te des cuenta de que llegas a la superficie sin dificultad, puedes relajarte y disfrutar más. Pero controla tu manómetro y permanece junto a tu compañero para no necesitarlo nunca.

Técnicas generales en aguas abiertas

Vamos a empezar a ver ahora lo que harás durante tus inmersiones en aguas abiertas. Dependiendo de la programación y localización del curso, de tus preferencias y de otras consideraciones logísticas, puede que ya hayas realizado la Inmersión en aguas abiertas 1, o puedes hacer las Inmersiones en aguas abiertas 1 y 2 después de realizar con éxito las Inmersión en aguas confinadas Tres. Harás esto si estás realizando únicamente la certificación de Scuba Diver. Como alternativa, puedes realizar todas las inmersiones en aguas abiertas después de realizar las cinco inmersiones en aguas confinadas.

Durante tus inmersiones en aguas abiertas, aplicarás y desarrollarás las técnicas que has aprendido durante las inmersiones en aguas confinadas y comenzarás a aprender nuevas técnicas que no puedes aprender en un entorno de aguas confinadas. Estos dos tipos de técnicas pueden incluir: 1) evaluar las condiciones de buceo, 2) equiparse para una inmersión en aguas abiertas, 3) realizar entradas y salidas en una rompiente suave, 4) nadar en la superficie y 5) descender/ascender en aguas abiertas.

Evaluar las condiciones de buceo

Cuando llegues al sitio de buceo, querrás saber si las condiciones de buceo están dentro de tus límites de entrenamiento y experiencia. Como ya aprendiste antes, normalmente compruebas las condiciones antes de equiparte – no tienen sentido preparar todo para después darse cuenta de que las condiciones no son buenas para bucear. Tu instructor te mostrará cómo tener en cuenta consideraciones como el tiempo atmosférico, la temperatura del agua, la composición del fondo, las olas, la profundidad, los peligros de la zona y cualquier otra cosa que tenga influencia directa sobre la inmersión. También planificarás los puntos y los procedimientos de entrada y salida dentro de esta evaluación.

Decide si puedes realizar la inmersión con seguridad. **Recuerda: Esta es *tu* decisión – tú eres el responsable último de tu seguridad, y sólo *tú* puedes tomara la decisión final de bucear.** Si no te sientes seguro sobre la inmersión, tu instructor puede hacerte comprobar el sitio alternativo para ver si las condiciones son aceptables. Si las condiciones no son buenas, es mejor hacer otra cosa – bucear en malas condiciones o en condiciones potencialmente peligrosas no es divertido. Estás haciendo esto por diversión y aventura – no para exponerte a riesgos poco razonables.

Equiparse

En el tema sobre los trajes de buceo aprendiste formas de evitar el exceso de calor con los trajes cuando te prepares para bucear.

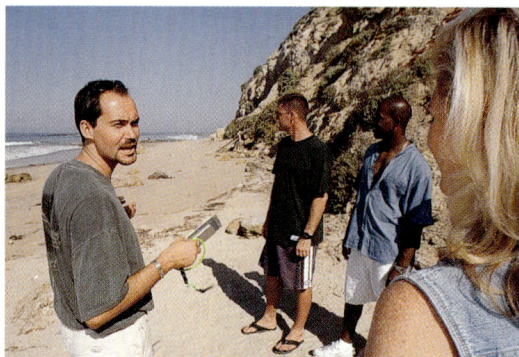

¿Informe de buceo?
Cuando llegues al sitio de buceo, querrás saber si las condiciones de buceo están dentro de tus límites de entrenamiento y experiencia. Tu instructor te mostrará cómo tener en cuenta las consideraciones que tengan influencia directa sobre la inmersión.

Una pieza cada vez
Equiparse requiere pensar al principio, pero después de una o dos inmersiones, estarás más familiarizado con tu equipo y será algo natural.

Durante las inmersiones en aguas abiertas, pondrás estos conocimientos en práctica. Una secuencia y programación incorrectas al equiparse puede hacer que te sientas algo frustrado, cansado, y acalorado.

Lo mejor es equiparse de forma que tu compañero y tú terminéis simultáneamente. Esto nunca ocurre, por supuesto, pero puedes programarlo de forma que ambos estéis preparados casi al mismo tiempo frescos y relajados para entrar al agua.

Primero, es útil comprobar y guardar el equipo adecuadamente antes de la inmersión. Comienza por poner todo junto, pero tómate tu tiempo y descansa si lo necesitas. En agua caliente, refréscate en el agua si lo necesitas. Busca tu propio ritmo con tu compañero, pero procura ser todo lo independiente y autosuficiente posible para familiarizarte con el equipo.

Como sugerencia, prepara y ponte el equipo en este orden:

1. Prepara el equipo autónomo. Haz todos los preparativos que sean posibles antes de ponerte el traje, como desempañar la máscara, ajustar las tiras, etc.

2. Ponte el traje. Si es un traje húmedo, ponte los pantalones y los botines primero y después la chaqueta y la capucha.

3. Ponte el cinturón de plomos. En algunos equipos autónomos te pondrás los plomos después del equipo. Si estás utilizando un sistema de lastre integrado, normalmente forma parte de tu equipo autónomo.

4. Haz que tu compañero te ayude a ponerte el equipo autónomo.

5. Colócate los instrumentos que vayan en la muñeca (a menudo es más fácil después de ponerte la botella para que no se enganchen con tu chaleco).

6. Realiza el control de seguridad pre-inmersión con tu compañero.

7. Ponte la máscara y el tubo, que ya deberían estar preparados y ajustados.

8. Ponte los guantes.

9. Por último, justo antes de entrar al agua (al bucear desde barco) o con el agua hasta la altura de la cintura (al bucear desde la orilla) ponte las aletas; las aletas deberían estar ajustadas previamente.

Equiparse requiere pensar al principio, pero después de una o dos inmersiones, estarás más familiarizado con tu equipo y será algo natural.

Entradas en aguas abiertas

Las técnicas de entrada varían de lugar a lugar según el entorno de buceo. Si un sitio de buceo requiere técnicas de entrada que no conoces, obtén siempre una orientación sobre ellas para poder entrar (y salir) con seguridad. Si tus inmersiones en aguas abiertas van a ser desde la orilla, tu instructor te enseñará las entradas adecuadas para el sitio de buceo.

Las siguientes prácticas están recomendadas generalmente para la mayoría de las entradas desde la orilla:

1. Ten todo el equipo puesto antes de entrar al agua. Dependiendo de las condiciones y del entorno, puede que tengas las aletas puestas cuando entres en el agua o es posible que tengas que ponértelas con el agua a la altura del pecho.

2. Como regla general, respira por tu regulador hasta que estés flotando en agua profunda. De esta forma, si te tropiezas, puedes seguir respirando aunque caigas con la cara dentro del agua. Cuando estés en la zona de agua profunda flotando con el chaleco, cambia al tubo para ahorrar aire si tienes que nadar en la superficie antes de descender.

3. Si estás caminando con las aletas puestas, camina hacia atrás o de lado arrastrando los pies. Esto ayuda a descubrir los obstáculos o agujeros, a apartar los animales que viven en el fondo y que podrían pincharte si los pisas, y a reducir el riesgo de caerte. Sin embargo, en algunos entornos, puedes querer evitar arrastrar los pies porque puede estropear la visibilidad. Tu instructor te enseñará lo que sea adecuado para tus inmersiones en aguas abiertas.

4. Nada en cuanto el agua sea lo suficientemente profunda. Nadar es normalmente más fácil que caminar por el agua.

Entradas y salidas por la rompiente

Las entradas y salidas por la rompiente requieren entrenamiento especial y no deben intentarse a no ser que lo tengas. Es posible, sin embargo, que entres y salgas en una zona de rompiente *suave* como parte de tus inmersiones en aguas abiertas. He aquí unos pocos procedimientos generales sencillos.

Entradas. Primero, observa las olas y fíjate cuándo rompen y con qué frecuencia. Haz esto mientras te equipas para estar familiarizado con el ritmo de la rompiente cuando estés preparado para entrar.

Cuando entres en el agua, respira de tu regulador. Si llevas aletas, camina hacia atrás, mirando por encima del hombro para ver dónde vas y las olas que llegan. Tu compañero debe estar cerca, y se lleváis una boya debería estar entre vosotros y la orilla para que las olas no puedan empujarla encima de vosotros. La idea es pasar la zona de rompiente lo antes posible.

Rápido atravesando la rompiente

Cuando entres en el agua por la rompiente, respira por el regulador. Tu compañero debe estar cerca, y si lleváis una boya debería estar entre vosotros y la orilla para que las olas no puedan empujarla por encima de vosotros. La idea es pasar la zona de rompiente lo antes posible.

Cuando una ola te alcance, sujeta tu máscara (para que la ola no te la quite), párate, e inclínate hacia la ola cuando te alcance. Es mejor colocarte de lado hacia las olas, lo que presenta menos superficie y alinear tus piernas para mantener mejor el equilibrio. Cuando la ola pase, muévete rápidamente. En cuanto el agua sea lo suficientemente profunda comienza a nadar y muévete rápidamente hasta salir de la zona de rompiente para reunirte con tu compañero si te has separado durante la entrada. Asegúrate de mantener una mano en la máscara siempre que choques con una ola y hasta que salgas de la zona de rompiente. Fuera de la rompiente puedes hinchar tu chaleco y cambiar al tubo para nadar hasta el sitio de buceo.

Salidas. Cuando estés preparado para salir del agua a través de la rompiente, párate fuera de la zona de rompiente y observa las olas. De nuevo, fíjate en el ritmo de las olas – dónde rompen y cuándo. El ritmo puede variar durante la inmersión, así que tómate tiempo para controlarlo. Evalúa la situación y coméntala con tu compañero.

Guarda siempre algo de aire para la salida porque utilizarás tu regulador al pasar la zona de rompiente. Espera hasta que el ritmo de la rompiente llegue al máximo, y nada entonces hacia la orilla lo más rápidamente posible manteniendo una mano en la máscara cuando las olas te golpeen y controlando a tu compañero cada pocos segundos. Nada con una mano estirada hacia delante. Evita detenerte en la zona de rompiente y nada hasta que estés en agua poco profunda. Si la resaca es fuerte y estás cansado puedes elegir nadar hasta la playa y arrastrarte con las manos y las rodillas. Si te caes entre las olas, no intentes levantarte – sal gateando.

Trata las olas de la misma forma que a la entrada – parándote, sujetando la máscara firmemente e inclinándote hacia ellas. Cuando estés de pie, camina hacia atrás para poder ver las olas y manténte junto a tu compañero. Si tenéis una boya empújala por delante de ti para que se mantenga entre vosotros y la orilla.

Nadar en la superficie

Nadar en la superficie en aguas abiertas es diferente a nadar en la superficie en aguas confinadas. Puedes encontrar menos visibilidad, es posible que tengas que nadar mayores distancias y puede haber corriente y olas. Has estado simulando los hábitos correctos durante tus inmersiones en aguas confinadas, no obstante estos son unos pocos puntos a recordar:

Utiliza el tubo

Nadar en la superficie en aguas abiertas es diferente a nadar en la superficie en aguas confinadas. Puedes encontrar menos visibilidad, es posible que tengas que nadar mayores distancias y puede haber corriente y olas.

1. Nada con el chaleco parcialmente hinchado para que no tengas que esforzarte para mantenerte en la superficie. No hinches demasiado tu chaleco porque puede crear mayor resistencia al avance.

2. Busca tu propio ritmo. Nada a un ritmo cómodo y continuo. Nadar en la superficie cansa más que nadar bajo el agua, así que no intentes ir demasiado deprisa.

3. Busca una posición lo más hidrodinámica posible. Mantén los brazos a los lados.

4. Utiliza el tubo, respira con cuidado para evitar atragantarte con el agua que pueda entrar en el tubo debido a las olas.

5. Mantén tus aletas por debajo de la superficie cuando aletees. Puede que prefieras nadar de lado o de espaldas si las condiciones lo permiten.

6. Comprueba tu posición, el rumbo y a tu compañero cada 30 segundos. Manténte cerca del compañero, manteniendo contacto físico si es necesario. Utiliza alguna referencia en tierra o un barco fondeado para la orientación.

Descensos en aguas abiertas

Has estado practicando descensos correctos durante tus inmersiones en aguas confinadas, no obstante he aquí algunos puntos para recordar en aguas abiertas debido a la mayor profundidad y a la composición del fondo.

Si estás lastrado adecuadamente, deberías ser capaz de descender deshinchando lentamente tu chaleco y exhalando. Haz todo el descenso con la cabeza más alta que los pies para mantener el control y la orientación y el contacto con el compañero. Recuerda compensar tus espacios aéreos enseguida y a menudo durante el descenso.

Tienes que mantener flotabilidad neutra durante el descenso – no esperes hasta llegar al fondo. Añade pequeñas cantidades de aire conforme desciendas de forma que llegues al fondo con flotabilidad neutra. Esto reduce al mínimo el aleteo y evita remover el fondo.

Para el control y como referencia, es una buena idea utilizar un cabo durante el descenso, o seguir el contorno del fondo. Si desciendes por el cabo del ancla de un barco, sujétalo a la distancia del brazo para que no tire cuando el barco sube y baja con las olas. Deja que tu brazo se deslice hacia arriba y hacia abajo con el cabo para absorber el movimiento y no tirar de ti.

Querrás descender seguido y con el mínimo esfuerzo manteniendo flotabilidad neutra de forma que puedas parar el descenso en cualquier momento. Mantén contacto con el compañero y permanece orientado para tener una idea del rumbo cuando llegues al fondo.

Inmersiones en aguas abiertas 1 y 2

He aquí un anticipo de las técnicas y procedimientos que practicarás durante tus dos primeras Inmersiones en aguas abiertas. La secuencia dentro de cada inmersión variará dependiendo de la logística, y tu instructor puede realizar algunos ejercicios en diferentes inmersiones. Antes de cada inmersión, tu instructor te explicará brevemente lo qué vas a hacer y cuándo además de otra información que necesitas para la inmersión, como señales de comunicación, una orientación del entorno, procedimientos de emergencia, reglas de seguridad, etc.

La Inmersión en aguas abiertas 1 te presenta las técnicas que utilizarás en casi todas las inmersiones, la experiencia de explorar el mundo subacuático y las diferencias entre agua confinada y aguas abiertas. La Inmersión en aguas abiertas 2 las amplía y además practicarás algunos de los ejercicios que has dominado durante las inmersiones en aguas confinadas.

Visión general de la Inmersión en aguas abiertas 1

Briefing

Preparación del equipo

Ponerse y ajustar el equipo

Control de seguridad pre-inmersión

Entrada

Control de la flotabilidad/lastrado

Descenso controlado
  (máximo 12 metros/40 pies)

Exploración subacuática

Parada de Seguridad*

Ascenso

Salida

Debriefing y anotar la inmersión en el diario de buceo

---

* Estos ejercicios pueden realizarse en otras inmersiones dependiendo de la logística.

Visión general de la Inmersión en aguas abiertas 2

Briefing

Preparación del equipo

Ponerse y ajustar el equipo

Control de seguridad pre-inmersión

Entrada

Control de la flotabilidad/lastrado

(Quitar el calambre propio y al compañero)*

(Remolcar 25 metros/yardas a un buceador cansado)*

(Intercambio de tubo/regulador)*

Descenso controlado
  (máximo 12 metros/40 pies)

Control de flotabilidad – flotabilidad neutra en el fondo con hinchador de baja presión

Llenar y vaciar la máscara parcial y totalmente

Recuperar y vaciar el regulador

Uso de la fuente de aire alternativa en posición estacionaria y ascenso con la ayuda de la fuente de aire alternativa

Exploración subacuática y control de la flotabilidad

Parada de Seguridad*

Ascenso

(Quitarse los plomos en la superficie)*

Salida

Debriefing y anotar la inmersión en el diario de buceo

Repaso de conocimientos
Capítulo 3

1. Hay varios factores que afectan a la visibilidad bajo el agua. Marca aquellos que aparezcan a continuación:
    - ☑ a. tiempo atmosférico
    - ☑ b. movimiento del agua
    - ❏ c. presión ambiental
    - ☑ d. partículas en suspensión

2. Verdadero o Falso. Para evitar problemas asociados con el buceo en aguas claras, debes usar un profundímetro preciso, mirarlo con frecuencia, y se recomienda que utilices un cabo para los ascensos y descensos. _VERDADERO_

3. Explica qué debes hacer si te ves atrapado en una corriente en la superficie.
    NO LUCHAR CONTRA ELLA, HINCHAR CHALECO (FLOTABILIDAD POSITIVA), PEDIR AYUDA, DESCANSAR Y ESPERAR AL BARCO

4. Verdadero o Falso. Encontrarás que resulta más fácil nadar en contra de una corriente leve por el fondo, donde generalmente es más débil que en la superficie. _VERDADERO_

5. Elige una. Si hay corriente, generalmente deberías empezar la inmersión
    - ❏ a. favor de la corriente.
    - ❏ b. transversalmente a la corriente.
    - ☑ c. contra la corriente.

6. Elige una. Casi todas las lesiones producidas por la vida acuática son ocasionadas por una acción _____ por parte del animal.
    - ❏ a. imprevisible
    - ❏ b. no provocada
    - ☑ c. defensiva

7. Explica qué debes hacer si ves un animal agresivo bajo el agua.
    PERMANECER TRANQUILO Y QUIETO EN EL FONDO

8. Verdadero o Falso. Por motivos de seguridad y para disfrutar al bucear en un área nueva o al participar en una actividad nueva, asegúrate de recibir la orientación adecuada. _VERDADERO_

9. Se puede reconocer una corriente de resaca como una línea de agua turbia, espumosa, que se mueve:
   - ❑ a. hacia la orilla
   - ☒ b. hacia el mar
   - ❑ c. paralela a la orilla

10. Describe tres formas de prevenir o controlar la mayoría de los problemas de buceo que ocurren en la superficie.
    1. _BUCEANDO DENTRO DE TUS LIMITACIONES_
    2. _BUCEANDO DE FORMA RELAJADA_
    3. _MANTENIENDO FLOTABILIDAD POSITIVA_

11. Verdadero o Falso. El *primer paso* para ayudar a un buceador que tenga problemas en la superficie es hablarle, darle ánimos y persuadirle para que se relaje. _FALSO_

12. Traza líneas que conecten las opciones de emergencia de poco aire/falta de aire con las situaciones en que las usarías

    Ascenso de emergencia por flotabilidad.   Cuando estás con poco aire, no sin aire

    Ascenso controlado de emergencia nadando.   Cuando el compañero está cerca

    Ascenso normal.   Cuando el compañero está demasiado lejos

    Ascenso con una fuente alternativa de aire.   Cuando el compañero está demasiado lejos y tú te encuentras a más profundidad de 9 metros/30 pies

13. Elige una. Si te quedas enredado bajo el agua, debes:
    - ❑ a. Retorcerte para liberarte.
    - ☒ b. Detenerte, pensar y liberarte lentamente y con calma.

14. Verdadero o Falso. Con un buceador inconsciente, la principal preocupación consiste en sacarlo del agua.
    FALSO

15. Verdadero o Falso. Una vez esté fuera del agua, si hay oxígeno disponible, se le debe administrar oxígeno a un buceador inconsciente. _VERDADERO_

Declaración del alumno: He completado este Repaso de conocimientos lo mejor posible, y me han explicado y he comprendido todos los fallos de las preguntas que no he respondido o que he respondido incorrectamente.

Nombre _ANA GARCIA PUYOL_   Fecha _28 JUNIO 2014_

Más que 6 millones de toneladas de basura se arrojan a los océanos

Cleanup Day – ¡Toma la ocasión y participa en una limpieza de aguas!

Ayuda a que el agua limpia sea una realidad.

Divers Conserving Underwater Environments℠

PROJECT AWARE®

www.projectaware.org

Práctica

Al bucear desde la orilla, y a menudo al bucear desde una embarcación, puedes remolcar una boya de superficie, que es una pequeña boya que utilizas para descansar, marcar un sitio de buceo, ayudar a otro buceador, llevar cosas, y / o colocar la bandera de buceo.

Accesorios de buceo

Hasta ahora has aprendido bastantes cosas sobre el buceo recreativo incluyendo el equipo de buceo. Aunque te has centrado en las principales piezas del equipo y cómo se combinan, al usarlo has utilizado elementos y accesorios que contribuyen a hacer que tus inmersiones se realicen fácilmente y de forma eficaz. Además de esos y de otros elementos del equipo principal, vamos a ver otros accesorios utilizados normalmente. Conforme aumente tu experiencia de buceo y participes en diferentes actividades subacuáticas, aprenderás acerca de otros muchos.

Boyas de superficie

Al bucear desde la orilla, y a menudo al bucear desde una embarcación, puedes remolcar una boya de superficie, que es una pequeña boya que utilizas para descansar, marcar un sitio de buceo, ayudar a otro buceador, llevar cosas, y / o colocar la bandera de buceo (enseguida hablaremos

Objetivos principales

Marca / subraya las respuestas a las siguientes preguntas conforme vayas leyendo:

1. ¿Qué cinco usos se le dan a una boya de superficie?

2. ¿Qué haces para evitar enredarte con el cabo que sujeta la boya de superficie?

1. Los usos de una boya de flotación incluyen (marca todas las correctas):
   ☒ a. ayudar a otro buceador.
   ☒ b. descansar.
   ☒ c. llevar la bandera de buceo.
   ☒ d. llevar accesorios.

2. Para evitar los enganches con el cabo de la boya:
   ❑ a. no utilices un cabo – deja la boya suelta en la zona.
   ❑ b. ata el cabo a tu chaleco.
   ☒ c. utiliza un carrete.

¿Cómo lo has hecho?

1. a, b, c, d   2. c.

Objetivos
principales

Marca/subraya las respuestas a las siguientes preguntas conforme vayas leyendo:

3. **¿Por qué debes emplear una bandera de buceo siempre que bucees?**

4. **¿A qué distancia de la bandera de buceo deberás mantenerte y qué separación con dicha bandera deben mantener barcos, esquiadores y otros tipos de embarcaciones si no existen leyes locales que regulen estas distancias?**

más sobre las banderas de buceo). A lo largo de los años, los buceadores han llegado a utilizar para este fin casi cualquier cosa que flote y se pueda remolcar: flotadores, neumáticos, tablas de surf, pequeños bidones, etc. son boyas de superficie usadas comúnmente por los buceadores. Las fundas con neumáticos dentro son boyas de superficie muy útiles que proporcionan mucha flotabilidad y normalmente tienen sitio para llevar accesorios; tu centro de buceo tendrá probablemente un surtido de ellas para que puedas elegir.

Dependiendo del sitio y del plan de buceo, puedes fondear la boya de superficie, o remolcarla durante la inmersión. En cualquier caso, necesitarás un cabo de nylon o polipropileno de no menos de 15 metros/50 pies para fondear o remolcar la boya. Lleva el cabo en un carrete para evitar los enganches cjon el cabo suelto. Al remolcar una boya en la mano, no la enganches al equipo. De esta forma puedes dejarla suelta si se engancha en algo o un barco la arrastra.

Banderas de buceo

Te darás cuenta de que en muchos de los sitios en los que te gusta bucear la gente disfruta de otros deportes acuáticos, incluyendo la navegación y el esquí acuático. Los barcos y los esquiadores acuáticos que pasan una y otra vez por la zona en la que estás buceando suponen un peligro, y es casi imposible que los barcos te vean mientras estás bajo el agua. Por eso, como seguridad, cuando la navegación de los barcos puede ser un problema, y siempre que la ley lo obligue, necesitas utilizar una bandera de buceo para avisar a los barcos de tu presencia.

La bandera adecuada depende de dónde bucees y de las condiciones. Una bandera de buceo puede ser un rectángulo rojo con una banda diagonal blanca o una bandera azul y blanca en forma de banderín (bandera Alfa del Código de señales) y lo suficientemente grande para poder ser vista desde al menos 100 metros/yardas de distancia. En algunos casos puede ser obligatorio llevar las dos banderas, en especial si buceas desde una embarcación.

Al bucear desde una embarcación, coloca la bandera en un mástil, antena de radio o cualquier lugar elevado para aumentar la visibilidad. Si estás buceando desde la orilla

¡Eh, estamos aquí!
La bandera adecuada depende de dónde bucees y de las condiciones. En algunos casos puede ser obligatorio llevar las dos banderas, en especial si buceas desde una embarcación.

¡Por aquí!
Además de permanecer cerca de la bandera, lleva un dispositivo de señalización de superficie, como un tubo hinchable señalizador que te permite alertar a los barcos de tu presencia en el agua.

o tienes que nadar una gran distancia desde el barco, llevarás la bandera en la boya de superficie. En este caso, tu bandera debería tener un alambre para mantenerla desplegada y debería salir al menos un metro/tres pies de altura para que los barcos puedan verla si hay marejada.

Las leyes locales regulan la distancia a la que debes mantenerte de la bandera y la distancia que los barcos deben respetar. En zonas en las que la ley no estipule estas distancias, la regla de aproximación es mantenerte a 15 metros/50 pies de la bandera y los barcos deben respetar una zona de 30–60 metros/100 a 200 pies. No despliegues la bandera si no hay buceadores en el agua. Tu instructor te indicará las leyes locales referentes a las banderas de buceo.

Por desgracia, muchas de las personas que manejan una embarcación no conocen el significado de una bandera de buceo, y a veces no pueden verla (por ejemplo si vienen directamente de barlovento de forma que la bandera se extiende en sentido contrario). Estos navegantes pueden acercarse a la bandera de buceo mucho más de lo que deberían, por lo tanto no supongas que por el simple hecho de tener una bandera todos los barcos se van a apartar. Incluso con una bandera, asciende siempre con cuidado y, si se oye un barco cerca, quédate debajo del agua a la suficiente profundidad para estar seguro hasta que se vaya de la zona. Recuerda también que, como buceador, tú también tienes la obligación de permanecer en la zona marcada por la bandera. No puedes quejarte de que un barco se acerque directamente a ti si estás a 300 metros/1000 pies de tu bandera.

Como ya mencionamos en la Sección Dos, debes tener cuidado con el tráfico marítimo. Además de mantenerte cerca de la bandera, puede que quieras pensar en llevar un tubo señalizador hinchable que te permite avisar a los barcos de tu presencia en el agua.

Dispositivos de señalización de superficie

Deberás considerar los dispositivos de señalización de superficie, tales como boyas hinchables de señalización, normales en la configuración de tu equipo. Las utilizarás para llamar la atención cuando necesites ayuda en una situación de emergencia, para que las embarcaciones se mantengan alejadas de ti si accidentalmente has llegado a la superficie lejos del barco o de tu bandera, y para ayudar a la tripulación del barco de buceo a localizar tu posición. Esto último puede ser especialmente importante si se diera el caso de que inadvertidamente la corriente te llevara demasiado lejos y el barco debiera ir a recogerte.

Existen dispositivos de señalización de superficie visuales y acústicos, y deberás poseer al menos uno de cada. Los dispositivos de señalización visuales incluyen tubos hinchables de colores vivos o boyas que puedes hinchar para ser visto con más facilidad (tubos de señalización hinchables), así como espejos de señales y para las inmersiones nocturnas, luces de señalización y dispositivos de destellos. La mayoría de los buceadores llevan siempre en los bolsillos de sus chalecos un tubo de señalización hinchable y/o un espejo de señales.

Los dispositivos acústicos son principalmente silbatos que puedes utilizar soplando, o asistidos por el hinchador de baja presión. El lugar más corriente para ambos es en la traquea de tu chaleco, ya que está suficientemente alejado y sin embargo fácilmente accesible para ser utilizado en caso de emergencia.

Bolsas de recolección

Antes o después, al bucear encontrarás cosas o necesitarás llevar varios objetos – accesorios de equipo, basura en una campaña de limpieza, etc. Llevar cosas mientras intentas trabajas con tu equipo resulta incómodo, por lo que necesitarás *una bolsa de recolección*, también denominada *bolsa de accesorios o bolsa de red*.

Puedes encontrar diferentes tipos y tamaños realizados normalmente en malla de nylon para que desagüe

fácilmente y con una estructura de alambre para mantener la parte superior abierta o cerrada. La mayoría tiene algún cierre para mantenerla cerrada.

Oh, estupendo
Puedes encontrar diferentes tipos y tamaños realizados normalmente en malla de nylon para que desagüe fácilmente y con una estructura de alambre para mantener la parte superior abierta o cerrada. La mayoría tiene algún cierre para mantenerla cerrada.

Cuando utilices una bolsa de recolección ten en cuenta que una vez llena y pesada debes llevarla en una mano para poder soltarla en caso de emergencia. No la enganches al equipo. Cuando no buceas puedes utilizar una bolsa de recolección grande para llevar tu máscara, tubo y aletas.

Linternas subacuáticas

Además de su utilidad en la oscuridad de noche, las linternas subacuáticas resultan útiles para iluminar y recuperar el color a profundidad (recuerda que el agua

1. Deberías utilizar una bandera de buceo porque (marca todas las correctas):
   ☒ a. alerta a los navegantes.
   ☒ b. la ley local puede exigirla.

2. Si las leyes no estipulan otra cosa, la regla es que deberías mantenerte dentro de los _____ de tu bandera de buceo, y los navegantes deben mantenerse a _____ de distancia.
   ☒ a. 15 metros/50 pies, 30–60 metros/100–200 pies
   ❑ b. 30 metros/100 pies, 60 metros/200 pies
   ❑ c. 30 metros/100 pies, 300 metros/1000 pies
   ❑ d. Nada de lo anterior.

¿Cómo lo has hecho?
1. a, b   2. a.

Objetivos principales

Marca/subraya las respuestas a las siguientes preguntas conforme vayas leyendo:

5. ¿Qué tres características posee una bolsa de recolección típica, y por qué deberías usar una?

6. ¿Por qué dos razones puedes llevar una linterna subacuática en una inmersión diurna?

7. ¿Por qué dos razones llevas una pizarra subacuática como parte de tu equipo de buceo?

absorbe los colores), y además para mirar en grietas y agujeros oscuros (para poder comprobar si hay alguien en casa).

Una linterna subacuática es resistente al agua y a la presión; puedes llevar una linterna normal bajo el agua pero entrará agua y se estropeará, así que mejor no lo hagas. (¿Esperabas otra cosa?). Las linternas subacuáticas son estancas porque utilizan un sellado a base de juntas tóricas que debes revisar, limpiar y engrasar periódicamente (tu PADI Dive Center, Resort o Instructor pueden enseñarte cómo). Como con la mayoría de las linternas debes guardar las linternas subacuáticas sin las baterías si no vas a utilizarlas durante un período prolongado para prevenir posibles daños debido al líquido de las baterías. Los centros profesionales tienen normalmente una gran gama de linternas subacuáticas que se diferencian en cuanto a potencia, tamaño y luminosidad.

Pizarra subacuática

Cuando hablábamos de la comunicación bajo el agua aprendiste que los dos métodos más comunes que se utilizan son las señales manuales y las pizarras subacuáticas. Para utilizar una pizarra, debes tener una. Es una importante herramienta de comunicación y además también la utilizas para llevar información general como límites de tiempo y profundidad, y para tomar notas para el diario de buceo. No cuestan mucho dinero ni ocupan mucho espacio por lo que probablemente tengas una dentro de tu equipo normal.

Las pizarras subacuáticas están hechas normalmente de plástico y vienen con un lápiz y un cordón (para no perderla). La mayoría de las pizarras entran en el bolsillo del chaleco y algunas consolas de instrumentos aceptan pizarras de plástico en la parte de atrás. Otras se colocan en la muñeca, y hay algunas pizarras especiales que se borran fácilmente

¿Ver?
Además de su utilidad en la oscuridad de noche, las linternas subacuáticas resultan útiles a plena luz del día.

Perfecto para escribir
Una pizarra es una importante herramienta de comunicación y, además, también la utilizas para llevar información general como los límites de tiempo y profundidad, y para tomar notas para el diario de buceo.

Cuestionario Rápido
Autoevaluación 3

1. Puedes utilizar una bolsa de recolección para (marca todas las correctas):
   - ☒ a. llevar diferentes objetos juntos.
   - ☒ b. recoger basura durante una campaña de limpieza subacuática.

2. Las razones para llevar una linterna subacuática en una inmersión de día incluyen (marca todas las correctas):
   - ☒ a. recuperar los colores perdidos.
   - ☒ b. mirar en grietas y agujeros.
   - ❑ c. eclipses solares inesperados.

3. Querrás llevar una pizarra como parte normal de tu equipo (marca todas las correctas):
   - ☒ a. para comunicarte.
   - ☒ b. para llevar información como límites de tiempo y profundidad.
   - ❑ c. Nada de lo anterior.

¿Cómo lo has hecho?
1. a, b   2. a, b   3. a, b.

bajo el agua si tienes que escribir mucho. También puedes encontrar pizarras especializadas que llevan información, como el Porta-datos de PADI, y pizarras de identificación de peces que te muestran los nombres de los peces que puedes ver. Independientemente de qué pizarra elijas, asegúrate de sujetarla de forma que no produzca resistencia al avance ni suponga un problema de enganches. En general, es mejor llevarla en un bolsillo.

Equipo de piezas de repuesto

No hay nada tan frustrante como perder un día entero de buceo por algo tan insignificante como la rotura de una tira de aleta y no llevar repuesto. No requiere mucho esfuerzo ni inversión tener un equipo de piezas de repuesto, y con él, reduces al mínimo la probabilidad de perder inmersiones debido a pequeños problemas como la rotura de una tira de aleta.

Puedes hacer un equipo de piezas de repuesto reuniendo los diversos objetos que se estropean o rompen en el peor momento, y guardándolos junto con unas cuantas herramientas básicas en un recipiente estanco en tu bolsa del equipo. Al principio no necesitas mucho espacio para ello, pero conforme aumentes tu experiencia, añadirás cosas – nunca tires nada – hasta que se convierta en una enorme caja llena de cosas que no puedes mover sin ayuda de una grúa. Pero esto no ocurrirá hasta que pasen unos cuantos años, y por eso he aquí unas cuantas recomendaciones para empezar:

1. Tira de la máscara – consejo: las tiras realizadas con Velcro se adaptan a casi todas las máscaras, resultando repuestos "universales".

2. Tira de aleta – consejo: cuando una se rompe la otra está a punto de romperse. Lleva siempre dos y reemplázalas a la vez.

3. Juntas tóricas – consejo: diferentes griferías de botella utilizan tamaños ligeramente diferentes; lleva un surtido.

4. Grasa de silicona – consejo: lleva grasa de silicona, no espray, y utilízalo con moderación según las instrucciones del fabricante del equipo en particular. Un pequeño envase durará más de una década, o hasta que lo pierdas.

5. Sistema de sujeción del tubo.

6. Pegamento de neopreno para reparar trajes – consejo: diferentes trajes requieren diferentes pegamentos.

Salvar una inmersión
Puedes hacer un equipo de piezas de repuesto reuniendo los diversos objetos que se estropean o rompen en el peor momento, y guardándolos junto con unas cuantas herramientas básicas en un recipiente estanco en tu bolsa del equipo.

Objetivos principales

Marca/subraya las respuestas a las siguientes preguntas conforme vayas leyendo:

8. ¿Por qué deberías llevar un kit de piezas de repuesto en cada salida de buceo?

9. ¿Qué incluyes en un kit de piezas de repuesto?

10. ¿Qué tres motivos existen para rellenar un diario de buceo (log book)?

7. Cinta adhesiva resistente al agua.

8. Hebilla de zafado rápido.

9. Navaja.

10. Alicates – consejo: todavía mejor una herramienta combinada del tipo Leatherman™.

11. Llave inglesa.

12. Destornilladores.

13. Gafas de sol de repuesto, protector solar (bien cerrado para no que embadurne tu equipo), medicación contra el mareo. (Esto no son repuestos pero son cosas que no querrás que te falten – así que inclúyelas en tu equipo).

Tu instructor puede recomendarte otros elementos para tu conjunto de piezas de repuesto.

Diario de buceo

La certificación que obtienes en este curso indica que eres un buceador cualificado. Es una especie de diploma – indica que has realizado tu curso con éxito. Pero si estuvieras realizando una entrevista para un empleo, el encuestador querría saber qué has hecho con tu educación – un resumen indicando tus experiencias desde que recibiste tu diploma. En el buceo, tu "resumen" es tu diario de buceo.

Tu diario de buceo muestra a los divemaster o a la tripulación del barco chárter con qué frecuencia buceas, qué tipo de inmersiones has hecho, los entornos en los que tienes experiencia, etc. Es un documento que demuestra tu experiencia y a menudo es solicitado para el entrenamiento de buceo, y al bucear con centros o barcos de buceo. Te ayuda a evaluar cómo tu experiencia contribuye a mejorar tus técnicas de buceo y las oportunidades de buceo que te ofrece. Y le puedes echar un vistazo de vez en cuando para comprobar cuánto se diferencian las historias que cuentas de la realidad.

Las tres razones principales para tener un diario de buceo son recordar tus experiencias, documentar tu historial como buceador y anotar detalles concretos sobre un sitio de buceo como referencia futura. Acostúmbrate a rellenar el diario de buceo inmediatamente después de cada inmersión y a hacer que te lo firme tu instructor o el compañero (tu instructor firmará tu diario de buceo después de cada inmersión en aguas abiertas que hagas en este curso). Puedes escoger entre diversos diarios de buceo que varían desde los más sencillos con sitio para

Historia de un buceador
Tu diario de buceo muestra con qué frecuencia buceas, qué tipo de inmersiones has hecho, los entornos en los que tienes experiencia, etc. Es un documento que demuestra tu experiencia y a menudo es solicitado para el entrenamiento de buceo.

1. Querrás un kit de piezas de repuesto para reducir las probabilidades de perder una inmersión debido a un problema menor como la falta de una junta tórica o una tira rota.
   ☑ Verdadero ☐ Falso

2. Los elementos que puedes poner en un kit de piezas de repuesto incluyen (marca todas las correctas):
   ☑ a. juntas tóricas.
   ☑ b. tiras.
   ☐ c. comida.
   ☑ d. herramientas básicas.

3. Las razones para tener un diario de buceo incluyen (marca todas las correctas):
   ☑ a. documentar tu historia como buceador.
   ☐ b. es obligatorio para mantener tu certificación.
   ☑ c. registrar detalles específicos del sitio de buceo.
   ☑ d. ayudarte a recordar tus experiencias.

¿Cómo lo has hecho?
1. Verdadero   2. a, b, d   3. a, c, d.

Puntos clave

En este subapartado sobre Accesorios de buceo has aprendido que:

▲ Puedes utilizar una boya de superficie para mantener la bandera de buceo, para descansar y para llevar accesorios.

▲ Tienes que utilizar una bandera de buceo adecuada al bucear en zonas en las que puede haber barcos presentes y según la ley local.

▲ No tienes que enganchar a tu equipo una bolsa de recolección llena.

▲ Las linternas subacuáticas tienen usos tanto de día como de noche.

▲ Un kit de piezas de repuesto puede ayudarte a evitar perderte una inmersión.

▲ Tienes que empezar y mantener un diario de buceo con todas tus aventuras de buceo.

▲ Para comunicarte con una pizarra subacuática debes tener una.

breves anotaciones hasta el PADI Adventure Log con más detalles como espacio para anotar el entrenamiento, compras de equipo y mantenimiento, consumo de aire, mapas de los sitios de buceo, información personal y más.

Salud para bucear

De lo que has aprendido hasta este momento, ya sabes que el buceo es relajante, pero no sedante, y que necesitas tener una buena salud. También serás consciente de que hay ocasiones en las que hay que realizar una actividad intensa, por lo que necesitas tener un nivel de salud, y condición física suficiente para realizar una actividad de intensidad moderada que puede incluir una emergencia y otras exigencias físicas inesperadas. Estar en buen estado de salud ayuda a garantizar que puedes cumplir estas demandas, lo que de hecho, afecta a tu seguridad.

Las recomendaciones generales sobre salud para bucear siguen las mismas recomendaciones relativas a la dieta y al

Objetivos principales

Marca/subraya las respuestas a las siguientes preguntas conforme vayas leyendo:

11. ¿Qué tres sustancias debes evitar antes de bucear?

12. ¿Con qué frecuencia se recomienda que te sometas a un reconocimiento médico completo?

13. ¿Qué dos vacunas deberían mantener actualizadas todos los buceadores?

14. ¿Qué puedes hacer para mantener tus técnicas de buceo, o para recuperarlas después de un periodo de inactividad?

15. ¿Qué efecto tiene la menstruación en el buceo?

16. ¿Por qué se recomienda que las mujeres embarazadas no buceen?

Corazón sano

El buceo es generalmente relajante, pero a veces puede causar un elevado estrés físico. Nadar fuerte, el calor al sol con el traje puesto y otros factores pueden forzar a tu corazón y a tu sistema cardiovascular. Como cualquier otro estrés físico, esto puede producir un ataque al corazón en personas con alguna predisposición. Asegúrate de comentar esto con tu médico si puedes tener alguna predisposición a enfermedades cardíacas debido a la edad, estilo de vida, constitución del cuerpo, antecedentes familiares u otros factores.

descanso para la vida diaria normal. Nunca consumas alcohol, drogas o tabaco antes de bucear. El alcohol y las drogas, incluso en cantidades que tienen efectos mínimos en la superficie pueden interferir en tu buen juicio a profundidad, donde la presión puede aumentar sus efectos. Además, el alcohol antes o inmediatamente después de una inmersión también aumenta el riesgo de enfermedad descompresiva (lo veremos más adelante en esta sección). Ten cuidado si bebes la noche anterior a una inmersión; el alcohol tiende a producir deshidratación, lo que también predispone a la enfermedad descompresiva.

Si estás tomando medicamentos por indicación médica, comenta sus efectos con tu médico antes de bucear. En caso de duda, no bucees hasta que dejes de utilizar la medicación.

Evita fumar, lo que normalmente interfiere con un estilo de vida activo. El fumar es indudablemente perjudicial para tu salud. Si fumas, absténte varias horas antes y después de bucear porque el fumar disminuye de forma importante la eficiencia de tus sistemas circulatorio y respiratorio. También puede provocar que quede aire atrapado en tus pulmones, aumentando teóricamente tu riesgo de lesiones por sobrepresión pulmonar – incluso respirando normalmente.

No bucees si no te sientes bien, incluyendo (como ya aprendiste en la Sección Uno) bucear con catarro. Hacerlo puede provocar compresión en los oídos y en los senos o bloqueos inversos debido a la dificultad para compensar. Bucear con un catarro de pecho puede provocar que quede aire atrapado en los pulmones con riesgo de lesiones por sobrepresión pulmonar. Nadie quiere perderse una inmersión, pero debes estar en buen estado de salud para bucear con seguridad. No utilices medicamentos para combatir los síntomas y poder hacer una inmersión cuando no estás bien.

Mantén un grado razonable de forma física y realiza un examen físico completo cuando empieces a bucear y al menos cada dos años después. Lo mejor es que te examine un médico con conocimientos de medicina de buceo. Mantén tus vacunas al día; esto es especialmente importante para las vacunas del tétanos y el fiebre tifoidea. Sigue una dieta bien equilibrada y descansa lo suficiente. Mantén un programa regular de ejercicio – no necesitas ser un atleta, sino tener un buen estado de salud.

La salud para bucear también incluye cuidar de ti mismo de otra forma – incluyendo mantener al día tus técnicas y conocimientos de buceo. La mejor forma de hacerlo es ser un buceador activo – bucear – esto ayuda a mantener tus técnicas de buceo. Participa en nuevas actividades subacuáticas, como viajes de buceo y cursos de especialidad. Te divertirás desarrollando nuevas técnicas y mejorando las que ya tienes. Si es posible, nada con aletas de forma regular en una piscina para mantener tonificados los músculos de tus piernas – además es un buen ejercicio aeróbico. Practica frecuentemente las técnicas que aprendas en este curso.

Si te apartas del buceo durante una temporada, no te preocupes – a todos los buceadores les pasa alguna vez; refresca tus técnicas y conocimientos. Repasa este manual, el *Open Water Diver Video* y practica tus ejercicios con un PADI Divemaster, Assistant Instructor o Instructor. El programa PADI Scuba Review refresca tus técnicas y conocimientos y es rápido y fácil – todo lo que necesitas es una mañana o una tarde.

Ponte al día, bucea
Si te apartas del buceo durante una temporada, no te preocupes – a todos los buceadores les pasa alguna vez; refresca tus técnicas y conocimientos. El programa PADI Scuba Review refresca tus técnicas y conocimientos y es rápido y fácil – todo lo que necesitas es una mañana o una tarde.

Si eres mujer, tienes algunas consideraciones especiales de salud, incluyendo la menstruación y el embarazo. Mientras la menstruación no te impida participar en otras actividades de ocio activo no hay motivo para que no puedas bucear. Bucear durante el embarazo es otra historia. No se sabe mucho sobre cómo el buceo puede afectar al desarrollo del feto. En general se considera que no vale la pena correr el riesgo; de modo que es mejor que dejes de bucear durante el embarazo, o si estás intentando quedarte embarazada.

1. Antes de bucear debes evitar (marca todas las correctas):
   ☒ a. las drogas.
   ❏ b. comer.
   ☒ c. el alcohol.
   ☒ d. fumar.

2. Se recomienda que hagas un examen médico completo cada ___2___ años.

3. Las vacunas que los buceadores deben mantener al día son _____ y _____.

4. Para mantener tus técnicas de buceo (marca todas las correctas):
   ☒ a. sé un buceador activo.
   ☒ b. continúa tu educación de buceo.
   ☒ c. participa en actividades de buceo especiales.

5. Si la menstruación no te evita realizar otras actividades recreativas no debería impedirte bucear.
   ☒ Verdadero   ❏ Falso

6. Se recomienda que las mujeres embarazadas:
   ☒ a. no buceen porque hay pocos conocimientos sobre los efectos del buceo y el desarrollo del feto.
   ❏ b. buceen sólo a 10 metros/30 pies porque se sabe poco acerca de los efectos del buceo en el desarrollo del feto.

¿Cómo lo has hecho?
1. a, c, d   2. dos   3. tétanos, fiebre tifoidea   4. a, b, c   5. Verdadero
6. a.

Necesitas sentirte bien para bucear bien. Mantén una buena salud, evita hábitos que pueden perjudicar a tu salud y manténte en buena forma física y mental. No sólo para bucear sino para vivir.

Respirar aire a profundidad

Hasta ahora has aprendido sobre los efectos directos que se derivan de respirar aire bajo el agua y sobre tus respuestas: reducción de volumen y la necesidad de compensar, aumento en la densidad del aire y la necesidad de respirar lenta y profundamente, expansión de los pulmones y la necesidad de no aguantar nunca la respiración cuando bucees con equipo autónomo.

Además de estos efectos directos, respirar aire bajo presión tiene unos efectos indirectos, más sutiles. Igual que los efectos directos, estos efectos son bastante predecibles y puedes evitar los problemas que conllevan siguiendo algunas reglas sencillas.

Aire

Para comprender algunos de los posibles efectos indirectos de respirar aire a profundidad, necesitas comprender qué es el aire. Como puedes saber, el aire se compone de muchos gases, pero el nitrógeno y el oxígeno forman más del 99 por ciento, por lo que en la práctica, podemos considerar que está compuesto de un 79 por ciento de nitrógeno y un 21 por ciento de oxígeno. Cuando respiras, tu cuerpo utiliza el oxígeno, el nitrógeno es un gas fisiológicamente inerte (tu cuerpo no lo utiliza).

El aire comprimido de tu botella es básicamente el mismo aire que estás

Marca/subraya las respuestas a las siguientes preguntas conforme vayas leyendo:

17. ¿Qué dos gases principales componen el aire?

18. ¿Cuáles son los cinco síntomas de posibles problemas ocasionados por aire contaminado?

19. ¿Qué debes hacer con un buceador que se sospecha que ha respirado aire contaminado?

20. ¿Cómo previenes los problemas relacionados con el aire contaminado?

21. ¿Cómo previenes los problemas con el oxígeno?

Para obtener más información sobre...

Respirar aire a profundidad
Consultar La Enciclopedia del Buceo Recreativo PADI y el CD-ROM Enciclopedia Multimedia PADI.

Puntos clave

En este subapartado de Salud para bucear has aprendido que:

▲ No debes beber alcohol, fumar o tomar drogas antes de bucear.

▲ No debes bucear cuando no te sientas bien.

▲ Debes mantener un buen estado de salud.

▲ Debes hacer una revisión médica al menos cada dos años.

▲ Debes mantener las vacunas del tétanos y el fiebre tifoidea al día.

▲ Las mujeres embarazadas no deberían bucear.

▲ Tienes que repasar tus técnicas y conocimientos de buceo después de un periodo de inactividad.

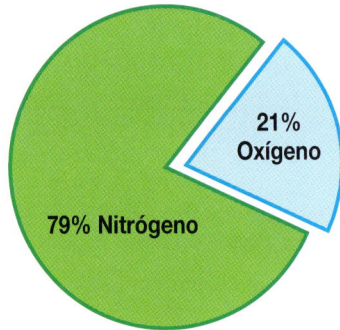

Dos gases

El aire se compone de muchos gases, pero el nitrógeno y el oxígeno forman más del 99 por ciento, por lo que en la práctica, podemos considerar que está compuesto de un 79 por ciento de nitrógeno y un 21 por ciento de oxígeno.

respirando ahora. El proceso de carga filtra el aire para eliminar los productos químicos y las pequeñas partículas y elimina la mayor parte de la humedad que puede perjudicar a las botellas de buceo y causar otros problemas.

Aire contaminado

El primer posible problema relacionado con el respirar aire a presión (bajo el agua) implica la contaminación que se supone que no debe haber. Este problema es raro, pero es posible.

Los compresores para cargar botellas de buceo (aire respirable) utilizan filtros y separadores especiales para impedir que los productos contaminantes como el monóxido de carbono o el vapor del aceite entren en el aire que vas a respirar. Esto es importante porque la presión aumenta proporcionalmente los efectos de los gases que respiras, por lo que los restos de contaminación que serían inocuos en la superficie pueden ser tóxicos bajo el agua.

El aire contaminado es consecuencia generalmente de un problema con el compresor o el sistema de filtros, y como resultado a menudo el aire tiene mal sabor y olor – aunque también puede ser inodoro e insípido. Un buceador que respire aire contaminado puede sufrir dolor de cabeza, nausea, mareos e incluso inconsciencia. Un buceador afectado por aire contaminado puede tener los labios y la base de las uñas de color rojo cereza, aunque puede resultar difícil de ver bajo el agua.

Debes dar aire fresco y oxígeno si está disponible para una persona que sospeches que ha respirado aire contaminado. En los casos graves, puede ser necesaria la respiración artificial. El buceador debería recibir en cualquier caso asistencia médica.

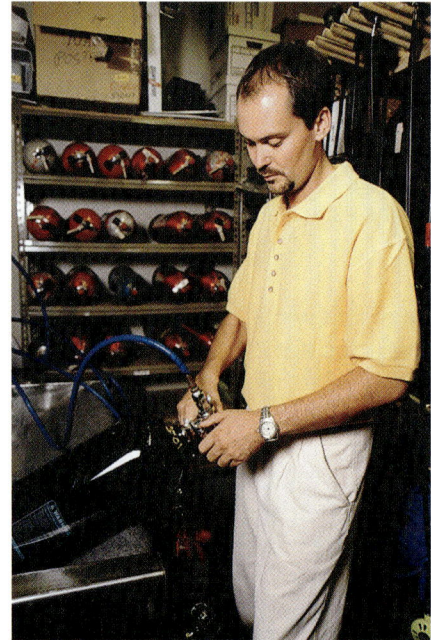

Respira tranquilo

El aire contaminado es raro siempre y cuando obtengas aire de una fuente de buena reputación, como los centros profesionales.

Afortunadamente, como ya mencionamos, el aire contaminado es raro siempre y cuando obtengas aire de una fuente de buena reputación, como los centros profesionales. Estos centros reconocen la gravedad del aire contaminado y controlan el aire frecuentemente para garantizar su calidad. No cargues tus botellas en un compresor ni otra fuente de aire que no esté específicamente diseñada como sistema de compresor de aire *respirable*; por ejemplo, no deberías utilizar sistemas de aire industrial del tipo de los utilizados para hinchar ruedas o alimentar chorreadores de arena. Para evitar el aire contaminado asegúrate de llenar tus botellas sólo con aire comprimido puro, seco, filtrado de una fuente de buena reputación.

⚠️ Incluso si has cargado tu botella en una fuente de buena reputación, si el aire tiene un sabor u olor malos, no lo uses. Si te sientes enfermo o con dolor de cabeza durante una inmersión, termínala inmediatamente. Si sospechas que puedes tener aire contaminado en tu botella por cualquier razón, guarda el aire para analizarlo y no bucees con ese aire.

Hay otra forma de sufrir intoxicación por aire contaminado y es la de respirar el aire del escape del motor en un barco. Procura mantenerte apartado del escape del barco y al aire libre.

¿Demasiado de algo bueno?
Para evitar los problemas de la toxicidad del oxígeno, no llenes nunca tu botella con aire enriquecido ni utilices una botella que esté marcada como botella de aire enriquecido a menos que estés entrenado y certificado como Buceador con Aire Enriquecido.

Oxígeno

⚠️ Debido a que necesitas el oxígeno para vivir puede resultar extraño que el oxígeno se vuelve tóxico si lo respiras bajo presión. Pero, de hecho, puedes tener "demasiado de algo bueno" – si llenas tu botella de buceo con oxígeno puro en vez de aire comprimido. Puedes sufrir una intoxicación por oxígeno a tan sólo 6 metros/20 pies de profundidad. Este es el motivo por el que nunca debes llenar tu botella con oxígeno puro.

El 21 por ciento de oxígeno del aire comprimido también puede ser tóxico, pero no hasta que desciendes muy por debajo de los límites máximos recomendados para el buceo recreativo. Por eso, al bucear con aire dentro de los límites de profundidad del buceo recreativo, la intoxicación por oxígeno no es un problema.

Los buceadores recreativos a veces utilizan aire *enriquecido* (también conocido como "aire enriquecido nitrox" o "nitrox") que tiene más del 21 por ciento de oxígeno. El aire enriquecido tiene algunas ventajas en lo referente al tiempo que puedes estar bajo el agua a una profundidad determinada, pero puedes tener problemas con el oxígeno utilizándolo dentro de los límites de profundidad del buceo recreativo. Por este motivo, el buceo con aire enriquecido requiere entrenamiento especial y tiene requisitos de equipo especiales (para evitar los posibles problemas de combustión con altos niveles de

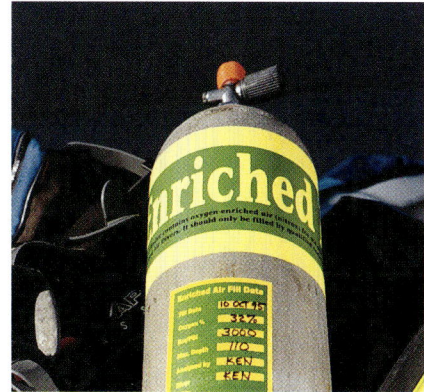

Cuestionario Rápido

Autoevaluación 6

1. Los dos gases principales que componen el aire son:
   - ☐ a. hidrógeno y oxígeno.
   - ☐ b. helio y nitrógeno.
   - ☐ c. dióxido de carbono e hidrógeno.
   - ☑ d. oxígeno y nitrógeno.

2. Los síntomas de respirar aire contaminado incluyen (marca todas las correctas):
   - ☑ a. dolor de cabeza.
   - ☑ b. nausea.
   - ☑ c. uñas y labios de color rojo cereza.
   - ☐ d. dolor en las extremidades y en las articulaciones.

3. Si se sospecha que un buceador ha respirado aire contaminado debes (marca todas las correctas):
   - ☑ a. suministrarle aire fresco.
   - ☑ b. suministrarle oxígeno si está disponible.
   - ☑ c. prestarle atención médica.
   - ☐ d. Nada de lo anterior.

4. Evitas los problemas con el aire contaminado cargando tus botellas sólo en una fuente de aire de buena reputación con un sistema de compresores diseñados para suministrar aire respirable.
   - ☑ Verdadero ☐ Falso

5. Para prevenir los problemas con el oxígeno (marca todas las correctas):
   - ☑ a. no cargues nunca tu botella con oxígeno puro.
   - ☑ b. no excedas los límites del buceo recreativo.
   - ☑ c. no utilices aire enriquecido (nitrox) a menos que estés entrenado y certificado para su uso.
   - ☐ d. utiliza aire al que se le haya eliminado todo el oxígeno.

¿Cómo lo has hecho?
1. d   2. a, b, c   3. a, b, c   4. Verdadero
5. a, b, c.

oxígeno); los centros de buceo de buena reputación no proporcionarán aire enriquecido si no se demuestra una certificación para bucear con aire enriquecido.

Así que, para evitar los problemas de la toxicidad del oxígeno, no llenes (ni dejes que te llenen) nunca tu botella con aire enriquecido, a menos que estés entrenado y certificado adecuadamente. No utilices una botella que esté marcada como botella de aire enriquecido (como siempre, a no ser que estés entrenado y certificado para ello).

Narcosis de nitrógeno

Aunque el nitrógeno no tiene influencia directa en la superficie, eso cambia cuando lo respiras bajo presión. Bajo el agua, a profundidades cercanas a los 30 metros/100 pies, el nitrógeno tiene un notable efecto tóxico que aumenta conforme aumenta la profundidad.

Un buceador afectado por la narcosis de nitrógeno se comporta como se puede esperar que se comporte una persona borracha. La narcosis interfiere en el juicio y la coordinación del buceador, y puede crear una falsa sensación de seguridad, haciendo que no se preste atención a la seguridad y provocando comportamientos alocados. La narcosis de nitrógeno puede hacer que un buceador se sienta ansioso e incómodo, lo que puede conducir al pánico y a otras decisiones erróneas.

La narcosis de nitrógeno afecta a las personas de forma diferente, y afecta a la misma persona de forma diferente de un día a otro. Su efecto puede combinarse con algunos medicamentos o el alcohol y afectar a un buceador a menor profundidad de lo normal (de aquí la necesidad de no beber alcohol ni consumir drogas antes de bucear). La

Objetivos principales

Marca/subraya las respuestas a las siguientes preguntas conforme vayas leyendo:

22. ¿Cuáles son los cinco síntomas de la narcosis por nitrógeno?

23. ¿Qué debes hacer si la narcosis por nitrógeno se convierte en un problema?

24. ¿Cómo previenes la narcosis por nitrógeno?

Enfermedad descompresiva

Como ya has leído unas cuantas veces hasta este momento, tu tiempo bajo el agua tiene unos límites además de los que te dan el suministro de aire, el frío, el cansancio o tus deseos. Los límites están relacionados con la profundidad, y se derivan del nitrógeno que se disuelve en tus tejidos durante una inmersión. Este es quizá uno de los efectos más significativos de respirar aire bajo presión.

Durante una inmersión, el aumento de presión hace que el nitrógeno del aire se disuelva en los tejidos de tu cuerpo. La cantidad de nitrógeno que absorbes de esta forma depende principalmente de la profundidad y del tiempo de la inmersión. Cuanto mayor sea la profundidad y más tiempo estés, más exceso de nitrógeno absorbe tu cuerpo.

Tu cuerpo no utiliza el nitrógeno, por lo tanto el que llevas disuelto debe volver a salir y abandonar tu organismo. Cuando asciendes, la presión circundante disminuye y el exceso de nitrógeno no puede quedarse disuelto en tu cuerpo, por lo que comienza a abandonarlo, por lo tanto debes ascender despacio (a no más de 18 metros/60 pies por minuto), los ascensos seguros pueden reducir el riesgo de la enfermedad descompresiva.

Mantén la cabeza despejada

Bajo el agua, a profundidades cercanas a los 30 metros/100 pies, el nitrógeno tiene un notable efecto tóxico que aumenta conforme aumenta la profundidad. Esto se denomina narcosis de nitrógeno.

Objetivos principales

Marca/subraya las respuestas a las siguientes preguntas conforme vayas leyendo:

25. ¿Qué dos factores principales influyen en la absorción y eliminación de nitrógeno en un buceador?

26. ¿Qué condición se produce cuando un buceador excede los límites establecidos de profundidad y/o tiempo, produciéndose burbujas en el organismo durante el ascenso?

27. ¿Qué nueve factores secundarios pueden influir en la absorción y eliminación de nitrógeno del organismo?

28. ¿Qué signos y síntomas se asocian con la enfermedad descompresiva?

29. ¿Qué se entiende por lesiones disbáricas y por enfermedad descompresiva?

30. ¿Cuál es el tratamiento necesario para un buceador del que se sospecha que sufre lesiones disbáricas?

31. ¿Cuál es el procedimiento de primeros auxilios para asistir a alguien con lesiones disbáricas?

32. ¿Cómo evitas la enfermedad descompresiva?

Siempre que mantengas el exceso de nitrógeno dentro de unos límites razonables, tu cuerpo lo elimina sin complicaciones. Para mantenerlo dentro de los límites utilizas las tablas y ordenadores de buceo que te dan los tiempos máximos para una profundidad determinada basándose en cuánto nitrógeno absorbe y elimina tu cuerpo teóricamente.

Sin embargo, si permaneces bajo el agua por encima de esos límites, tu cuerpo absorbe tanto exceso de nitrógeno que cuando asciendes a la superficie, no puede eliminar el nitrógeno a la velocidad a la que sale de la disolución. Al escapar de los tejidos de tu cuerpo, el exceso de nitrógeno forma burbujas en los tejidos y en los vasos sanguíneos. El fenómeno es similar a abrir una botella de soda; reduces la presión y el gas disuelto escapa de la disolución produciendo efervescencia en la bebida. Las burbujas que se forman en el cuerpo después de una inmersión producen una condición médica muy grave denominada *enfermedad descompresiva*, también llamada algunas veces "bends". (Enseguida hablaremos más sobre ello).

Aunque el tiempo y la profundidad de la inmersión son las principales variables relacionadas con la enfermedad descompresiva, hay otros factores que influyen en la forma en que tu cuerpo absorbe y elimina el exceso de nitrógeno. Si están presentes, estos factores secundarios pueden contribuir a desarrollar la enfermedad descompresiva: fatiga, deshidratación, ejercicio vigoroso (antes, durante o después de la inmersión), frío, edad, enfermedad, lesiones, consumo de alcohol antes o después de bucear, y el exceso de peso. También, bucear a altitud sin seguir procedimientos especiales, o un aumento de altitud después de bucear al volar o conducir por montañas, pueden contribuir a sufrir la enfermedad descompresiva (veremos más sobre esto en la Sección Cinco).

⚠️ Tienes que bucear *dentro* de los límites de las tablas y ordenadores de buceo, y utilizar más precaución si se te puede aplicar alguno de los factores secundarios. Para reducir el riesgo de enfermedad descompresiva, acostúmbrate a bucear siempre con un margen de precaución entre el tiempo que buceas en realidad y el tiempo máximo permitido por la tabla o el ordenador de buceo que utilices.

Signos y síntomas de la enfermedad descompresiva. Como las burbujas pueden formarse en diferentes partes del cuerpo, los síntomas de la enfermedad descompresiva pueden variar.

Controla tus límites

Si permaneces bajo el agua por encima de esos límites, cuando asciendes a la superficie el exceso de nitrógeno forma burbujas en los tejidos y en los vasos sanguíneos. El fenómeno es similar a cuando abres una botella de soda y el gas disuelto escapa de la disolución produciendo efervescencia.

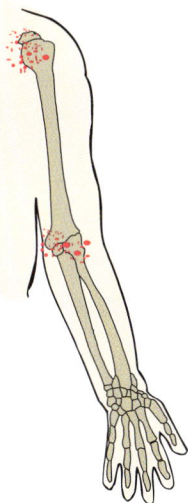

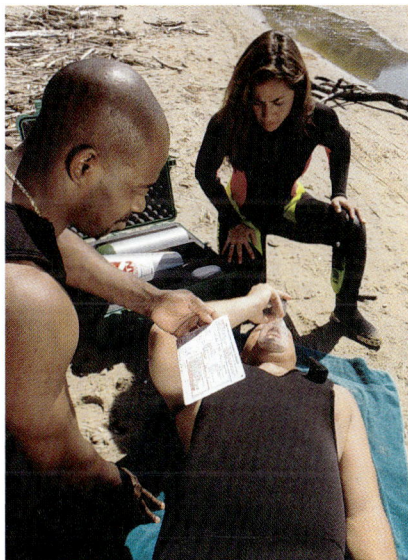

Problemas con las burbujas

La comunidad de medicina de buceo agrupa la enfermedad descompresiva y las lesiones por sobrepresión pulmonar bajo el término clínico de lesiones disbáricas. Lo hacen así porque los primeros auxilios y el tratamiento son idénticos en ambos casos, y no hay necesidad de distinguirlas para ayudar al buceador.

Los signos y síntomas incluyen parálisis, shock, debilidad, mareo, entumecimiento, hormigueo, dificultad respiratoria y diferentes grados de dolor en las articulaciones y en las extremidades. En los casos más graves se puede producir inconsciencia y la muerte.

La enfermedad descompresiva también puede manifestarse de forma sutil. Los síntomas pueden incluir dolor sordo de leve a moderado, normalmente, pero no necesariamente en las articulaciones, hormigueo y entumecimiento de leve a moderado, normalmente pero no necesariamente, en las extremidades. Debilidad y fatiga prolongada pueden ser consecuencia de la enfermedad descompresiva. Los síntomas de la enfermedad descompresiva pueden presentarse juntos o por separado, ocurrir en cualquier parte del cuerpo, y pueden ir acompañados de un ligero mareo.

Los síntomas se producen normalmente entre 15 minutos y 12 horas después de una inmersión, aunque pueden ocurrir más tarde. Tienden a aparecer gradualmente y a persistir, aunque pueden ser intermitentes. Independientemente de la gravedad de los síntomas, considera todos los casos de enfermedad descompresiva como graves.

Primeros auxilios y tratamiento. Las lesiones por sobrepresión pulmonar y la enfermedad descompresiva pueden presentar signos y síntomas muy parecidos aunque sean resultado de dos causas diferentes (aguantar la respiración frente a exceder los límites de tiempo y profundidad). La comunidad de medicina de buceo agrupa la enfermedad descompresiva y las lesiones por sobrepresión pulmonar bajo el término clínico de *lesiones disbáricas*. Lo hacen así porque los primeros auxilios y el tratamiento son idénticos en ambos casos, y no hay necesidad de distinguirlas para ayudar al buceador.

Si un buceador presenta síntomas de lesiones disbáricas, o si no estás seguro de ello, el buceador debe dejar de bucear, buscar atención médica y consultar a un médico con conocimientos de medicina de buceo. Como aprendiste en la Sección Tres, algunas zonas tienen servicios especiales de emergencia para buceadores que ofrecen asesoramiento y coordinan los servicios médicos de la zona para ayudar al buceador.

Los primeros auxilios para las lesiones disbáricas incluyen tumbar al paciente y hacer que respire oxígeno. Contactar con los servicios de emergencia médica de la zona y con los servicios de emergencias de buceo (si están disponibles – o la cámara de recompresión más cercana). Tu instructor te indicará la información de contacto de emergencia para las zonas de buceo locales.

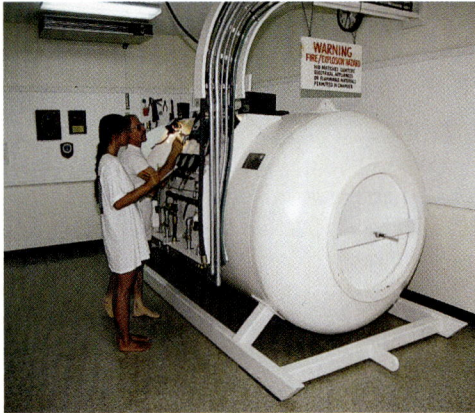

Controla al buceador y evita o trata el shock si es necesario. Un buceador que no respira necesitará la respiración artificial, y la RCP si no tiene pulso. Si el buceador está inconsciente y respirando túmbalo sobre el lado izquierdo con la cabeza sujeta y dale oxígeno como se indicaba en la Sección Tres. Controla continuamente la respiración y el pulso. Si el buceador está consciente y respirando, se puede tumbar boca arriba si estar tumbado sobre el lado izquierdo es demasiado incómodo.

No retrases los primeros auxilios y el traslado del buceador hasta el tratamiento adecuado. Cuanto antes comience el tratamiento menos riesgo existe de que sufra síntomas residuales permanentes. Aunque las lesiones disbáricas son una condición médica grave, con un tratamiento rápido y adecuado es muy extraño que resulten fatales para los buceadores recreativos.

Redisolución

Casi todos los casos de lesiones disbáricas requieren tratamiento en una cámara hiperbárica, durante el cual el buceador vuelve a ser sometido a presión para ayudar al cuerpo a absorber las burbujas de los tejidos.

Una medida prudente

La enfermedad descompresiva es rara entre los buceadores recreativos, pero sucede. Los servicios médicos y el tratamiento de recompresión pueden ser caros, y es posible que no estén cubiertos, o no estén cubiertos por completo, por tu seguro médico normal.

Afortunadamente, puedes obtener protección muy barata para cubrir los vacíos que puedas tener en el improbable caso de que padezcas la enfermedad descompresiva. Los costes y coberturas varían dependiendo de dónde vivas, pero la tasa anual es normalmente inferior a lo que cuesta una máscara de precio medio. Tener este seguro puede ahorrarte un gasto tremendo y puede reducir los retrasos en el tratamiento causados por consideraciones sobre cómo cubrir los costes.

El Programa PADI de Seguros de protección de buceadores está disponible en todo el mundo, y hay otros programas. Lo más probable es que no necesites este seguro incluso buceando durante muchos años pero si lo necesitas probablemente te habrás ahorrado más de 10 veces el dinero que has gastado en la cobertura de 10 años.

Recuerda, es tu responsabilidad manejar tu propio riesgo buceando con seguridad, y estando preparado si ocurre algo. Los seguros de accidentes de buceo son demasiado baratos para no tenerlos. Sé prudente – visita tu PADI Dive Center, Resort o Instructor para recibir información sobre cómo conseguir y mantener la cobertura. Por lo menos comprarás tranquilidad.

1. Los dos factores principales que afectan a la cantidad de nitrógeno que absorbes durante una inmersión son:
   - ❏ a. profundidad de la inmersión y cantidad de aire utilizado.
   - ☒ b. tiempo y profundidad de la inmersión.
   - ❏ c. tiempo de la inmersión y cantidad de aire utilizado.

2. La condición que se presenta cuando un buceador excede los límites de tiempo y profundidad establecidos produciendo burbujas en el cuerpo después del ascenso se denomina:
   - ☒ a. enfermedad descompresiva.
   - ❏ b. lesiones disbáricas.
   - ❏ c. lesiones por sobrepresión pulmonar.
   - ❏ d. narcosis de nitrógeno.

3. Los factores secundarios que pueden afectar a la absorción y eliminación de nitrógeno incluyen (marca todas las correctas):
   - ☒ a. consumo de alcohol antes o inmediatamente después de una inmersión.
   - ☒ b. deshidratación.
   - ☒ c. edad.
   - ☒ d. exceso de peso.

4. Los signos y síntomas de la enfermedad descompresiva incluyen (marca todas las correctas):
   - ☒ a. dolor en las articulaciones y en las extremidades.
   - ☒ b. hormigueo y fatiga.
   - ☒ c. parálisis e inconsciencia.
   - ❏ d. comportamiento alocado.

5. Las lesiones disbáricas es un término clínico que significa:
   - ❏ a. enfermedad descompresiva.
   - ❏ b. lesiones por sobrepresión pulmonar.
   - ☒ c. enfermedad descompresiva y lesiones por sobrepresión pulmonar.
   - ❏ d. cualquier lesión que ocurra bajo el agua.

6. Un buceador con lesiones disbáricas requiere tratamiento:
   - ❏ a. sólo en pocas ocasiones.
   - ☒ b. en una cámara hiperbárica.
   - ❏ c. volviendo a entrar al agua.
   - ❏ d. b y c.

7. Los primeros auxilios para las lesiones disbáricas incluyen (marca todas las correctas):
   - ☒ a. oxígeno de emergencia.
   - ☒ b. tumbarle sobre el lado izquierdo si está inconsciente y respira.
   - ☒ c. ponerse en contacto con los servicios de emergencia médica de la zona.
   - ☒ d. ponerse en contacto con un médico de medicina de buceo o con los servicios de emergencia de buceo de la zona.

8. Reduces el riesgo de enfermedad descompresiva (marca todas las correctas):
   - ☒ a. manteniéndote dentro de los límites de la tabla u ordenador de buceo.
   - ☒ b. buceando con precaución dejando un margen dentro de los límites.
   - ☒ c. haciendo ascensos lentos y seguros.

¿Cómo lo has hecho?
1. b 2. a 3. a, b, c, d 4. a, b, c 5. c
6. b 7. a, b, c, d 8. a, b, c.

Puntos clave

Casi todos los casos de lesiones disbáricas requieren tratamiento en una cámara hiperbárica, durante el cual el buceador vuelve a ser sometido a presión para ayudar al cuerpo a absorber las burbujas de los tejidos. Este tratamiento requiere normalmente varias horas, se necesita utilizar oxígeno y a menudo terapia con medicamentos. No permitas que un buceador del que se sospecha que tiene lesiones disbáricas vuelva a meterse bajo el agua. Los intentos de tratar a un buceador bajo el agua acaban normalmente con un empeoramiento de los síntomas y con resultados desastrosos, y sólo consiguen retrasar el tratamiento adecuado.

Aunque la enfermedad descompresiva es una condición grave, dolorosa y potencialmente mortal, se evita siguiendo adecuadamente los límites de seguridad de tiempo y profundidad establecidos en las tablas y los ordenadores de buceo. Las lesiones por sobrepresión pulmonar son también graves, dolorosas y potencialmente mortales, pero se evitan respirando continuamente y no aguantando nunca la respiración. Especialmente importante para prevenir las lesiones disbáricas (enfermedad descompresiva y lesiones por sobrepresión pulmonar) es ascender a un ritmo lento y hacer una parada de seguridad a 5 metros/15 pies. Aprenderás más sobre esta parada en la Sección Cinco.

Tablas y ordenadores de buceo (introducción)

Tu cuerpo absorbe nitrógeno durante una inmersión; después de la inmersión, tu cuerpo tolera un cierto nivel de exceso de nitrógeno sin desarrollar la enfermedad descompresiva. La cuestión es, ¿cómo sabes cuál es ese nivel para permanecer dentro de él?

Para responder a esta pregunta, los fisiólogos y otros científicos han creado modelos matemáticos de descompresión que registran el nitrógeno residual que tienes en tu cuerpo, durante y después de una inmersión. Para su aplicación en la práctica, estos modelos están expresados en forma de tablas de buceo y en ordenadores de buceo que, como ya

Objetivos principales

Marca/subraya las respuestas a las siguientes preguntas conforme vayas leyendo:

33. **¿Cuál es la utilidad principal de las tablas y ordenadores de buceo?**

34. **¿Qué significa inmersión sin descompresión / buceo sin paradas e inmersión con descompresión?**

35. **¿Qué es el límite de no-descompresión (LND)?**

36. **¿Por qué debes evitar los límites máximos de las tablas y ordenadores de buceo?**

37. **¿En que se diferencia el Planificador de Inmersiones Recreativas que distribuye PADI de otras tablas de buceo?**

38. **¿Por qué el nivel de nitrógeno en tu organismo es mayor tras una inmersión sucesiva que si realizas la misma inmersión como inmersión simple?**

39. **¿Qué es el nitrógeno residual?**

40. **¿Qué es una inmersión sucesiva?**

41. **¿Cuáles son las reglas generales para usar el Planificador de Inmersiones Recreativas y cómo las aplicas?**

42. **¿Qué es tiempo de fondo?**

43. **¿Cuál es el límite máximo de profundidad para todo el buceo recreativo?**

leíste antes, utilizas principalmente para determinar el tiempo máximo permitido para una determinada profundidad.

El hecho de que los límites de tiempo de inmersión estén basados en un *modelo* explica por qué necesitas bucear con prudencia y evitar los tiempos máximos que te ofrecen la tabla o el ordenador. Los modelos teóricos no pueden tener en cuenta las variaciones entre un individuo y otro, así que es prudente mantenerse dentro de los límites que predice una tabla u ordenador de buceo. Esto es especialmente cierto si se te puede aplicar alguno de los factores que contribuyen a la enfermedad descompresiva (ejercicio vigoroso, frío, edad, etc.) en esa situación de buceo. Querrás permanecer dentro de los límites y tomar precauciones adicionales para evitar en lo posible los factores secundarios que contribuyen; es decir, no puedes cambiar tu edad, pero puedes evitar la deshidratación.

Es decir, como la gente difiere en su susceptibilidad a la enfermedad descompresiva, ninguna tabla ni ordenador de buceo pueden garantizar que nunca ocurra la enfermedad descompresiva, incluso buceando dentro de los límites de la tabla u ordenador. Es siempre deseable planificar las inmersiones con un margen dentro de los límites de la tabla o el ordenador, especialmente si se aplican algunos factores contributivos.

Buceo sin descompresión (sin paradas). Como buceador recreativo, aprenderás *buceo sin descompresión.* Buceo sin descompresión significa que planificarás tus inmersiones y bucearás de forma que puedas siempre ascender directamente a la superficie sin hacer paradas y sin riesgo importante de enfermedad descompresiva. También se denomina (en cierta manera es más exacto) *buceo sin paradas porque no tienes* que hacer una parada (aunque normalmente la hagas – veremos más sobre esto en la Sección Cinco). Como buceador recreativo *siempre* planificarás tus inmersiones como inmersiones sin descompresión.

Hay otros tipos de buceo más allá del buceo recreativo: buceo militar, profesional, de investigación y técnico que a menudo implican *buceo con descompresión.*

Buceo con descompresión significa que los buceadores absorben tanto nitrógeno (u otro gas) durante una inmersión que no es posible ascender directamente a la superficie sin riesgo sustancial de sufrir la enfermedad descompresiva. Para evitarlo, los buceadores realizan una serie de paradas, progresivamente más larga cada una, para permitir suficiente tiempo al cuerpo para eliminar el nitrógeno disuelto. El buceo con descompresión normalmente requiere el uso de gases sintéticos especiales para respirar, una gran cantidad de apoyo en superficie, e incluso si se realiza adecuadamente, el buceador tienen más riesgo de enfermedad descompresiva y otros peligros en comparación con el buceo recreativo. Evidentemente este tipo de buceo está más allá del objetivo de este curso y del buceo recreativo, aunque aprenderás los procedimientos para realizar paradas de descompresión *de emergencia* en el improbable caso de que excedas accidentalmente un límite sin descompresión.

Tablas de buceo. Aunque vayas a bucear con ordenador, deberás comprender los fundamentos básicos de la tabla. Las tablas de buceo se usan aproximadamente desde 1907 y fueron el primer método de planificación de inmersiones hasta llegar a los modernos ordenadores de buceo en los años 80. Las tablas de buceo todavía tienen su lugar debido a que ayudan a comprender lo que el ordenador te dice y porque suponen un respaldo efectivo para tu ordenador (aunque los ordenadores de buceo actuales son verdaderamente fiables y rara vez dan problemas).

Hasta 1988, las tablas de buceo que utilizaban los buceadores recreativos eran en realidad versiones caseras de las tablas de buceo militar o profesional. Aunque eran adecuadas para planificar inmersiones recreativas, eran tablas de buceo con descompresión y tenían que adaptar grandes cantidades teóricas de nitrógeno, y como consecuencia "penalizaban" a los buceadores recreativos, que, al realizar inmersiones sin descompresión, tenían menos nitrógeno residual teórico. Además, estas tablas habían sido probadas en buceadores militares principalmente varones jóvenes que no representaban el espectro de población que encuentras en el buceo recreativo.

Las tablas de buceo profesional/militar funcionaban, pero no eran las ideales. En 1988. la DSAT (Diving Science & Technology) introdujo el Planificador de Inmersiones Recreativas (PIR), que fueron las primeras tablas de buceo diseñadas para planificar y realizar inmersiones recreativas sin descompresión. Fueron las primeras (y hasta el momento de escribir este texto las únicas) tablas de este tipo validadas con inmersiones de prueba realizadas por buceadores recreativos voluntarios – hombres, mujeres, jóvenes, viejos, etc.

El PIR está disponible en dos formatos – en formato Tabla y en formato tabla electrónica de buceo, el ePIRML.

Esto supuso una de las pruebas de descompresión más amplias y más completas en el buceo recreativo. Distribuido por PADI, el PIR se convirtió (y sigue siendo) rápidamente en las tablas de buceo más populares del mundo; incluso algunos de los ordenadores de buceo más populares utilizan los datos de las pruebas del PIR en sus modelos electrónicos de descompresión.

Está disponible en el formato Tabla y en el formato ePIRML, una tabla de buceo electrónica y en versiones métrica e imperial. Para los buceadores acostumbrados a las tablas convencionales, la DSAT desarrolló la versión Tabla. Para simplificar el uso y hacer posible el buceo a multinivel sin utilizar un ordenador de buceo (enseguida veremos más sobre buceo a multinivel), la DSAT desarrolló el ePIRML. El ePIRML se presentó en 2008, se trata de una tabla de buceo electrónica que te proporciona la misma información que te da el PIR en la versión tabla además de algunas características adicionales. Mucha gente encuentra el ePIRML con el formato tipo calculadora más sencillo que una tabla.

Ordenadores de buceo. Los ordenadores de buceo realizan el mismo trabajo que el PIR, es decir, calculan la cantidad teórica de nitrógeno disuelta en tu cuerpo basándose en un modelo descompresivo. Los ordenadores de buceo no son más o menos válidos que una tabla, sin embargo, tienen la ventaja de la electrónica para aplicar el modelo a tus tiempos y profundidades de buceo exactos, actualizando constantemente tu tiempo de fondo restante disponible según tu profundidad. Los ordenadores de buceo son tan versátiles que hoy en día poca gente bucea sin ellos. Las ventajas que aportan incluyen:

- Son más apropiados que las tablas porque controlan tu tiempo y profundidad de manera automática. Este hecho reduce el error humano.

- Te proporcionan más tiempo sin paradas en perfiles multinivel. A medida que asciendes, absorbes el nitrógeno más lentamente y tu ordenador de buceo te bonifica por ello incrementando el tiempo de no descompresión disponible. Las tablas deben suponer que realizas la totalidad de la inmersión a la mayor profundidad alcanzada, proporcionándote tiempos sin paradas mucho más cortos. El incremento del tiempo de buceo ofrecido por un ordenador es sustancial y es una de las principales razones por las que querrás uno. (Ten en cuenta que el ePIRML te deja planificar inmersiones multinivel con mayor cantidad de tiempo sin paradas, sirviendo de un respaldo excelente a tu ordenador de buceo. (Sin embargo, un ordenador de buceo ofrece más tiempo de buceo que incluso el ePIRML.)

- Rastrean tu nitrógeno teórico a lo largo de una inmersión completa desde el inicio (y a menudo durante más tiempo). Con las tablas tienes que calcular los diferentes tiempos sin paradas para cada inmersión sucesiva, lo cual depende del tiempo y de la profundidad de las inmersiones previas y del tiempo que hayas permanecido fuera del agua. Utilizar el PIR no supone dificultad alguna (aprenderás cómo), pero un ordenador de buceo es mucho más cómodo.

Como se ha mencionado, aprenderás la utilización del PIR aun cuando vayas a bucear la mayoría de las veces usando un ordenador. Conocer cómo funciona tu ordenador personal de buceo así como ser hábil con el PIR te permitirá planificar y supervisar todas tus actividades de buceo. Aprenderás más acerca de los procedimientos de los ordenadores de buceo en la Sección Cinco.

Inmersiones sucesivas

Las tablas y ordenadores de buceo te dicen tu límite sin descompresión (LND – el tiempo máximo permitido sin realizar paradas para una determinada profundidad) basándose en la cantidad teórica de nitrógeno que absorbe tu cuerpo durante una inmersión, y también tienen en cuenta el nitrógeno que absorbes en las inmersiones *anteriores.* Esto es porque se necesitan varias horas – en teoría a veces más de un día – después de salir a la superficie para eliminar todo el nitrógeno de tu cuerpo. El nitrógeno que queda en tu cuerpo después de una inmersión se denomina *nitrógeno residual*. Una inmersión realizada antes de eliminar todo el nitrógeno residual de una inmersión anterior se denomina *inmersión sucesiva.*

El gráfico te ofrece una idea de cómo funciona esto. Antes de tu primera inmersión, tu cuerpo tiene un nivel de nitrógeno normal (A). Después de salir a la superficie, tu nivel de nitrógeno es mayor, incluso aunque hayas estado dentro de los límites de seguridad de tu tabla u ordenador (B). Después de pasar un tiempo en la superficie, tu cuerpo ha eliminado parte del nitrógeno residual, pero no todo. Puedes ver que estás más cerca del límite máximo de lo que estabas antes de la inmersión, por lo que una inmersión sucesiva tendrá un límite de tiempo sin descompresión más corto (C). Después de la inmersión sucesiva todavía estás dentro de los límites aceptables,

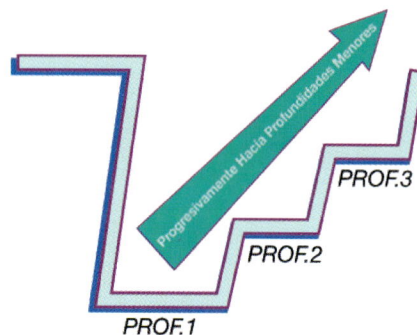

Sube para tener más tiempo abajo

Los ordenadores de buceo ofrecen más tiempo sin parada en los perfiles multinivel. Conforme asciendes, absorbes nitrógeno más lentamente y los ordenadores de buceo lo tienen en cuenta aumentando tu tiempo sin descompresión. El ePIRᴍʟ también te proporciona tiempo adicional sin descompresión en las inmersiones multinivel.

Casi normal

Con la comodidad y el tiempo de inmersión sin descompresión que te ofrece un ordenador de buceo hoy en día es más difícil ver a un buceador sin un ordenador que con uno.

pero tu nivel de nitrógeno ha aumentado e incluye el nitrógeno absorbido durante esta inmersión, más el nitrógeno residual que quedaba de la primera inmersión (D). El PIR y/o tu ordenador de buceo te ayudan a determinar los límites de tiempo y profundidad aceptables para la primera inmersión y para la inmersión sucesiva, teniendo en cuenta los cambios teóricos del nivel de nitrógeno en el cuerpo.

Cuánto tiempo tienes que esperar antes de que una inmersión no sea inmersión sucesiva depende de la tabla u ordenador. Un ordenador registra el nitrógeno teórico para diferentes intervalos, pero no es realmente importante saber el intervalo porque el ordenador lo tiene en cuenta automáticamente.

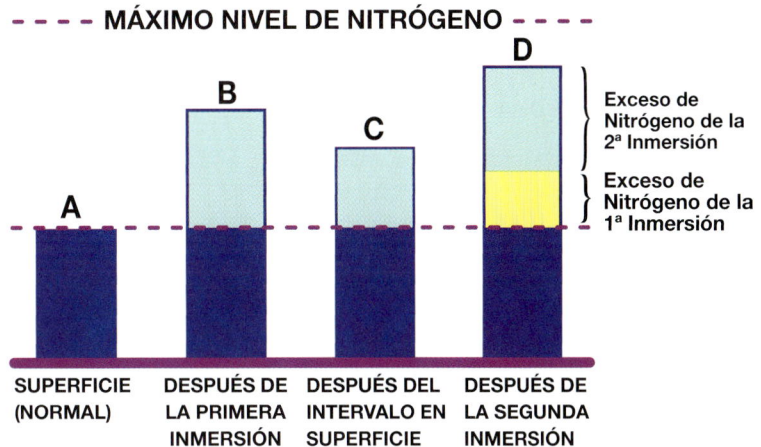

- - - - MÁXIMO NIVEL DE NITRÓGENO - - - -

Exceso de Nitrógeno de la 2ª Inmersión

Exceso de Nitrógeno de la 1ª Inmersión

SUPERFICIE (NORMAL) — DESPUÉS DE LA PRIMERA INMERSIÓN — DESPUÉS DEL INTERVALO EN SUPERFICIE — DESPUÉS DE LA SEGUNDA INMERSIÓN

Utilizando el PIR, si no planificas una inmersión en al menos seis horas, el nitrógeno residual no tiene consecuencias, Por otro lado, si planificas bucear dentro de las próximas seis horas, tienes que tener en cuenta el nitrógeno residual cuando planifiques tu inmersión – y esto es parte de lo que debes aprender a hacer con el Planificador de Inmersiones Recreativas.

Reglas generales para utilizar el Planificador de Inmersiones Recreativas

Tanto si aprendes a utilizar la versión Tabla como la versión ePIRML del Planificador de Inmersiones Recreativas, hay algunas reglas generales que debes seguir:

1. *Tiempo en el fondo* es el tiempo total en minutos desde que comienzas el descenso hasta que comienzas el ascenso final hacia la superficie o hacia la parada de seguridad. (Nota: por comodidad, muchos buceadores utilizan el tiempo que transcurre desde que abandonan la superficie hasta que regresan a ella como tiempo en el fondo. Esta es una medida más conservadora que la verdadera definición de tiempo en el fondo y también es aceptable.)

2. Cualquier inmersión planificada a 10 metros/35 pies o menos debe calcularse como una inmersión a 10 metros/35 pies.

Cargas de nitrógeno
Antes de tu primera inmersión, tu cuerpo tiene un nivel de nitrógeno normal (A). Después de salir a la superficie, tu nivel de nitrógeno es mayor, incluso aunque hayas estado dentro de los límites de seguridad de tu tabla u ordenador (B). Después de pasar un tiempo en la superficie, tu cuerpo ha eliminado parte del nitrógeno residual, pero no todo. Puedes ver que estás más cerca del límite máximo de lo que estabas antes de la inmersión, por lo que una inmersión sucesiva tendrá un límite de tiempo sin descompresión más corto (C). Después de la inmersión sucesiva todavía estás dentro de los límites aceptables, pero tu nivel de nitrógeno ha aumentado e incluye el nitrógeno absorbido durante esta inmersión, más el nitrógeno residual que quedaba de la primera inmersión (D).

3. Utiliza el número exacto o el inmediato superior para la profundidad de todas las inmersiones.

4. Utiliza el número exacto o el inmediato superior para el tiempo de todas las inmersiones.

5. Asciende lentamente de todas las inmersiones a una velocidad que no exceda los 18 metros/60 pies por minuto. (0,33 metros/1 pie por segundo). Más despacio está bien.

6. Sé siempre prudente y evita utilizar los límites máximos.

7. Al planificar una inmersión en aguas muy frías o bajo condiciones que pueden ser estresantes planifica la inmersión suponiendo que es 4 metros/10 pies más profunda de la profundidad real.

8. La gran cantidad de datos experimentales existentes implican principalmente perfiles progresivos, es decir haciendo la inmersión más profunda primero y buceando de mayor profundidad a menor profundidad cuando se hace buceo a multinivel. Por este motivo, los perfiles progresivos (inmersión profunda primero) son los recomendados.

9. Limita todas las inmersiones sucesivas a 30 metros/100 pies de profundidad o menos.

10. Limita tu profundidad máxima a tu nivel de entrenamiento y experiencia. Los Scuba Divers deben limitarse a 12 metros/40 pies. Como Open Water Diver debes limitar tu profundidad a 18 metros/60 pies. Los buceadores con mayor experiencia y entrenamiento deberían limitar generalmente su profundidad máxima a 30 metros/100 pies. Los buceadores con experiencia y/ o entrenamiento adecuado pueden bucear hasta 40 metros/130 pies. Planifica todas las inmersiones como inmersiones sin descompresión y ninguna

Límites de Profundidad

- **18 m/60 pies Principiantes**
- **30 m/100 pies Recomendado**
- **40 m/130 pies Absoluto**

inmersión debe exceder el límite máximo de profundidad para el buceo recreativo de 40 metros/130 pies. El buceo con descompresión está fuera del campo del buceo recreativo y el Planificador de Inmersiones Recreativas no ha sido diseñado para planificar inmersiones con descompresión.

11. No excedas los límites del PIR, y siempre que sea posible evita bucear en el límite del planificador. Los 42 metros/140 pies aparecen en el PIR sólo para emergencias – no bucees a esa profundidad.

Cuestionario Rápido

1. El principal uso de las tablas y ordenadores de buceo es:
   - ☒ a. decirte el tiempo permitido disponible a una determinada profundidad.
   - ❏ b. calcular el consumo de aire.

2. Buceo sin descompresión significa que:
   - ☒ a. puedes ascender directamente a la superficie en cualquier momento sin riesgo importante de enfermedad descompresiva.
   - ❏ b. no puedes quedarte sin aire dentro de los límites.
   - ❏ c. estás dentro de una profundidad en la que no puedes sufrir narcosis de nitrógeno.

3. Un límite sin descompresión es:
   - ☒ a. el tiempo máximo que puedes pasar a una profundidad determinada y hacer buceo sin descompresión.
   - ❏ b. la profundidad máxima de la inmersión.

4. Debes evitar los límites máximos de las tablas y computadores de buceo porque:
   - ☒ a. la gente difiere en su susceptibilidad a la enfermedad descompresiva.
   - ❏ b. un gran número de tablas y ordenadores de buceo son inexactos.

5. El PIR se diferencia de otras tablas en que:
   - ☒ a. fue diseñado específicamente para el buceo recreativo sin descompresión.
   - ❏ b. fue diseñado para permitir a los buceadores recreativos realizar inmersiones con descompresión.

6. El nivel de nitrógeno de tu cuerpo después de una inmersión sucesiva es mayor que si hubieras hecho la misma inmersión sin ser sucesiva porque todavía tienes nitrógeno de la inmersión anterior.
   - ☒ Verdadero ❏ Falso

7. El nitrógeno residual es:
   - ❏ a. el exceso de nitrógeno que queda en tu botella después de utilizar todo el oxígeno.
   - ☒ b. el nitrógeno que queda en tu cuerpo durante varias horas después de una inmersión.

8. Al utilizar el PIR, si un tiempo o profundidad exactos no aparecen, redondea al tiempo o profundidad más cercano.
   - ❏ Verdadero ☒ Falso

9. El tiempo de fondo es:
   - ❏ a. el tiempo desde que llegas al fondo hasta que empiezas a subir a la superficie.
   - ☒ b. el tiempo desde que ~~dejas la superficie hasta que dejas el fondo~~ para tu ascenso final a la superficie.

10. El límite máximo de profundidad para el buceo recreativo es:
    - ❏ a. 18 metros/60 pies.
    - ☒ b. 40 metros/130 pies.
    - ❏ c. 60 metros/200 pies.

¿Cómo lo has hecho?
1. a   2. a   3. a   4. a   5. a
6. Verdadero   7. b   8. Falso, debes redondear siempre al tiempo o profundidad superior.   9. b   10. b

Sé un Buceador Seguro – Asciende Lentamente de Cada Inmersión

Durante el ascenso, tu cuerpo necesita tiempo para adaptarse al cambio de presión, y tú necesitas tiempo para regular tu flotabilidad, prestar atención a tu compañero y observar si hay obstáculos por encima de tu cabeza. Es importante ascender lentamente – no más rápido de 18 metros/60 pies por minuto, que es más lento de lo que puedes imaginar.

Como nuevo buceador, te puede resultar un poco difícil al principio calcular tu velocidad de ascenso. No te preocupes. Comienza tu ascenso con suficiente aire para poder realizar un ascenso lento hacia la superficie. Preferiblemente, asciende a lo largo de un cabo o sigue el contorno del fondo para tener una referencia visual que te ayude a controlar tu velocidad. Utiliza tu profundímetro al ascender para ayudarte a saber a qué velocidad estás ascendiendo, sobre todo si lo haces sin una referencia visual. Te debería costar al menos 10 segundos ascender 3 metros/10 pies – pero no te preocupes por la exactitud, siempre y cuando no excedas este ritmo. De hecho, es una buena idea ascender más despacio – la mayoría de los computadores te avisan si excedes los 10 metros/30 pies por minuto.

Siempre que sea posible, detén tu ascenso al llegar a los 5 metros/15 pies y espera tres minutos – más es mejor – antes de continuar tu ascenso, sobre todo después de inmersiones profundas o inmersiones cerca del límite de no-descompresión. Esto se denomina parada de seguridad (aprenderás más sobre las paradas de seguridad en la Sección Cinco), y te proporciona un margen de seguridad extra.

Piensa en la velocidad de 18 metros/60 pies por minuto como límite de la velocidad de ascenso. Está bien ir más despacio pero no más rápido. Sé un buceador seguro: asciende lentamente de cada inmersión.

Puntos clave

En este subapartado sobre Introducción a las Tablas y ordenadores de buceo has aprendido que:

▲ Las tablas y ordenadores de buceo utilizan modelos matemáticos para calcular el nitrógeno teórico en tu cuerpo antes, durante y después de una inmersión.

▲ La gente varía en su susceptibilidad a la enfermedad descompresiva, por lo que ninguna tabla u ordenador de buceo puede garantizar que nunca tendrás enfermedad descompresiva incluso buceando dentro de los límites. Por eso, bucea claramente dentro de los límites de la tabla / ordenador.

▲ Un ordenador de buceo tiene algunas ventajas e inconvenientes en su uso comparado con las tablas de buceo, pero no es ni más ni menos válido.

▲ Los buceadores recreativos hacen sólo inmersiones sin descompresión (sin paradas).

▲ El PIR es la tabla de buceo recreativo más popular y es la primera desarrollada y probada exclusivamente para el buceo recreativo.

▲ El ePIRML y los ordenadores de buceo te ofrecen más tiempo sin descompresión cuando haces inmersiones multinivel.

▲ Tienes que tener en cuenta el nitrógeno que absorbes en una inmersión si haces una inmersión sucesiva antes de que tus niveles de nitrógeno regresen a lo normal.

▲ Debes mantenerte dentro del límite de profundidad de tu entrenamiento y/o experiencia. En general: Scuba Divers – 12 metros/40 pies; Open Water Divers – 18 metros/60 pies; límite general para el buceo recreativo – 30 metros/100 pies; límite máximo – 40 metros/130 pies.

▲ Tienes que ser un buceador SAFE (seguro): Asciende Lentamente Después de Cada Inmersión (Slowly Ascend From Every Dive).

Uso del Planificador de Inmersiones Recreativas

Mira el librito de *Instructions for Use* (Instrucciones de Uso) que viene con el PIR. Si estás aprendiendo a utilizar el ePIRML, lee el Librillo de Instrucciones de uso y haz los problemas de ejemplo. Si estás aprendiendo a utilizar la Tabla, lee y rellena los problemas/ejercicios de ejemplo hasta "Encontrar el intervalo mínimo en superficie".

Después regresa a este manual y sigue con el Anticipo de la Inmersión en aguas confinadas.

Objetivos principales

Cuando termines la lectura asignada del librillo de Instrucciones para el uso del PIR (Tabla o ePIRML), deberás de ser capaz de contestar a las siguientes preguntas:

44. ¿Cómo encuentras el LND para cualquier profundidad entre 0 y 40 metros/130 pies utilizando el Planificador de Inmersiones Recreativas?

45. ¿Qué es un grupo de presión?

46. ¿Cómo encuentras el grupo de presión para una inmersión de determinada profundidad y tiempo utilizando el Planificador de Inmersiones Recreativas?

47. ¿Qué es el intervalo en superficie (IS)?

48. ¿Cómo encuentras el grupo de presión después de un intervalo en superficie utilizando el Planificador de Inmersiones Recreativas?

49. ¿Qué es el tiempo de nitrógeno residual (TNR)? [Sólo en la versión Tabla]

50. ¿Cómo encuentras los tiempos de nitrógeno residual en la Tabla 3 del Planificador de Inmersiones Recreativas para unas profundidades y grupos de presión determinados? [Sólo en la versión Tabla]

51. ¿Qué es el límite ajustado de no-descompresión?

52. ¿Cómo encuentras los límites ajustados de no-descompresión para unas profundidades y grupos de presión determinados en la Tabla 3 del Planificador de Inmersiones Recreativas? [Sólo en la versión Tabla]

53. ¿Qué es el perfil de inmersión?

54. Al dibujar un perfil completo de tres inmersiones, ¿dónde situarías:
    - los intervalos en superficie?
    - los grupo de presión?
    - las profundidades?
    - los tiempos de fondo?

55. ¿Qué es el tiempo real de fondo (TRF)? – [Sólo en la versión Tabla]

56. ¿Qué es el tiempo total de fondo (TTF)? – [Sólo en la versión Tabla]

57. ¿Cómo calculas el tiempo total de fondo de una inmersión sucesiva? – [Sólo en la versión Tabla]

58. ¿Cómo encuentras el grupo de presión final después de hacer inmersiones sucesivas múltiples utilizando el Planificador de Inmersiones Recreativas?

59. ¿Cuáles son las dos reglas especiales para inmersiones sucesivas?

60. ¿Cuáles son los intervalos en superficie mínimos que deben cumplirse al planificar tres o más inmersiones cuando:
    - el grupo de presión final tras cualquiera de las inmersiones es W o X?
    - el grupo de presión final tras cualquiera de las inmersiones es Y o Z?

Anticipo de la Inmersión en aguas confinadas

Aunque esta es una clase de buceo con equipo autónomo, comenzarás esta inmersión en aguas confinadas buceando en apnea sin el equipo autónomo – pero volverás a utilizar el equipo autónomo y a respirar bajo el agua enseguida.

Pero ¿qué tiene que ver el buceo en apnea con el aprender a bucear con equipo autónomo? En realidad, bastante, porque el equipo autónomo a menudo te coloca en situaciones en las que sería mejor utilizar el tubo o bucear en apnea. Por ejemplo, puedes encontrar algunos sitios de muy poca profundidad en los que no hace falta el equipo autónomo. O, puede que desees dar una vuelta con tu compañero para ver si vale la pena bucear con equipo autónomo – puedes nadar mucho más rápido como buceador en apnea. A veces puede que quieras bucear en un sitio, pero el peso y el tamaño del equipo autónomo supone un problema, por ejemplo cuando buceas desde un barco pequeño con el máximo de pasajeros.

Para el buceo en apnea utilizarás todo tu equipo excepto el equipo autónomo, y utilizarás menos plomo para tener flotabilidad positiva, o un chaleco de buceo con tubo. Tu instructor puede hacerte preparar el equipo autónomo mientras preparas el equipo para el buceo en apnea de forma que esté listo para su utilización después.

Hiperventilación

Como no utilizas el equipo autónomo para bucear en apnea, aguantas tu respiración para abandonar la superficie (o sino regresarás muy rápidamente). La mayor parte de las personas tienen problemas para aguantar la respiración durante más de un minuto, especialmente cuando están haciendo algo que requiere mucha energía como nadar bajo el agua.

Para aguantar más tiempo la respiración puedes utilizar la *hiperventilación*, que anula temporalmente la urgencia de respirar. La hiperventilación intencionada no es nada más que tomar tres o cuatro respiraciones profundas rápidas antes de aguantar la respiración en apnea. Después de hiperventilar pasa más tiempo hasta que sientas la necesidad de respirar, de forma que puedes estar más tiempo bajo el agua.

Esto es lo qué serás capaz de realizar después de completar con éxito la Inmersión en aguas confinadas Cuatro:

Nota: Los ejercicios de buceo en apnea pueden ser realizados en las inmersiones en aguas confinadas Dos, Tres, Cuatro o Cinco.

Ejercicios de buceo en apnea

1. Demostrar el uso adecuado de la hiperventilación al bucear en apnea.

2. Hacer una bajada vertical con la cabeza primero desde la superficie en agua demasiado profunda para estar de pie (sin salpicar ni mover los brazos excesivamente).

3. Vaciar y respirar de un tubo después del ascenso.

Ejercicios de buceo con equipo autónomo

4. Nadar bajo el agua sin máscara una distancia no inferior a 15 metros/50 pies y reemplazar y vaciar la máscara bajo el agua.

5. Usando sólo el control de flotabilidad, mantenerte en flotación inmóvil sin aletear ni remar durante al menos 30 segundos.

La hiperventilación funciona porque la necesidad de respirar se produce por el aumento del dióxido de carbono en tu cuerpo, no por la falta de oxígeno. Las tres o cuatro respiraciones reducen los niveles de dióxido de carbono por debajo de lo normal, así que cuando aguantas la respiración pasa más tiempo hasta que los niveles llegan a subir lo suficiente para estimular la respiración.

Si nunca lo has probado, puedes quedar sorprendido de lo bien que funciona la hiperventilación – pero es importante que la limites a sólo tres o cuatro respiraciones. La hiperventilación excesiva – más de tres o cuatro respiraciones – puede ser peligrosa porque puedes reducir los niveles de dióxido de carbono tanto que tu cuerpo se queda sin oxígeno antes de notar la necesidad de respirar. Esto provocaría la inconsciencia repentina – sin aviso – y el ahogamiento. No hiperventiles excesivamente.

Además de limitar la hiperventilación a tres o cuatro respiraciones profundas y rápidas, descansa un minuto aproximadamente entre las inmersiones en apnea para que tu cuerpo pueda recuperar su nivel de oxígeno normal. Si te sientes cansado, mareado o con dolor de cabeza, deja de bucear. Flota, relájate y descansa.

Puedes estar familiarizado con la hiperventilación *involuntaria* que es consecuencia de la ansiedad y el estrés y hace que alguien empiece a respirar rápida y superficialmente. Esto produce una dificultad respiratoria y contribuye a sufrir el sobreesfuerzo y los problemas de falta de aire que aprendiste anteriormente. Utilizando técnicas adecuadas de buceo, normalmente lo evitarás pero si te das cuenta de que estás reaccionando al estrés y la ansiedad con una respiración rápida y superficial, oblígate a pararte, respirar lentamente y relajarte.

Inmersiones en apnea desde la superficie

Hasta este momento has realizado descensos en una posición vertical con la cabeza hacia arriba

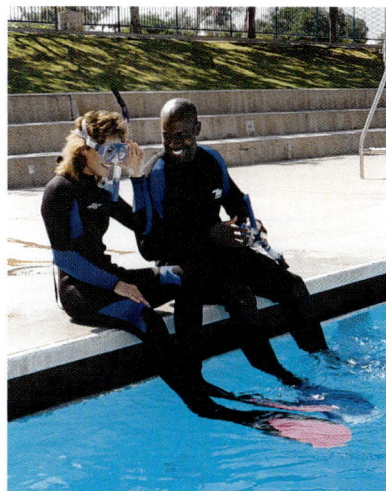

Sin equipo autónomo
Para el buceo en apnea utilizarás todo tu equipo excepto el equipo autónomo, y utilizarás menos plomo para tener mayor flotabilidad, o un chaleco de snorkeling.

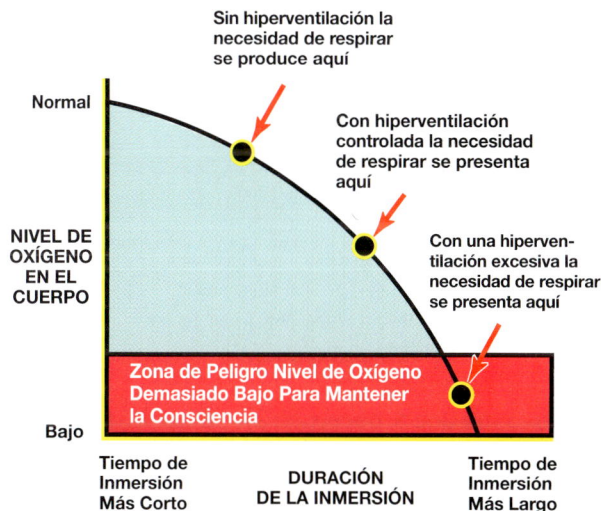

Evita los extremos
La hiperventilación excesiva – más de tres o cuatro respiraciones – puede ser peligrosa porque puedes reducir los niveles de dióxido de carbono tanto que tu cuerpo se quede sin oxígeno antes de notar la necesidad de respirar. Esto provocaría la inconsciencia repentina – sin aviso – y el ahogamiento.

utilizando el equipo autónomo. Esto funciona bien para el buceo con equipo autónomo, pero al bucear en apnea es demasiado lento – en todo lo que no sea agua muy poco profunda tendrás que subir a la superficie para respirar incluso antes de llegar al fondo. Como no llevas el equipo autónomo de buceo, puedes utilizar la bajada en apnea con la cabeza primero.

Una bajada con la cabeza primero te lleva bajo el agua rápidamente y con un esfuerzo mínimo. He aquí lo que hay que hacer: deshincha el chaleco (si lo estás usando), y flota boca abajo respirando por el tubo. Comienza a nadar hacia delante y al mismo tiempo hiperventila (no más de tres o cuatro veces), y aguanta la última respiración. Dobla la cintura hacia delante empujando la cabeza y los brazos hacia abajo y, al mismo tiempo, usa el impulso para levantar las piernas por encima de la superficie. Lleva tus piernas lo más alto y recto posible para que su peso te lleve hacia el fondo. Una vez estén sumergidas las aletas, comienza a aletear, compensando los oídos y la máscara igual que lo haces al descender con equipo autónomo. Puedes usar los brazos para nivelarte cuando levantas las piernas para el descenso, pero una vez bajo el agua utiliza tus aletas para nadar hacia abajo. Si no utilizas un chaleco, deberás tener algo de flotabilidad positiva y necesitarás nadar para mantenerte en el fondo.

Mientras estés bajo el agua tu compañero permanecerá en la superficie observándote. Tú harás lo mismo cuando tu compañero haga una bajada. Utiliza esta técnica de uno arriba y otro abajo cuando bucees en apnea con tu compañero de forma que si necesitas ayuda tu compañero, que tiene aire fresco, puede venir a ayudarte.

Cuando nades por debajo del agua muévete despacio y ahorra oxígeno. Relajándote y estando atento a algo, te sorprenderá el tiempo que puedes permanecer cómodamente bajo el agua con una única respiración.

Cuando vayas a subir, levanta una mano por encima de tu cabeza, mira hacia arriba y gira de forma que tengas una visión completa de la superficie conforme

Cabeza abajo

Para hacer un descenso con la cabeza primero, comienza nadando hacia delante. Dobla la cintura hacia adelante empujando la cabeza y los brazos hacia abajo y, al mismo tiempo, usa el impulso para levantar las piernas por encima de la superficie. Lleva tus piernas lo más alto y recto posible para que su peso te lleve hacia el fondo.

asciendas. Acostúmbrate a observar los obstáculos por encima de la cabeza como barcos y otros buceadores. Antes de llegar a la superficie puedes ser capaz de vaciar el tubo utilizando un método denominado método de *desplazamiento*.

Vaciar el tubo con el método de desplazamiento

Puedes vaciar el tubo utilizando el método de soplido como ya aprendiste pero al bucear en apnea te puede resultar más fácil el método de desplazamiento. Sin embargo, se necesita un tubo que no tenga válvula de autovaciado o, si la tiene, que sea relativamente pequeña.

El método de desplazamiento funciona así: Cuando asciendes mirando hacia la superficie, tu cabeza se inclina hacia atrás, de forma que la parte superior del tubo está *más baja* que la boquilla. Mantén la cabeza inclinada hacia atrás durante el ascenso mirando hacia la superficie y exhala en el tubo cuando subas el último metro o metro y medio. Tu exhalación desplaza el agua, empujándola hacia fuera por la abertura del tubo.

Cuando llegues a la superficie continúa exhalando mientras giras la cabeza hacia delante en la posición de natación en superficie. El tubo estará libre de agua, aunque puedes utilizar el control de las vías aéreas y tomar la primera respiración cuidadosamente en caso de que hayan quedado unas gotas de agua.

La razón por la que no funciona con un tubo con válvula de auto-vaciado es que cuando miras hacia arriba y exhalas el aire puede salir por la válvula de vaciado en vez de empujar al agua. Puede funcionar si exhalas continuamente y utilizas un tubo con una válvula pequeña porque el aire no puede salir a la misma velocidad a la que entra, por lo que el tubo se vacía. Si no puedes utilizar el método de desplazamiento para vaciar el tubo porque el aire se escapa demasiado fácilmente, no te preocupes. Con la válvula de autovaciado no te costará mucho esfuerzo vaciar el tubo soplando.

Mira hacia arriba cuando subas

Cuando asciendes mirando hacia la superficie, tu cabeza se inclina hacia atrás, de forma que la parte superior del tubo está más baja que la boquilla. Mantén la cabeza inclinada hacia atrás durante el ascenso mirando hacia la superficie y exhala en el tubo cuando subas el último metro o metro y medio. Tu exhalación desplaza el agua, empujándola hacia fuera por la abertura del tubo.

Entrada sentado rodando hacia atrás

Después de haber practicado un poco los ejercicios de buceo en apnea, tu instructor te hará entrar al agua con todo el equipo. Puedes practicar nuevas entradas al agua adecuadas para el buceo en tu zona, incluyendo la entrada sentado rodando hacia atrás. Este es un buen método al bucear de una plataforma baja e inestable como una embarcación pequeña o una balsa.

Para realizar la entrada sentado rodando hacia atrás, primero asegúrate de que todo el equipo está en su sitio y que ni el manómetro ni otros latiguillos pueden engancharse. A continuación controla la zona de entrada para comprobar que esté libre. Siéntate en el borde de la plataforma con el chaleco medio hinchado y el regulador en la boca. Sujeta la máscara firmemente en su sitio, y déjate caer hacia atrás de forma que ruedes suavemente en el agua. Mantén las piernas flexionadas cerca de ti durante la entrada para que no golpeen en la plataforma. Puedes experimentar una desorientación momentánea (es bastante divertido), hasta que la flotabilidad te lleve a la superficie. Haz saber a tu compañero que estás bien y deja libre la zona de entrada.

Para plataformas bajas e inestables
Al utilizar la entrada rodando hacia atrás, mantén las piernas flexionadas cerca de ti durante la entrada para que no golpeen en la plataforma cuando caigas.

Nadar sin máscara

En la última inmersión en aguas confinadas practicaste la respiración bajo el agua sin máscara, que no es demasiado útil pero es importante dominar para el caso de que tu máscara se inunde completamente cuando buceas. (Que, en la mayoría de los casos es resultado de nadar demasiado cerca de las aletas de tu compañero). Como puede que tengas que nadar hasta la superficie sin ellas, o hacia tu compañero para que te ayude a encontrarlas, en esta sesión practicarás nadar sin máscara al menos 15 metros/50 pies bajo el agua.

Recuerda concentrarte en respirar por la boca y no por la nariz, y exhalar por la nariz si necesitas expulsar el agua. Mientras nades abre los ojos porque incluso sin máscara normalmente puedes ver lo suficiente para saber hacia dónde vas. Sin embargo, si llevas lentillas, mantén los ojos cerrados y haz que el compañero te guíe. En una situación real de pérdida de máscara puede que tengas que arriesgarte a perder las lentillas pero no hay motivo para hacerlo durante esta inmersión.

Control de flotabilidad – Flotación inmóvil

Has aprendido a controlar tu flotabilidad en cada inmersión en aguas confinadas, lo que como recordarás te ayuda a evitar remover el fondo, dañar la vida acuática y desperdiciar energía. Primero aprendiste las bases – lastrado correcto y uso del chaleco. Después aprendiste a pivotar sobre la punta de las aletas. Ahora demostrarás el siguiente nivel de dominio flotando inmóvil entre aguas.

Para mantenerte en flotación, ajusta primero la flotabilidad neutra en el fondo (probablemente utilices el método de pivotar sobre las aletas). Una vez estés con flotabilidad neutra, sepárate un poco del fondo más o menos un metro/unos pocos pies.

Sin cuerdas ni alambres
Para mantenerte en flotación, ajusta primero la flotabilidad neutra en el fondo y sepárate un poco del fondo, más o menos un metro/unos pocos pies. Entonces, sin aguantar la respiración, utiliza el volumen de los pulmones para mantener una posición estacionaria entre aguas.

Entonces, *sin aguantar la respiración*, utiliza el volumen de los pulmones para mantener una posición estacionaria entre aguas. Si comienzas a subir un poco, reduce tu flotabilidad respirando con los pulmones algo menos llenos. Si comienzas a hundirte un poco, aumenta tu flotabilidad respirando con tus pulmones un poco más llenos. Es útil tener como ayuda una referencia estacionaria visual para juzgar si estás subiendo o bajando por lo que puede que quieras hacerlo cerca del lado de la piscina junto a una línea o algo que te sirva de referencia. Puedes doblar tus piernas, cruzarlas o buscar la posición que mejor te vaya.

Conforme aumente tu experiencia buceando ajustarás tu flotabilidad inconscientemente y de forma automática para mantenerte separado del fondo y podrás pararte y flotar incluso sin pensarlo. Sólo hace falta un poco de práctica.

Repaso de conocimientos
Capítulo 4

1. Un diario de buceo (log book) detallado es un documento que prueba tu experiencia y que se solicita en muchas ocasiones relacionadas con el buceo. Marca aquellas situaciones que aparezcan a continuación:

   ☑ a. para recibir entrenamiento adicional como buceador
   ❏ b. al comprar equipo en tiendas de buceo
   ☑ c. al bucear en centros o barcos de buceo

2. Explica cómo prevenir los problemas con aire contaminado.

   _____

   _____

   _____

3. Menciona las dos formas empleadas por los buceadores para evitar los problemas con el oxígeno.

   a. NO LLENAR BOTELLA CON AIRE ENRIQUECIDO

   b. NO UTILIZAR BOTELLA DE AIRE ENRIQUECIDO

4. Marca cada uno de los síntomas relacionados con la narcosis de nitrógeno.

   ☑ a. disminución de la coordinación
   ☑ b. comportamiento alocado
   ❏ c. dolor en articulaciones y miembros

5. Elige una. Para evitar la narcosis de nitrógeno:

   ❏ a. deja de respirar.
   ❏ b. compensa tus espacios de aire pronto y a menudo.
   ☑ c. evita las inmersiones profundas.

6. Marca cada uno de los síntomas que pueden estar relacionados con la enfermedad descompresiva:

   ❏ a. comportamiento alocado
   ☑ b. hormigueo moderado
   ❏ c. labios de color rojo cereza
   ☑ d. debilidad y cansancio prolongado

7. Describe el procedimiento de primeros auxilios para ayudar a alguien con enfermedad descompresiva.

   OXÍGENO Y TUMBARLE LADO IZDO, SERVICIOS EMERGENCIA

   _____

   _____

8. Verdadero o Falso. Al usar cualquier versión del Planificador de Inmersiones Recreativas, debes ascender a una velocidad que no exceda los 18 metros/60 pies por minuto. ___✓_____

9. Pon la letra que corresponda en el espacio en blanco apropiado.
    __ᴓ__ Profundidad máxima para un Open Water Diver.
    __ᴄ__ Profundidad máxima para los buceadores con entrenamiento y experiencia superior al nivel de Open Water Diver.
    __ʙ__ Profundidad máxima para los buceadores con entrenamiento en Buceo profundo.

    a. 18 metros/60 pies   b. 40 metros/130 pies   c. 30 metros/100 pies

10. Según indica el Planificador de Inmersiones Recreativas, el límite de no-descompresión correspondiente a 18 metros/60 pies es de _____ minutos.

11. ¿Cuál es el grupo de presión después de una inmersión a una profundidad de 14 metros/46 pies durante 24 minutos?

    Grupo de presión _____

12. Después de una inmersión el grupo de presión es K. ¿Cuál será el nuevo grupo de presión después de un intervalo en superficie de 34 minutos?

    Grupo de presión _____

13. Un buceador con un grupo de presión G planifica una inmersión a una profundidad de 17 metros/56 pies. ¿Cuál es el tiempo de fondo máximo permitido según el Planificador de Inmersiones Recreativas?

    Tiempo de fondo máximo permitido _____

14. Indica cuál será el grupo de presión final al subir a la superficie después de la siguiente serie de inmersiones. Primera inmersión: 16 metros/50 pies durante 23 minutos; intervalo en superficie: 1:30.
    Segunda inmersión: 10 metros/35 pies durante 46 minutos.
    Grupo de presión final _____

15. Indica cuál será el grupo de presión final al subir a la superficie después de realizar la siguiente serie de inmersiones. Primera inmersión: 18 metros/60 pies durante 15 minutos; intervalo en superficie: 1:00.
    Segunda inmersión: 12 metros/40 pies durante 30 minutos.
    Grupo de presión final _____

Declaración del alumno: He completado este Repaso de conocimientos lo mejor posible, y me han explicado y he comprendido todos los fallos de las preguntas que no he respondido o que he respondido incorrectamente.

Nombre _____ Fecha _____

Procedimientos especiales para las tablas y los ordenadores de buceo

En la Sección Cuatro aprendiste los fundamentos del buceo con tablas y ordenadores de buceo, pero hay algunos procedimientos adicionales que necesitas conocer. Estos implican procedimientos para aumentar la seguridad, para casos en los que accidentalmente excedas el límite sin descompresión y para bucear en altitud o ascender a altitud después de bucear.

Paradas de seguridad

Aunque como buceador recreativo planificas sólo inmersiones sin descompresión que te permiten ascender directa y continuamente a la superficie, la mayoría de las veces harás una parada de seguridad para aumentar la seguridad. Una *parada de seguridad* te ofrece tiempo extra para que tu cuerpo elimine el nitrógeno, y te da un momento para estabilizar y controlar tu velocidad de ascenso antes de continuar hasta la superficie.

Para hacer una parada de seguridad, detienes tu ascenso a una profundidad de entre 3 y 6 metros/10 y 20 pies – normalmente a 5 metros/15 pies durante tres minutos o más. Es más fácil hacerlo sujetando un cabo o en un fondo en pendiente ascendente, pero también puedes flotar entre aguas si es adecuado.

Objetivos principales

Marca/subraya las respuestas a las siguientes preguntas conforme vayas leyendo:

1. ¿Cuál es la profundidad y el tiempo recomendados para una parada de seguridad?

2. ¿Cuál es el propósito de una parada de seguridad?

3. ¿En qué tres situaciones se considera obligatorio realizar una parada de seguridad?

Planificas tu inmersión de forma que puedas hacer una parada de seguridad y llegar a la superficie con 20–40 bar/300–500 psi o más en tu botella.

Puedes hacer una parada de seguridad al final de cada inmersión, y de hecho, deberías considerarlo una práctica estándar en casi todas tus inmersiones. Sin embargo, una parada de seguridad se considera *obligatoria* si:

1. Tu inmersión se ha realizado a 30 metros/100 pies de profundidad o más.

2. Tu grupo de presión al final de una inmersión está dentro de los tres grupos anteriores al límite sin descompresión del PIR.

3. Alcanzas cualquier límite del PIR o del ordenador de buceo. Con un ordenador de buceo esto sería cuando el ordenador te marca cero en el tiempo sin descompresión en *cualquier momento* de la inmersión.

Al utilizar el PIR en estas circunstancias la parada de seguridad se considera *obligatoria*.

⚠️ Puede que te preguntes si es necesario contar el tiempo de la parada de seguridad al utilizar el PIR. No necesitas añadir el tiempo de la parada de seguridad a tu tiempo en el fondo cuando utilices el Planificador de Inmersiones Recreativas. Un ordenador procesará automáticamente el tiempo de la parada de seguridad.

Ten en cuenta que, aunque deberías hacer que la parada de seguridad fuera un procedimiento normal en todas tus inmersiones, es opcional en algunas circunstancias como por ejemplo cuando queda muy poco aire (debido a circunstancias imprevistas durante la inmersión), al ayudar a otro buceador, o cuando el mal tiempo haga que sea necesario subir inmediatamente a la superficie.

Descompresión de emergencia

Planificas tu inmersión como inmersión sin descompresión pero algo retrasa tu ascenso y excedes accidentalmente el límite sin descompresión. ¿Ahora qué? Necesitas realizar una parada de descompresión de emergencia para permitir a tu cuerpo eliminar el nitrógeno; sin esta parada, estás exponiéndote a un riesgo inaceptable de enfermedad descompresiva al salir a la superficie.

⚠️ **Usando el PIR:** Si excedes un límite sin descompresión o (en el caso de una inmersión sucesiva) un límite ajustado sin descompresión en cinco minutos o

---

Cuestionario Rápido — Autoevaluación 1

1. El tiempo y profundidad generalmente recomendados para una parada de seguridad son:
   - ❏ a. 10 metros/35 pies durante 2 minutos.
   - ☒ b. 5 metros/15 pies durante 3 minutos.
   - ❏ c. 2 metros/6 pies durante 20 minutos.

2. El objetivo de la parada de seguridad es (marca todas las correctas):
   - ❏ a. vaciar tu botella lo más posible.
   - ❏ b. permitir que tu regulador equilibre su rendimiento.
   - ☒ c. dar a tu cuerpo tiempo extra para eliminar el nitrógeno.
   - ☒ d. permitirte equilibrar y controlar el ascenso.

3. Una parada de seguridad se considera obligatoria cuando (marca todas las correctas):
   - ☒ a. buceas a 30 metros/100 pies o más.
   - ☒ b. alcanzas cualquier límite de la tabla u ordenador de buceo.
   - ☒ c. tu inmersión termina dentro de los tres últimos grupos de no-descompresión del PIR.
   - ❏ d. te has quedado casi sin aire.

¿Cómo lo has hecho
1. b   2. c, d   3. a, b, c.

menos, asciende lentamente a menos de 18 metros/60 pies por minuto hasta 5 metros/15 pies y permanece allí al menos 8 minutos antes de salir a la superficie. Después de llegar a la superficie no bucees en al menos seis horas porque tendrás unos niveles muy altos de nitrógeno residual en tu cuerpo.

⚠️ Si excedes un límite sin descompresión o un límite ajustado sin descompresión en más de cinco minutos, es necesario realizar una parada de no menos de 15 minutos a 5 metros/15 pies, siempre y cuando lo permita el suministro de aire. Después de llegar a la superficie no debes bucear hasta que pasen al menos 24 horas debido al exceso de nitrógeno residual en tu cuerpo.

Al realizar una parada de descompresión de emergencia, manténte lo más cerca posible de los 5 metros/15 pies. Si no tienes suficiente aire para la parada de descompresión de emergencia, permanece todo el tiempo que puedas, guardando el aire suficiente para salir a la superficie y salir del agua de forma segura. Deja de bucear durante no menos de 24 horas. Respira oxígeno puro si está disponible y estáte atento a la aparición de síntomas de la enfermedad descompresiva.

Usando un ordenador de buceo: Si excedes los límites sin descompresión de tu ordenador de buceo, éste pasará a la función de descompresión, que te guía hacia la parada de descompresión de emergencia. Los ordenadores varían en cómo funcionan en el modo de descompresión, por lo que debes consultar las instrucciones del fabricante para tu ordenador en concreto. Muchos mostrarán paradas de descompresión de emergencia a 3 metros/10 pies en vez de a 5 metros/15 pies; pararte a 5 metros/15 pies hasta que el ordenador te indique que puedes ascender a la superficie también funcionará porque el ordenador calcula la parada basándose en la profundidad real. Puede que tengas que estar un poco más de tiempo que el tiempo indicado para una parada a 3 metros/10 pies.

No se recomienda que hagas una inmersión sucesiva después de una inmersión que requiera descompresión de emergencia. Las paradas de descompresión de emergencia se diferencian de las paradas de seguridad porque la parada de descompresión de emergencia *debe* realizarse porque hay un excesivo riesgo de enfermedad descompresiva, y porque es un procedimiento de

Espera unos minutos

Tendrás que hacer una parada de seguridad para aumentar la seguridad al final de casi todas tus inmersiones. Una parada de seguridad te ofrece tiempo extra para que tu cuerpo elimine el nitrógeno, y te da un momento para estabilizar y controlar tu velocidad de ascenso.

Objetivos principales

Marca/subraya las respuestas a las siguientes preguntas conforme vayas leyendo:

4. ¿Qué debes hacer si, usando el PIR, excedes un límite de no-descompresión o un límite ajustado de no-descompresión en cinco minutos o menos?

5. ¿Qué debes hacer si, usando el PIR, excedes un límite de no-descompresión o un límite ajustado de no-descompresión en más de cinco minutos?

6. ¿Cómo determinas los requisitos de una descompresión de emergencia con un ordenador de buceo?

Ir abajo cuando estás más arriba
Si estás interesado en el buceo a gran altitud, acude a tu PADI Dive Center, Resort o instructor para que te expliquen esas técnicas en una inmersión de aventura del curso Advanced Open Water o realizando el curso de especialidad de Altitude Diver.

Para obtener más información sobre...

Buceo en altitud
Consultar el manual PADI
Adventures in Diving.

emergencia en el buceo recreativo. El Planificador de Inmersiones Recreativas fue diseñado únicamente para el buceo recreativo sin descompresión. No debería utilizarse nunca para situaciones de buceo profesional/militar/técnico que requieran planificar inmersiones con descompresión.

Buceo en altitud, volar después de bucear y bucear en condiciones extenuantes/frías

Buceo en altitud. Si te remontas a la Sección Uno recordarás que cuando asciendes en el aire, la presión disminuye. Las tablas y la mayoría de los ordenadores de buceo te indican los límites sin descompresión basándose en una inmersión que finaliza a nivel del mar; si estás sometido a menos presión por la altitud, el nitrógeno escapará de la disolución más fácilmente después de una inmersión determinada, haciendo que sea más probable la enfermedad descompresiva.

Puedes utilizar el Planificador de Inmersiones Recreativas para bucear en altitudes inferiores a 300 metros/1000 pies. Por encima de los 300 metros/1000 pies

Cuestionario Rápido

1. Si excedes tu límite sin descompresión o límite sin descompresión ajustado en menos de 5 minutos al utilizar el PIR deberías:

   ☑ a. ascender lentamente hasta 5 metros/15 pies y hacer una parada de ocho minutos y no volver a bucear en las próximas seis horas.

   ❑ b. ascender lentamente hasta 5 metros/15 pies y hacer una parada de tres minutos y no volver a bucear en las próximas seis horas.

   ❑ c. Nada de lo anterior.

2. Si excedes tu límite sin descompresión o límite sin descompresión ajustado en más de 5 minutos usando el PIR deberías:

   ☑ a. ascender lentamente hasta 5 metros/15 pies y hacer una parada de al menos 15 minutos, si el suministro de aire lo permite, y no volver a bucear en las próximas 24 horas.

   ❑ b. ascender lentamente hasta 5 metros/15 pies y hacer una parada de ocho minutos y no volver a bucear en las próximas seis horas.

   ❑ c. Nada de lo anterior.

3. Si excedes un límite sin descompresión de tu ordenador de buceo, haz una parada de descompresión de emergencia tal y como lo indique el ordenador en el modo de descompresión, y no hagas una inmersión sucesiva.

   ☑ Verdadero   ❑ Falso

¿Cómo lo has hecho?
1. a   2. a   3. Verdadero.

7. **¿Por encima de qué altitud debes emplear procedimientos de buceo especiales?**

8. **¿Cuáles son las recomendaciones para volar en un vuelo comercial después de bucear?**

9. **¿Cuáles son los procedimientos para planificar una inmersión en aguas frías o bajo condiciones extenuantes?**

Volar con cuidado
Tú eres responsable de tu propia seguridad al bucear. Las recomendaciones para volar después de bucear cambian con el paso del tiempo; estáte al día y sigue las recomendaciones más recientes.

Volar después de bucear
Las recomendaciones para volar después de bucear cambian con el tiempo. Estas son las recomendaciones en la fecha de edición. Comprueba siempre con tu instructor para estar al día de las recomendaciones más actualizadas.

necesitas tablas de conversión especiales y procedimientos que tengan en cuenta la disminución de la presión atmosférica o puedes someterte a un riesgo inaceptable de enfermedad descompresiva.

Los procedimientos para bucear en altitud con un ordenador de buceo varían dependiendo del ordenador. Algunos compensan automáticamente la altitud, mientras que en otros necesitarás indicar tu altitud al ordenador. Hay algunos modelos antiguos que no puedes utilizar en altitud.

Si estás interesado en el buceo a gran altitud, acude a tu PADI Dive Center, Resort o instructor para que te expliquen esas técnicas en una inmersión de aventura del curso Advanced Open Water o realizando el curso de especialidad de Altitude Diver (normalmente se realiza en menos de un día).

Volar después de bucear. También necesitas pensar en la reducción de presión si piensas volar después de bucear. Aunque esta consideración es similar a la de bucear en altitud, no son idénticas. Cuando buceas en altitud, buceas y regresas a presión atmosférica reducida. Cuando vuelas después de bucear, buceas y regresas a presión atmosférica normal, y después te ves sometido a la reducción de presión.

⚠️ La comunidad médica de buceo ofrece las siguientes recomendaciones para volar después de bucear, tanto si usas el PIR como si utilizas otra tabla u ordenador de buceo.

Para inmersiones dentro de los límites de no-descompresión

- *Inmersiones únicas –* Se recomienda un intervalo mínimo en superficie antes de volar de 12 horas.

- *Inmersiones sucesivas y/o inmersiones durante muchos días –* Se recomienda un intervalo mínimo en superficie antes de volar de 18 horas.

Para inmersiones que requieran paradas de descompresión

- Se recomienda un intervalo mínimo en superficie antes de volar superior a 18 horas.

Al igual que con las tablas y ordenadores de buceo, ninguna recomendación para volar después de bucear puede garantizar que no ocurra la enfermedad descompresiva. Estas reglas representan los mejores conocimientos que se tienen actualmente para realizar un intervalo en superficie seguro para la gran mayoría de buceadores. Siempre puede existir un buceador ocasional cuya configuración fisiológica o circunstancias especiales de buceo produzcan la enfermedad descompresiva a pesar de seguir las recomendaciones.

Tú eres responsable de tu propia seguridad y comportamiento. Las recomendaciones para volar después de bucear cambian conforme se aprende más sobre cómo los cambios de presión afectan al cuerpo; estáte al día y sigue las recomendaciones más recientes.

Actualmente no hay recomendaciones para conducir por montañas después de bucear, por lo que la práctica más prudente es tener cuidado. Cuanto más tiempo esperes antes de conducir por montañas, menor será el riesgo. Puedes consultar con un centro de buceo, resort o instructor de la zona para saber si los buceadores de la zona siguen un protocolo o recomendaciones especiales.

Frío y condiciones extenuentes. Si pasas frío o realizas ejercicio durante una inmersión, puedes terminar la inmersión con más exceso de nitrógeno en tu cuerpo del calculado por la tabla u ordenador de buceo. Al utilizar el PIR para planificar una inmersión en agua fría o bajo condiciones que pueden ser más extenuantes de lo normal, planifica tu inmersión como si la profundidad fuera 4 metros/10 pies más de la real.

Cómo manejar esto con un ordenador de buceo depende del ordenador. Unos pocos modelos sofisticados registran la temperatura del agua y tu ritmo de respiración y se reajustan automáticamente para ofrecer tiempos sin descompresión más cortos si es necesario. En otros, puedes ajustar tu ordenador para que ofrezca más seguridad utilizando el ajuste de buceo en altitud ajustándolo a una altitud superior a la real, o conectando el ordenador de buceo a un ordenador personal (se requiere hardware y software especial). Sin embargo, debes hacer estos ajustes antes de la inmersión. Si no puedes ajustar tu ordenador para que ofrezca más seguridad (y tampoco lo hace de forma automática), o si no esperas las condiciones de frío/agotamiento, necesitarás ser más prudente para garantizar que siempre tengas suficiente tiempo sin descompresión durante toda la inmersión.

Es especialmente prudente realizar una parada de seguridad al bucear en agua fría o bajo condiciones extremas.

Uso de un ordenador de buceo

Tal como aprendiste en la Sección Cuatro, irás a bucear probablemente más veces con un ordenador que sin él. Los principios básicos y las directrices que se aplican al PIR se aplican en su mayoría al buceo con el ordenador. Ten presentes estas puntualizaciones y procedimientos:

1. **Los ordenadores son sofisticadas calculadoras con profundímetros y cronómetros que calculan el nitrógeno teórico en el cuerpo.** No son ni más ni menos válidos que las tablas de buceo y no registran ningún cambio físico en tu cuerpo. Las recomendaciones para bucear con seguridad con las tablas se aplican también al buceo con ordenador.

2. **No compartas el ordenador.** Cada buceador necesita un ordenador individual. Un ordenador registra el nitrógeno teórico del cuerpo según aumenta y disminuye con cada inmersión e intervalo en superficie, por lo que debe permanecer con un buceador durante todo el día – no lo

Objetivos principales

Marca subraya la respuesta a esta pregunta conforme vayas leyendo:

10. ¿Qué procedimientos y recomendaciones generales se aplican al buceo con ordenador?

Puntos clave

En este subapartado sobre Procedimiento especiales de las tablas y ordenadores de buceo has aprendido que:

▲ Debes hacer una parada de seguridad al final de prácticamente todas las inmersiones (excepto cuando una emergencia te lo impida).

▲ Una parada de seguridad es una pausa en tu ascenso entre 3 y 6 metros/10 y 20 pies durante tres minutos o más.

▲ Debes considerar obligatoria la parada de seguridad si buceas a más de 30 metros/100 pies o alcanzas algún límite del PIR o del ordenador.

▲ Para los buceadores recreativos, la decompresión es sólo un procedimiento de emergencia.

▲ Necesitas seguir procedimientos especiales cuando bucees en altitudes superiores a 300 metros/1000 pies.

▲ Debes seguir las recomendaciones para volar después de bucear con precaución, y mantenerte al día de las recomendaciones más recientes.

▲ Debes planificar las inmersiones frías/extenuantes con el PIR como si la profundidad fuera 4 metros/10 pies más de la real. Con un ordenador de buceo debes ser prudente utilizando el método más adecuado para tu ordenador.

puedes prestar entre inmersiones. No puedes tampoco compartir un ordenador con el compañero porque registra la profundidad con mucha exactitud. Sólo podrá ser preciso para el buceador que lleva el ordenador.

3. **Sigue el ordenador más conservador.** Asciende a la superficie cuando uno de los ordenadores – el de tu compañero o el tuyo – se acerque al límite sin descompresión. Si sigues el ordenador menos conservador, estás de hecho compartiendo el ordenador, cosa que no deberías hacer.

4. **No desconectes tu ordenador entre inmersiones.** La mayoría no te lo permite, pero si sacas la batería o desconectas el ordenador, pierde su memoria de las inmersiones anteriores y el nitrógeno residual. Tendrás que dejar que todo el nitrógeno residual abandone tu cuerpo antes de volver a utilizar el ordenador. Tu ordenador se desconectará por sí sólo cuando calcule que ya no queda una cantidad de nitrógeno residual importante.

5. **Realiza tu inmersión más profunda en primer lugar y planifica las inmersiones sucesivas a profundidades progresivamente menores. Durante una inmersión, comienza desde el punto más profundo y realiza el recorrido hacia aguas menos profundas.** La comunidad médica recomienda evitar los trayectos desde aguas poco profundas hacia aguas profundas debido a que existen pocos datos comprobados sobre este tipo de inmersiones. Las pequeñas variaciones de profundidad (pocos metros/pies) probablemente no suponen un problema, sin embargo existen algunas preocupaciones teóricas si una inmersión sucesiva es significantemente más profunda que una inmersión anterior. Ten en cuenta que si accidentalmente no observas estas directrices, por seguridad, los ordenadores de buceo así y todo proporcionan tiempo sin paradas.

6. **Manténte claramente dentro de los límites del ordenador.** Intenta siempre tener más de cinco minutos de tiempo sin descompresión remanente. Si te acercas o llegas al cero, has forzado los límites incluso aunque luego tengas mucho tiempo sin descompresión conforme asciendes a menor profundidad.

7. **Si tu ordenador falla puede que necesites dejar de bucear entre 12 y 24 horas.** Si falla durante una

Cuestionario Rápido
Autoevaluación 4

1. Los procedimientos para bucear con un ordenador incluyen (marca todas las correctas):
   - ❏ a. compartir un ordenador con no más de un buceador.
   - ☒ b. seguir el ordenador más conservador – el de tu compañero o el tuyo.
   - ☒ c. mantener tu ordenador encendido entre todas las inmersiones.
   - ☒ d. hacer la inmersión más profunda la primera y cada inmersión siguiente a una profundidad progresivamente menor.

2. Cualquier inmersión para la que tu ordenador te proporcione tiempo sin descompresión es aceptable.
   - ❏ Verdadero   ☒ Falso

¿Cómo lo has hecho?
1. b, c, d   2. Falso. Tu ordenador puede proporcionarte datos para inmersiones que no son recomendadas.

Piensa

No aceptes ciegamente todo lo que diga tu ordenador, especialmente si parece desviarse de lo normal con respecto al ordenador del compañero o a tu experiencia de buceo previa. Lee las instrucciones del fabricante completamente antes de utilizar tu ordenador, y sigue sus indicaciones.

inmersión y te has mantenido claramente dentro de los límites sin descompresión, asciende inmediatamente a 5 metros/15 pies, haz una parada de seguridad durante cinco minutos o más y asciende a la superficie. No podrás coger simplemente otro ordenador porque éste no sabrá cuánto nitrógeno residual tienes. Sigue las recomendaciones del fabricante.

8. **Lleva contigo el PIR cuando vayas a bucear.** Aunque el hecho de que se produzca un fallo en un ordenador se haya convertido en algo verdaderamente muy raro, todavía sucede ocasionalmente. Si has ido anotando las profundidades y el tiempo (en tu cuaderno de buceo tal vez) y tus inmersiones se han realizado dentro de los límites marcados por el PIR, puedes continuar buceando utilizando el PIR. Por otra parte, probablemente habrás de esperar hasta el día siguiente, a fin de quedar limpio del nitrógeno residual antes de reanudar las inmersiones.

Aunque es corriente entre los resorts de buceo disponer de equipos de inmersión incluyendo reguladores y ordenadores que puedes alquilar en el caso de que tengas un problema, no es siempre el caso. Lleva tu PIR para no perder ninguna oportunidad. Muchos buceadores activos invierten en un segundo ordenador (y en otros elementos) de esta forma disponen de un recambio para ellos mismos o para un compañero.

9. **Sigue pensando.** Los ordenadores de buceo pueden fallar como cualquier otra pieza del equipo. No aceptes ciegamente todo lo que dice tu ordenador, especialmente si parece desviarse de lo normal con respecto al ordenador del compañero o a tu experiencia de buceo previa. Lee las instrucciones del fabricante completamente antes de utilizar tu ordenador, y sigue sus indicaciones. Puedes aprender más sobre la teoría y uso de los ordenadores de buceo en el curso de especialidad PADI Multilevel Diver.

Navegación básica con brújula

La navegación puede resultar bastante impresionante si tienes en cuenta que estás intentando ser consciente de dónde está el resto del mundo. Y eso sin mencionar cómo sienta el estar perdido y darte cuenta que has perdido la pista de todo el planeta. Aprendiendo a navegar bajo el agua reduces al mínimo la frecuencia con la que pierdes la orientación, y si ocurre, rápidamente te harás una idea de dónde te has perdido. No dejes que esto te asuste – hay dos tipos de buceadores: los que alguna vez se han perdido bajo el agua y los que no lo reconocen.

Marca/subraya las respuestas a las siguientes preguntas conforme vayas leyendo:

11. ¿Cuáles son las cuatro características básicas de una brújula sumergible?

12. ¿Cuál es la posición adecuada del brazo y la mano cuando se utiliza una brújula montada sobre la muñeca?

13. ¿Cuál es el método adecuado de sujetar una brújula cuando va montada en una consola de instrumentos?

14. ¿Cómo regulas una brújula sumergible para navegar una línea recta desde un punto de comienzo a un destino predeterminado?

15. ¿Cómo regulas una brújula sumergible para un rumbo recíproco (de ida y vuelta)?

Para obtener más información sobre...

Navegación básica con brújula
Consultar el *manual* PADI *Underwater Navigation.*

Sígueme

Con la experiencia aprenderás a navegar siguiendo pistas que encuentras en el entorno, pero una brújula subacuática facilita la navegación y la hace más precisa, y cuanto más la utilices más cierto será esto.

Marcas indicadoras
Aguja de norte magnético
Bisel
Línea de rumbo

Características de una brújula subacuática básica.

La navegación hace más divertidas tus aventuras bajo el agua en diferentes formas. Te permite planificar tu inmersión de forma que no pierdas el tiempo y el aire intentando encontrar las mejores partes del arrecife, y de forma que termines tu inmersión cerca del punto de salida con suficiente reserva de aire. Sabiendo dónde estás en todo momento, puedes dirigirte directamente hacia el barco o la orilla si ocurre un problema, y sabes dónde no has estado todavía. Si hay algo en la zona que quieras evitar, la navegación también te ayuda. La navegación con brújula te ayuda a nadar una línea recta – cuando estás perdido tiendes a nadar en círculo.

Con la experiencia aprenderás a navegar siguiendo pistas que encuentras en el entorno (un buceador que ha estado allí muchas veces es una buena pista a seguir), pero una brújula subacuática facilita la navegación y la hace más precisa, y cuanto más la utilices más cierto será esto.

Básicamente, la navegación bajo el agua funciona así: Tu brújula recuerda dónde está el Polo Norte, y tú recuerdas dónde está todo en relación con el Polo Norte. De acuerdo, más detalles son útiles, pero este es el fundamento básico de la navegación con brújula. Empecemos con las cuatro características básicas que encontrarás en la mayoría de brújulas subacuáticas:

1. Línea de rumbo: La línea de rumbo indica la dirección en la que avanzas y pasa directamente por el centro de tu brújula. Puede ser imaginaria – tú dibujas la línea mentalmente mediante las marcas de 0 grados y de 180 grados. O, la brújula puede tener una línea real por el centro o en un lado de la brújula. Siempre que navegues con la brújula tendrás la línea de rumbo señalando hacia dónde te diriges, o usas la brújula para enfilar la línea de rumbo en la dirección en la que debes ir. Si estás navegando con la brújula y no estás siguiendo la línea de rumbo, entonces ... bien, realmente no estás navegando con la brújula.

Si tu brújula está en la consola, sujeta la consola frente a ti con las dos manos.

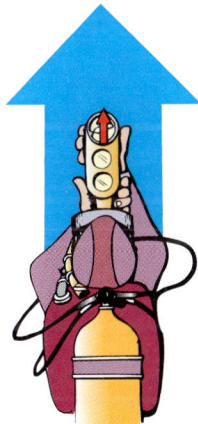

2. Aguja de norte magnético: En el centro de la brújula hay una aguja (o una flecha impresa en un disco) que puede girar libremente en la brújula. Esta aguja de norte magnético o aguja de brújula, señala siempre al norte magnético. Al hacerlo, crea un ángulo con la línea de rumbo que utilizas para mantener una línea recta cuando nadas.

3. Bisel: La mayoría de las brújulas de buceo tienen un bisel giratorio. Para fijar la brújula, alinea las dos marcas paralelas indicadoras del bisel con la aguja de la brújula. Esto te ayuda a mantener una dirección de avance recta.

4. Referencias de rumbo: La mayoría de las brújulas subacuáticas tienen unos números para que puedas anotar tu rumbo (tu dirección de avance medida en grados a partir del norte magnético). Unas pocas brújulas tienen sólo marcas generales para el norte, sur, este y oeste; puedes utilizarlas para navegación general, pero si necesitas más precisión querrás una brújula con el rumbo en grados.

Las brújulas electrónicas ofrecen la misma información y funciones pero utilizan lecturas digitales. Mira las instrucciones del fabricante si estás utilizando una brújula electrónica.

Para navegar con una brújula, el primer paso es sujetarla correctamente. Sujeta la brújula de forma que la línea de rumbo se alinee con la línea central de tu cuerpo. Si llevas la brújula en la muñeca, sujeta el brazo que no tiene la brújula estirado y agárralo con la mano opuesta cerca o por encima del codo, colocando la brújula firmemente enfrente de ti. Si tu brújula está en la consola, sujeta la consola frente a ti con las dos manos.

Al utilizar la brújula, mantén la línea de rumbo alineada con la línea central de tu cuerpo. De otra forma no nadarías siguiendo la línea de rumbo, y estarás estropeando la navegación incluso si utilizas correctamente la brújula en todos los demás aspectos.

Para navegar una línea recta simplemente apunta la línea de rumbo en la dirección en la que quieres ir y alinea tu cuerpo con la línea de rumbo. Sujeta la brújula razonablemente nivelada (si no la aguja se bloquea) y permite que la aguja se oriente. A continuación, gira el bisel hasta que las marcas indicadoras se alineen con la aguja de brújula. (Para nadar en línea recta no necesitas utiliza los rumbos en grados o en norte, sur, este y oeste).

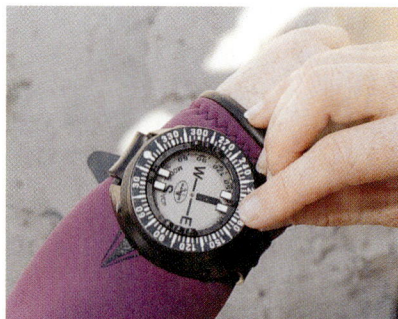

La línea de rumbo manda

Para navegar una línea recta apunta la línea de rumbo en la dirección en la que quieres ir y permite que la aguja se oriente. A continuación, gira el bisel hasta que las marcas indicadoras se alineen con la aguja de brújula. Ahora, nada siguiendo la línea de rumbo mientras mantienes la brújula nivelada y la aguja entre las marcas.

Ahora, nada siguiendo la línea de rumbo (tu dirección de avance deseada) mientras mantienes la brújula nivelada y la aguja entre las marcas. Si la aguja comienza a salirse de las marcas, te estás desviando del rumbo. Ajusta tu dirección para que la aguja se mantenga entre las marcas. Recuerda que la aguja de brújula no gira realmente – *siempre* señala al norte magnético. Si la aguja parece haberse movido, eres *tú* el que se ha desviado del rumbo.

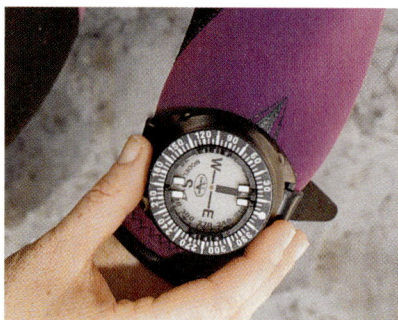

Vuelta al punto de origen

Para fijar la brújula para un rumbo recíproco, si tu brújula tiene sólo una serie de marcas, debes girarlas 180° a partir del rumbo original. Algunas brújulas tienen dos series de marcas indicadoras (como aparece en la foto) siendo el segundo par para el rumbo recíproco. En cualquier caso, gírate hasta que la aguja de brújula se coloque entre las marcas indicadoras a 180° de tu rumbo original. Ahora estás mirando hacia la dirección de la que venías.

Ahora, veamos cómo ajustar la brújula para un rumbo *recíproco*. Primero gira el bisel de forma que las marcas indicadoras estén exactamente en el punto opuesto a su situación en la brújula. A continuación, gírate hasta que la aguja de brújula vuelva a colocarse entre las marcas. Ahora estás mirando a la dirección de la que venías. Nada siguiendo la línea de rumbo y manteniendo la aguja entre las marcas como antes.

Utilizarás la brújula para nadar en una dirección, después fijar un rumbo recíproco para regresar al barco o a la orilla al final de la inmersión al bucear en muchos entornos. Con un poco de práctica, la navegación con brújula te resultará no sólo útil, sino atractiva – es el tipo de técnica que es bastante fácil de aprender al principio lo necesario pero que requiere mucha práctica y experiencia para lograr la precisión al metro/pie que distingue al que la domina.

Incluso si no buceas para saber dónde estás, necesitas técnicas rudimentarias de navegación. Además de lo que aprendas en este curso, desarrollarás tus técnicas de navegación haciendo uso de ellas cuando bucees, y puedes participar en la Inmersión de aventura de Navegación con tu instructor. También puedes dedicar un fin de semana y aprender navegación en el curso de especialidad Underwater Navigator y en el programa Advanced Open Water.

Cuestionario de evaluación de cursos PADI

El éxito de la organización PADI se deriva de muchos factores no siendo uno de los menos importantes la profesionalidad y la excelencia demostrada por los Miembros PADI. Durante años, el compromiso de los Miembros PADI en formar buceadores con un entrenamiento coherente y de primer nivel ha hecho del nombre de PADI un sinónimo de programas formativos de calidad. El reconocimiento y la conservación de este alto nivel de satisfacción del cliente conseguido por los Miembros PADI es la piedra angular del programa de Reconocimiento y gestión de calidad.

El Departamento de Gestión de calidad de PADI reconoce a los miembros por los servicios destacados que proporcionan a los alumnos de buceo y a los clientes. Todos se benefician cuando los miembros cumplen con los estándares de PADI – los alumnos lo reciben a través de su entrenamiento, los miembros se protegen ellos mismos y enriquecen su negocio al utilizar un sistema formativo contrastado; en consecuencia la reputación de la calidad de PADI permanece intacta.

Cuestionario Rápido
Autoevaluación 5

1. Las características básicas de una brújula subacuática incluyen (marca todas las correctas):
   - ☑ a. línea de rumbo.
   - ☑ b. aguja de brújula.
   - ☑ c. marcas indicadoras.
   - ☑ d. bisel.

2. Al utilizar una brújula debes alinear tu línea central del cuerpo con:
   - ❏ a. la aguja de brújula.
   - ❏ b. las marcas indicadoras.
   - ❏ c. el bisel.
   - ☑ d. Nada de lo anterior.

3. Para navegar una línea recta, apunta la _____ en la dirección en la que viajas y pon las _____ junto con la _____.

4. Para navegar un rumbo recíproco, gira el bisel de forma que _____ estén exactamente en el punto opuesto al rumbo inicial.

¿Cómo lo has hecho?
1. a, b, c, d   2. d. Alineas tu cuerpo con la línea de rumbo.   3. línea de rumbo, marcas indicadoras, aguja de brújula.
4. las marcas indicadoras.

Puntos clave

En estos subapartados sobre Uso de un ordenador de buceo y Navegación básica con brújula has aprendido que:

▲ Deberías tener tu propio ordenador de buceo – no intentes compartir uno.

▲ Tienes que mantener tu ordenador encendido todo el tiempo.

▲ La comunidad médica de buceo recomienda que realices la inmersión más profunda la primera y planifiques las inmersiones sucesivas a profundidades progresivamente menores.

▲ Tienes que mantenerte claramente dentro de los límites del ordenador.

▲ Puedes apoyar a tu ordenador con las tablas de buceo.

▲ Los ejercicios de navegación subacuática aumentan la seguridad y la diversión.

▲ La línea de rumbo de la brújula indica siempre la dirección en la que viajas; la aguja de brújula señala siempre al norte.

Experto en navegación
Además de lo que aprendas en este curso, desarrollarás tus técnicas de navegación haciendo uso de ellas cuando bucees, y puedes participar en la Inmersión de aventura de Navegación con tu instructor.

Los Cuestionarios de evaluación del curso PADI (CEQ's) son encuestas a los alumnos que se utilizan para reconocer un rendimiento excepcional por parte del instructor y para verificar que se han realizado todos los elementos de entrenamiento en cada curso. PADI distribuye los CEQ's a algunos de los alumnos de cada instructor por medio de email o en papel físico. Si recibieras uno, ayuda a PADI a mantener los estándares elevados de buceo empleando algunos minutos para rellenarlo. Si después de recibir tu tarjeta de certificación no has recibido un CEQ, puedes obtener uno mediante un envío electrónico poniéndote en contacto con tu Oficina PADI.

Continuar tus aventuras de buceo

Estás a punto de convertirte en PADI Open Water Diver y probablemente estés centrado en ese objetivo. Dentro de poco serás un buceador certificado en el umbral del buceo, contemplando toda la aventura que el buceo ofrece.

¿Y entonces qué?

Quizá sea el momento de pensar en ello. Es una pena cuando un buceador consigue la titulación y entonces … y entonces nada. No hay aventura. No hay interés. Es como si alguien ofreciera al buceador un nuevo mundo, y no supiera qué hacer con él, el buceador diría, "No gracias" y se iría.

Objetivos principales

Marca/subraya las respuestas a las siguientes preguntas conforme vayas leyendo:

16. ¿Cuál es el propósito del Sistema de educación de buceo PADI?

17. ¿Cuáles son las tres ventajas de continuar tu formación de buceo por encima del nivel de Open Water Diver PADI?

18. ¿Cuál es la próxima inmersión de aventura que quieres?

Gente como tú

Tu PADI Dive Center o Resort tienen probablemente un club de buceo o conocen uno. La mayoría de estas organizaciones coordinan actividades, inmersiones, acontecimientos y otras actividades de ocio relacionadas con el buceo – y te reunirás con otras personas que bucean.

Seguramente no hayas dedicado el tiempo y el esfuerzo a conseguir tu certificación sólo para poder decir "estuve allí y lo hice". Pero es posible que no sepas dónde ir o qué hacer con este nuevo mundo que has alcanzado. Así que veamos qué necesitas hacer *ahora* para que cuando mires hacia atrás dentro de un año, o de diez años, no te encuentres en la situación de " … y entonces nada". Necesitas: 1. conocer gente, 2. ir a sitios y 3. hacer cosas.

Conocer gente

Como no puedes bucear sólo, cuantos más amigos buceadores tengas, más oportunidades de bucear tendrás. No tener a nadie con el que bucear es una de las razones más comunes por las que los buceadores dejan de bucear después de obtener la certificación. Quizá ya hayas encontrado amigos que buceen, pero si no es así, o si quieres conocer más, ¿qué puedes hacer?

Estás en el buen comienzo si piensas así. No dejes la última inmersión en aguas confinadas o la última inmersión en aguas abiertas sin apuntar el nombre, número de teléfono y dirección de todos tus compañeros de clase. Conoces a estos buceadores y, al igual que tú, querrán alguien con quien bucear.

A continuación, apúntate en un club de buceo. Tu PADI Dive Center o Resort tienen probablemente uno o conocen uno, que probablemente forme parte de la PADI Diving Society (de la que también querrás formar parte). La mayoría de estas organizaciones coordinan actividades, inmersiones, acontecimientos y otras actividades de ocio relacionadas con el buceo – y te reunirás con otras personas que bucean. No te preocupes por ser principiante en el buceo – todo grupo de buceo tiene miembros de todos los niveles de experiencia y planifican las inmersiones de acuerdo a esos niveles.

Ir a sitios

Una forma estupenda de conocer gente es apuntarse a un viaje de buceo organizado por tu PADI Dive Center o Resort. Además, te lleva a bucear – que es lo que estás intentando conseguir. Aunque un destino de buceo exótico tienen el mayor atractivo, no dejes que el tiempo y el dinero limiten tu imaginación. La mayor parte de centros de buceo ofrecen aventuras de buceo locales cerca de casa – y puede sorprenderte cuánta diversión puedes obtener.

Hacer cosas

Bucear no es sólo nadar bajo el agua para dar un paseo y ver cosas. El buceo debe ser personal. Se trata de conseguir las técnicas que *tú* necesitas para visitar los nuevos sitios de buceo que *tú* quieres ver. Se trata de tener el equipo que *tú* quieras para que el buceo te ofrezca las aventuras que *tú* consideres que valen la pena, para que te presenten los retos que *tú* creas interesantes de forma que el buceo crezca *contigo* y *te* resulte siempre satisfactorio.

Sólo *tú* puedes decir si esto consiste en dedicarse a actividades artísticas como la fotografía y el vídeo subacuático, actividades prácticas como la navegación o la búsqueda y recuperación de objetos perdidos, o actividades técnicas como el buceo profundo o el buceo con aire enriquecido. Hay que reconocer que el buceo no es una actividad, sino una puerta a través de la cuál puedes acceder a cientos de actividades subacuáticas. Busca aquellas que enciendan tu corazón, y experimentarás lo que mucha gente evita – una pasión intensa por lo que haces.

El sistema PADI de enseñanza de buceo

Elige entre muchas
Hay que reconocer que el buceo no es una actividad, sino una puerta a través de la cuál puedes acceder a cientos de actividades subacuáticas. Busca aquellas que enciendan tu corazón, y experimentarás lo que mucha gente evita – una pasión intensa por lo que haces.

Observando el cuadro esquemático del Sistema PADI de enseñanza de buceo, se puede llegar a la conclusión de que su objetivo es que llegues a alcanzar el nivel de Master Scuba Diver o a PADI Open Water Scuba Instructor. *Pero esto no es así.*

Llegar a PADI Master Scuba Diver, o Divemaster o Instructor, o lo que sea no es el objetivo del sistema, sino un *resultado* de la consecución del objetivo. El *objetivo* del Sistema PADI es proporcionar los medios para que consigas 1. conocer gente, 2. ir a sitios, y 3. hacer cosas bajo el agua. ¿Te suena familiar?

Continuar tu formación más allá del curso Open Water Diver tienen algunas ventajas evidentes – hacerlo te introduce en actividades de buceo especializadas. Te pone en contacto con diferentes condiciones de buceo, y te puede permitir bucear en una gran variedad de entornos acuáticos. Pero de nuevo, todo esto está detrás del objetivo principal de ayudarte a obtener del buceo lo que estás buscando en él.

Te darás cuenta de que otros cursos PADI son diferentes de este curso. Muchos – sobre todo aquellos centrados en las actividades de aventura – sólo necesitan uno o dos días, y principalmente consisten en bucear, con muy poco trabajo en clase. Otros, como los cursos de nivel de liderazgo PADI Divemaster y Open Water Scuba Instructor son mucho más largos y más exigentes – pero como en otras muchas cosas, la recompensa refleja el esfuerzo y compromiso requerido. Otros programas consisten en una sola inmersión.

De cualquier modo, continuando con el aprendizaje, conocerás y te reunirás con otros buceadores. Visitarás nuevos sitios de buceo (quizá algunos incluyan viajes de buceo), y llegarás a probar nuevas actividades y a desarrollar nuevas técnicas que te ayudan en los aspectos del buceo que más significado tienen para *ti*. Con relación a esto sabrás qué tipo de equipo se adapta mejor a tus preferencias e intereses.

En otras palabras, te garantiza que conoces gente, que vas a sitios y que haces cosas.

Inmersiones de aventura PADI. ¿Cómo es el bucear a 30 metros/100 pies? ¿Es muy difícil utilizar una cámara bajo el agua? ¿Es el buceo nocturno tan escalofriante como suena?

Obtendrás la respuesta a preguntas como estas realizando Inmersiones de aventura PADI, que te introducen en los fundamentos de actividades de buceo especiales. Es una gran forma de descubrir qué te interesa, ya sea el buceo profundo, buceo nocturno, buceo en barcos hundidos, o cualquier otro. Tu instructor te muestra qué necesitas saber durante un breve resumen antes de la inmersión y ya estarás probándolo. Lo mejor es que resulta divertido.

Programa Adventures in Diving. ¿Sabes cómo llaman a alguien que ha hecho cinco Inmersiones de aventura? Buceador PADI Advanced Open Water. Si realizas una inmersión de navegación y una inmersión profunda, más otras tres Inmersiones de aventura que te interesen. La información que necesitas la recibes leyendo los capítulos correspondientes en el *Adventures in Diving* y durante los briefings antes de la inmersión, pero como en las Inmersiones de aventura lo que en realidad estás haciendo es conocer buceadores, ir a bucear a sitios y realizar nuevas cosas bajo el agua. Puedes obtener la certificación PADI Advanced Open Water Diver con tiempo realizando Inmersiones de aventura o puedes inscribirte al programa directamente. Normalmente se realiza en un fin de semana, pero la programación es muy flexible. Algunas personas lo han realizado por las tardes después de trabajar.

Si no puedes completar las cinco Inmersiones de aventura necesarias para la certificación PADI Advanced Open Water Diver, puedes no obstante conseguir el nivel PADI Adventure Diver después de completar tres Inmersiones de aventura cualquiera. La inmersiones para la certificación PADI Adventure Diver se pueden realizar en un solo día.

Cursos de Buceador de especialidad. Cuando empieces a descubrir qué tipos de buceo te gustan, los cursos de especialidad

	Specialties
Discover Snorkeling	AWARE - Coral Reef Conservation Project AWARE Specialist Digital Underwater Photographer (for Snorkelers)

| PADI Seal Team |
| Bubblemaker |
| Discover Scuba Diving |
| Skin Diver |

Specialties

Altitude Diver	Drift Diver	Peak Performance Buoyancy
AWARE - Fish Identification	Dry Suit Diver	Underwater Naturalist
Boat Diver	Emergency Oxygen Provider*	Underwater Navigator
Digital Underwater Photographer	Enriched Air Diver	Underwater Photographer
Diver Propulsion Vehicle Diver	Equipment Specialist*	Underwater Videographer
	Multilevel Diver	
	National Geographic Diver	
	Night Diver	

| Open Water Diver |
| PADI Scuba Diver |
| *Eligible Specialty |

Specialties
Deep Diver
Wreck Diver

Scuba Review

| Adventure Diver |

Specialties
Cavern Diver   Search and Recovery Diver
Ice Diver   Semiclosed Rebreather - Dolphin/Atlantis

| Advanced Open Water Diver |

| Rescue Diver |

Divemaster

Open Water Scuba Instructor
Assistant Instructor

| Master Scuba Diver |

Emergency First Response® Provider*

Specialty Instructor

Emergency First Response® Instructor*

Master Scuba Diver Trainer

Emergency First Response® Instructor Trainer*

IDC Staff Instructor

Master Instructor

Rev. 2/10

Course Director

Manténte buceando
El objetivo del Sistema PADI es proporcionar los medios para que consigas 1. conocer gente, 2. ir a sitios, y 3. hacer cosas bajo el agua.

PADI te llevan por el buen camino. En la mayor parte de estos programas recibes la información básica leyendo un poco, viendo algunos estupendos vídeos informativos y comentando conceptos en los briefings previos a la inmersión. A continuación realizas entre dos y cuatro inmersiones en la actividad. Los cursos de Especialidad PADI tratan de fotografía subacuática, buceo nocturno, buceo profundo, buceo en barcos hundidos, equipo, navegación subacuática, búsqueda y recuperación, buceo bajo el hielo, buceo en cuevas, buceo en altitud, buceo desde barco, buceo con aire enriquecido (nitrox), buceo en corrientes, naturaleza subacuática y más. Seguramente haya más de uno que te atraiga.

Y todavía mejor: el programa Advanced Open Water de Inmersiones de aventura suele incluir la primera inmersión de muchos cursos de especialidad PADI. Es decir que si, por ejemplo, si pruebas una Inmersión de aventura de Buceo con traje seco (por sí sola o dentro de un curso PADI Advanced Open Water Diver) y decides que necesitas tener un traje seco y terminar todo el curso, ya has realizado la primera inmersión del curso (a criterio de tu instructor).

También funciona en el otro sentido. Si te das cuenta de que te gusta, por ejemplo, la fotografía subacuática y realizas directamente el curso de Especialidad Underwater Photographer (que es realmente un estupendo programa, a propósito....pero nos salimos del tema), la primera inmersión del curso cuenta para tu certificación de Advanced Open Water (a criterio del instructor).

Discover Local Diving. No es un curso, y ya has oído hablar de esto en el tema sobre obtener orientación de la zona al bucear en un sitio nuevo. La experiencia Discover Local Diving proporciona una experiencia supervisada en aguas abiertas en un sitio nuevo con una explicación que trata de las condiciones locales, peligros y puntos de interés además de servir de orientación acerca de los procedimientos y técnicas especiales utilizados en la zona. Durante la inmersión verás algunos de los puntos de interés, además de los posibles peligros que debes evitar. Es una buena forma de integrarse en la comunidad de buceo de la zona si vas a un sitio nuevo, y de descubrir qué actividades ofrece el entorno local. Conocer gente, ir a sitios y hacer cosas.

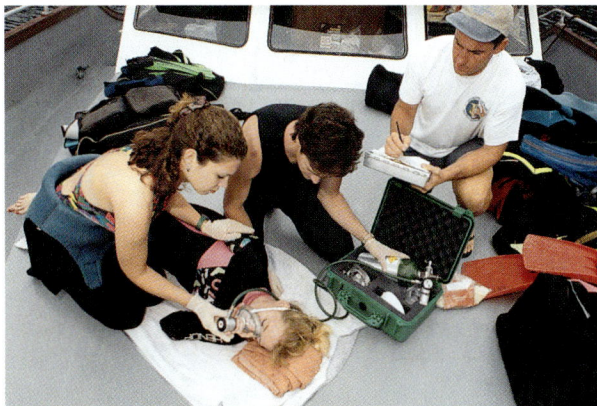

Buenas cosas que hay que saber
El curso Rescue Diver mejora y desarrolla con detenimiento tus técnicas de prevención y manejo de accidentes y te enseña a resolver una emergencia.

Scuba Review. Lo mismo, ya has aprendido sobre esto, pero puede servir de recordatorio: Si llevas varios meses sin bucear (a veces ocurre a pesar de los planes puedes ponerte enfermo), querrás refrescar tus técnicas y conocimientos de buceo. En el Scuba Review completas una parte de auto-estudio (con un libro de trabajo o CD-ROM) y lo repasas con un Divemaster, Assistant Instructor o Instructor PADI. Después realizas una inmersión en aguas confinadas para pulir tus técnicas. Normalmente lo haces en un par de horas – buena forma de prepararse física y mentalmente para bucear.

Curso Rescue Diver. Diversión responsable. Aprendes gran cantidad de técnicas, muchas de las cuáles esperas no tener que utilizar nunca. Es un curso exigente y comprometido. *Te encantará.* Prácticamente todos los que hacen este curso lo mencionan como uno de los cursos más gratificantes que han realizado. A pesar de requerir esfuerzo, no necesitas ser un atleta – aprendes técnicas de rescate adaptadas a tus características y condición física – que funcionen para ti.

Durante el curso Rescue Diver aprendes a mejorar y desarrollar con detenimiento tus técnicas de prevención y manejo de accidentes además de aprender a resolver una emergencia si alguna vez te enfrentas a una. Buenas cosas que hay que saber.

Emergency First Response. Al igual que en el curso Rescue Diver, en el programa EFR aprendes técnicas que esperas no tener que necesitar nunca, pero que estarás contento de hacer aprendido si las necesitas. El curso EFR combina RCP y primeros auxilios en un curso y te enseña (a nivel básico) los mismos protocolos de emergencia utilizados por paramédicos y médicos. Tus amigos que no bucean pueden realizar este curso contigo, y es un curso que puede marcar una gran diferencia – incluso si no buceas.

Recompensa = Esfuerzo
Cuesta esfuerzo y compromiso convertirse en PADI Open Water Scuba Instructor pero resulta tan gratificante como exigente.

Master Scuba Diver. El nivel PADI Master Scuba Diver es el nivel no profesional más alto en el buceo recreativo. Este prestigioso nivel significa que has desarrollado técnicas y experiencia en un amplio número de actividades y entornos de buceo. ¿Cómo se llega a Master Scuba Diver? Consiguiendo las certificaciones de PADI Advanced Open Water Diver, PADI Rescue Diver y cinco Especialidades PADI.

Hacerse profesional. En algún momento, puedes decidir hacer del buceo tu profesión a tiempo parcial o total. Para mucha gente, supera a trabajar en un despacho, y si te gusta trabajar en un despacho, también puedes hacerte profesional. ¿Todo esto te parece demasiado lejano? No te preocupes – no necesitas plantearte algo tan lejano todavía. Pero te dará alguna idea de cómo tu instructor y los ayudantes del instructor llegaron a donde están.

Después del curso Rescue Diver, tu siguiente paso es el PADI Divemaster. Durante el curso de Divemaster mejorarás tus técnicas de buceo hasta un nivel de calidad de demostración, desarrollarás una comprensión de teoría de buceo a nivel profesional, aprenderás a organizar y dirigir actividades de buceo, y aprenderás a ayudar con buceadores en entrenamiento.

Después del Divemaster viene el curso de PADI Assistant Instructor. El curso Assistant Instructor comienza desarrollando los conocimientos y técnicas básicos para *enseñar* a bucear. A continuación, asistes a un Curso de Open Water Scuba Instructor (OWSI). En este curso de formación de instructores aprendes cómo enseñar a bucear con equipo autónomo. Después de realizar el OWSI debes pasar un Examen de Instructor (IE) de dos

días dirigido por una de las oficinas PADI de todo el mundo. Después de finalizar con éxito el IE, estarás certificado como PADI Open Water Scuba Instructor – los profesionales más demandados en la comunidad de buceo.

Cuesta esfuerzo y compromiso convertirse en PADI Open Water Scuba Instructor pero cada paso te resultará gratificante – y estás buceando. Conocer gente. Ir a sitios. Hacer cosas.

Algunas crudas verdades sobre el buceo

Antes de que todo empiece a sonar demasiado perfecto, camina con los ojos abiertos sobre el buceo y sobre ser buceador:

1. Tendrás experiencias de buceo que no te gustarán. Cuenta con ello. Las condiciones no serán buenas, no te gustará el barco, elegirás un compañero que no te agrada, no te gustará la zona que estás visitando, o te darás cuenta de que no te gusta la actividad concreta que estás probando. Pero piensa en algo: Si juegas al golf, la pelota se te desviará. Si montas a caballo, uno te pisará. Si practicas el esquí, volarás para caer de narices a un montón de nieve. Si juegas al ajedrez, algún niño repelente te hará jaque mate en 12 movimientos.

Cualquier cosa que vale la pena tiene sus momentos menos agradables. *No* permitas que un mal día de buceo arruine el buceo para ti. Aprende de ello y hazlo diferente la próxima vez. Procura obtener lo que *tú* quieres del buceo y progresa en el buceo a *tu* ritmo, y tendrás muchos recuerdos inolvidables por cada uno que preferirías olvidar.

2. Es mejor tener tu propio equipo. Realmente es así. Los buceadores que tienen su propio equipo bucean más a menudo que los que no lo tienen y con mayor comodidad. Evitan los problemas de adaptarse al equipo de alquiler cada vez que bucean.

Esto no quiere decir que tienes que comprar todo y equiparte de la cabeza a los pies en este momento (pero si *quieres*, puedes hacerlo). Sin embargo, ten esto en cuenta y comienza a invertir según lo permitan tu presupuesto y tu actividad de buceo.

3. Obtendrás del buceo lo que pongas en él. Acabas de leer muchas cosas diferentes que puedes hacer bajo el agua y hay más que no hemos mencionado. Si alguna vez te aburres de bucear, necesitas prestar atención a lo qué quieres del buceo y a lo qué estás haciendo. Si no estás satisfecho, necesitas orientar tu buceo en una nueva dirección. Hay gente que ha hecho más de 1.000 inmersiones a lo largo de más de 30 años – y todavía conocen gente nueva. Van a nuevos sitios. Hacen nuevas cosas. Sólo *tú* puedes conseguir nuevos atractivos en el buceo.

Tu próxima aventura de buceo

De acuerdo, para que no eches un vistazo dentro de un año y te asombres de por qué no has estado buceando, antes de terminar este curso, acude a tu PADI Dive Center o resort y haz alguna de estas cosas:

1. Apúntate a un viaje de buceo.
2. Apúntate a una inmersión local con el centro o con el club de buceo/miembro de la Diving Society.
3. Apúntate a un curso de especialidad PADI, a un curso Advanced Open Water o a una Inmersión de aventura.
4. Invierte en un regulador, chaleco o traje de buceo.

No te vayas hasta que no hayas hecho una de estas cosas. No es broma – porque las investigaciones demuestran que la gente que hace una de esas cosas antes de terminar su curso Open Water Diver tiene muchas más probabilidades de obtener del buceo lo que buscan en él. Planifica tu próximo paso *ahora*.

Conocer gente.

  Ir a sitios.

   Hacer cosas.

    Bajo el agua.

Uso del Planificador de Inmersiones Recreativas (continuación)

Termina de leer el librito de *Instrucciones de uso* que viene junto a tu PIR.

Vuelve luego a este manual y revisa el Anticipo de Inmersión en aguas confinadas.

Cuestionario Rápido
Autoevaluación 6

1. ¿Qué inmersión de aventura quieres hacer a continuación?

Respuesta:
La que elijas – **pero elige una**, o … o nada.

Objetivos principales

Cuando termines la lectura asignada del librillo de Instrucciones para el uso del PIR (Tabla o ePIRML), deberás de ser capaz de contestar a las siguientes preguntas:

19. **¿Cómo encuentras el intervalo en superficie mínimo para realizar una serie completa de inmersiones sin descompresión usando el Planificador de Inmersiones Recreativas?**

20. **¿Cómo planificas una inmersión multinivel con el ePIRML? [Sólo en la versión ePIRML.]**

Definiciones de las tablas de buceo

Has aprendido los siguientes términos en el tema sobre ordenadores de buceo y al aprender a utilizar el PIR (si has aprendido a utilizar el ePIRML, puede que no hayas visto alguno de ellos porque con el ePIRML no los necesitas). Esta lista te ofrece una referencia rápida y te sirve de repaso.

Tiempo Real en el Fondo (TRF) – En las inmersiones sucesivas es el tiempo que has pasado realmente bajo el agua (en minutos) desde el comienzo del descenso hasta que dejas el fondo para un ascenso directo hasta la superficie o a la parada de seguridad.

Límite Ajustado sin Descompresión – El tiempo límite para una inmersión sucesiva que tiene en cuenta el nitrógeno residual. Se encuentra en la Tabla 3 del PIR Tabla; El ePIRML ajusta automáticamente el nitrógeno residual. El Tiempo Real en el Fondo nunca debe exceder el límite ajustado sin descompresión.

Velocidad de ascenso – La velocidad adecuada para ascender, que no debe ser más rápido de 18 metros/60 pies por minuto. Una velocidad más lenta, es aceptable y adecuada.

Tiempo de fondo – El tiempo desde que comienza el descenso hasta comenzar un ascenso directo a la superficie o a la parada de seguridad.

Buceo con descompresión – Buceo que requiere una plafificación de paradas durante el ascenso para evitar la enfermedad descompresiva. En el buceo recreativo (buceo sin descompresión), una parada de descompresión se considera únicamente un procedimiento de emergercia, y no es nuca una parte intencionada del plan de buceo.

Perfil de inmersión – Un esquema de tu plan de buceo, utilizado para evitar la confusión y las omisiones al utilizar las tablas de buceo.

Buceo multinivel – Planificar perfiles que tienen en cuenta la menor velocidad en la absorción de nitrógeno al ascender a menor profundidad. Esto ofrece más tiempo de buceo sin paradas. La versión ePIRᴍʟ del Planificador de Inmersiones Recreativas puede ser utilizada para el buceo multinivel.

Límite de No Descompresión (LND) – El tiempo máximo que se puede pasar a una profundidad determinada antes de requerir paradas de descompresión. También denominado "tiempo sin paradas".

Inmersión sin paradas – Una inmersión realizada dentro de los límites de no descompresión porque no realizas ninguna parada de descompresión de emergencia.

Grupo de presión – Una letra utilizada en el Planificador de Inmersiones Recreativas para indicar la cantidad de nitrógeno residual teórico en tu cuerpo.

Inmersión sucesiva – Una inmersión que se hace siguiendo a otra mientras todavía queda una cantidad significativa de nitrógeno residual en tu cuerpo. Utilizando el Planificador de Inmersiones Recreativas, es una inmersión realizada en las seis horas siguientes a una inmersión anterior.

Nitrógeno residual – La cantidad de nitrógeno mayor de lo normal que permanece en tu cuerpo después de una inmersión.

Tiempo de Nitrógeno Residual (TNR) – Una cantidad de nitrógeno, expresada en minutos (que se encuentra en la Tabla 3 utilizando una letra de grupo de presión) para una profundidad determinada que tienes que añadir al tiempo real en el fondo de una inmersión para tener en cuenta el nitrógeno residual de una inmersión anterior. No se necesita con el ePIRᴍʟ.

Parada de seguridad – Una parada realizada entre 3 y 6 metros/10–20 pies – normalmente a 5 metros/15 pies durante tres o más minutos al final de una inmersión para aumentar la seguridad. La parada de seguridad está recomendada después de cada inmersión (siempre que el suministro de aire y otras condiciones lo permitan), y es obligatoria en las inmersiones que se realizan a 30 metros/100 pies o más, y en las que terminan dentro de los tres grupos de presión anteriores al límite sin descompresión.

Intervalo en Superficie (IS) – La cantidad de tiempo transcurrido en la superficie entre dos inmersiones. Normalmente se registra en horas : minutos (por ejemplo, 3:25 – 3 horas y 25 minutos).

Tiempo Total de Fondo (TTF) – La suma del Tiempo de Nitrógeno Residual y del Tiempo Real en el Fondo después de una inmersión sucesiva, utilizado en la Tabla 1 para determinar el grupo de presión. No se necesita con el ePIRᴍʟ.

Anticipo de la Inmersión en aguas confinadas

Esta es la última inmersión en aguas confinadas del curso Open Water Diver. Al igual que en las sesiones anteriores, practicarás ejercicios que ya has aprendido y aprenderás otros nuevos.

Manejo del sistema de lastre

Puede haber ocasiones en la que necesites quitarte o ponerte el sistema de lastre en la superficie o bajo el agua. Tu cinturón de plomos puede haberse enganchado con otro equipo, puede que necesites ajustar el equipo, o puede que te lo tengas que quitar antes de subir a barcos pequeños o al subir a una plataforma sin escalera.

Para quitarte el cinturón de plomos, suelta la hebilla con una mano y sujeta el extremo libre igual que hiciste en la Inmersión en aguas confinadas Tres, separándolo del cuerpo. Como no se trata de tirar el cinturón de plomos, manténlo cerca de tu cuerpo porque si lo separas tendrás tendencia a desviarte hacia un lado. Si lo tuvieras que tirar, lo separarías bien del cuerpo antes de soltarlo. Ten en cuenta que una vez sueltes el plomo, tu centro de gravedad cambia y probablemente tengas que orientarte de forma diferente en el agua. Cuando trabajes con el cinturón de plomos, recuerda sujetar el extremo libre (el lado que no tiene la hebilla) para que los plomos no se escapen.

Tanto si estás en el fondo como en la superficie, puedes utilizar dos métodos para volverte a colocar el cinturón de plomos. Respira del regulador incluso si estás en la superficie para poder trabajar en el agua sin tener que preocuparte porque el tubo se te llene de agua.

Para utilizar el primer método, túmbate horizontal boca arriba. Sujeta el extremo libre del cinturón con tu mano derecha y colócalo sobre tu cadera derecha. Ahora gírate hacia la izquierda hasta quedar boca abajo. Tu cinturón de plomos debería rodar alrededor de tus caderas y colocarse en su sitio alrededor de tu cintura, aunque puede que necesites

---

Inmersión en aguas confinadas Cinco

Requisitos de técnicas

Esto es lo qué serás capaz de realizar después de completar con éxito la Inmersión en aguas confinadas Cinco:

1. Quitar, volver a poner, ajustar y sujetar el equipo autónomo y los plomos en la superficie con ayuda mínima en agua demasiado profunda para ponerse de pie.

2. Quitar, volverse a poner, ajustar y sujetar el equipo autónomo en el fondo con ayuda mínima en agua demasiado profunda para ponerse de pie.

3. Quitar, volverse a poner, ajustar y sujetar el cinturón de plomos en el fondo en agua demasiado profunda para ponerse de pie, o para los alumnos que utilizan el sistema de lastre integrado en el chaleco o un sistema de arnés, en agua poco profunda, quitarse el lastre bajo el agua.

Gírate

Para ponerte el cinturón de plomos utilizando el método de girar, sujeta el extremo libre del cinturón con tu mano derecha y colócalo sobre tu cadera derecha. Gírate hacia la izquierda hasta quedar boca abajo y tu cinturón de plomos debería rodar alrededor de tus caderas y colocarse en su sitio alrededor de tu cintura.

guiarlo por debajo de la botella. Inclínate un poco hacia adelante y el cinturón se colocará en el hueco de tu espalda. Deja que el plomo se ciña a tu espalda, comprueba que no haya nudos, coloca el plomo que se haya movido en su sitio y sujeta la hebilla.

Para utilizar el segundo método, sujeta los dos extremos del cinturón con una mano de forma que el cinturón forme un bucle. Coloca el cinturón por detrás de ti, debajo de la botella y con la mano libre sujeta un extremo de forma que cada mano sujete un extremo del cinturón. Asegúrate de que tu mano derecha sujeta el extremo libre y la mano izquierda el extremo de la hebilla para poder tener un zafado con la mano derecha cuando te hayas puesto el cinturón. Cuando tengas un extremo en cada mano, túmbate horizontal boca abajo y ciñe el cinturón alrededor de tu espalda mientras ajustas y cierras la hebilla.

Con los dos métodos probablemente te des cuenta de que la máscara y el chaleco te impiden ver la hebilla mientras intentas abrirla o cerrarla. Practica trabajar con la hebilla por el tacto en vez de con la vista.

Si estás utilizando un chaleco con el sistema de lastre integrado, para los objetivos de soltar, ajustar, quitar y poner, etc. al quitarte y ponerte la botella te quitas y pones también el sistema de lastre. Para practicar el zafado del sistema de lastre en caso de emergencia, tu instructor te hará soltar los plomos utilizando el mecanismo de zafado rápido en agua poco profunda.

Manejo del equipo autónomo

Al igual que con los plomos, puede haber ocasiones en las que te quites y pongas el equipo autónomo. Bajo el agua, tu equipo autónomo puede necesitar ajustes o puede quedar ligeramente enganchado y necesitar ser

De nuevo la izquierda es la correcta

Para utilizar el método del bucle, sujeta los dos extremos del cinturón con una mano de forma que el cinturón forme un bucle. Coloca el cinturón por detrás de ti, debajo de la botella y con la mano libre sujeta un extremo de forma que la hebilla quede en la mano izquierda.

Izquierda, derecha. Derecha, izquierda.

Te puede resultar más fácil quitarte y ponerte el equipo autónomo como si fuera un chaleco. Vacía todo el aire del chaleco, suelta la tira de la cintura y saca tu brazo izquierdo del chaleco, sin quitar la segunda etapa de la boca. Para volvértelo a poner, sujeta el equipo en vertical y asegúrate de que las tiras estén libres y póntelo como si fuera un abrigo, empezando con el brazo derecho. Una vez en su sitio, cierra y sujeta la tira de la cintura y las demás tiras.

liberado. En la superficie, puedes ponerte el equipo autónomo después de entrar al agua y (como puede que ya hayas practicado) quitártelo antes de salir.

Bajo el agua, te puede resultar más fácil quitarte y ponerte el equipo autónomo como si fuera un chaleco. Primero, asegúrate de vaciar todo el aire del chaleco para que no flote cuando te lo quites. Suelta la tira de la cintura. A continuación saca tu brazo *izquierdo* del chaleco, pásalo hacia atrás y saca tu brazo derecho. Asegúrate de comenzar por el brazo izquierdo porque si no tirarás del latiguillo del regulador y es posible que se te caiga de la boca. No hay ningún motivo para quitarte la segunda etapa del regulador de la boca durante este ejercicio.

Después de quitártelo (te resultará fácil manejarlo porque el equipo autónomo pesa muy poco en el agua), deberás ajustarlo/ desengancharlo y volvértelo a poner. Sujeta el equipo en vertical y asegúrate de que las tiras estén libres y póntelo como si fuera un abrigo, empezando con el brazo *derecho* primero (por el mismo motivo – para no sacarte el regulador de la boca). Una vez en su sitio, cierra y sujeta la tira de la cintura y las demás tiras.

También te puedes poner el equipo autónomo por encima de la cabeza. Tumba el equipo enfrente de ti con la grifería hacia ti y el chaleco mirando hacia arriba. Pon tus brazos en el chaleco hasta la altura de los codos. Mantén el latiguillo que va hacia tu boquilla entre tus brazos (si queda por fuera de tus brazos te arrancaría el regulador de la boca al tirar del chaleco hacia arriba). A continuación levanta la botella por encima de tu cabeza y déjala caer suavemente a su sitio. Por último, asegúrate de que todos los latiguillos estén libres antes de sujetar la tira de la cintura.

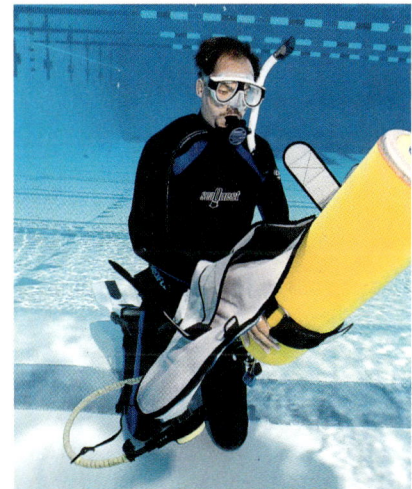

Ponértelo por encima de la cabeza

Para ponerte el equipo autónomo por encima de la cabeza, coloca el equipo enfrente de ti con la grifería hacia ti y el chaleco mirando hacia arriba. Pon tus brazos en el chaleco hasta la altura de los codos. Mantén el latiguillo que va hacia tu boquilla entre tus brazos. Levanta la botella por encima de tu cabeza y déjala caer suavemente a su sitio. Por último, asegúrate de que todos los latiguillos estén libres antes de sujetar la tira de la cintura.

Puedes seguir el mismo procedimiento que utilizaste bajo el agua para sacarte la botella en la superficie. Una técnica popular para ponerse el equipo es sentarse sobre el equipo con flotabilidad positiva y con la botella entre tus piernas. Pon el fondo de la botella hacia delante y la grifería por detrás de ti. Coloca tus brazos en las mangas del chaleco en los dos lados y déjate deslizar hacia delante. El equipo se desliza hacia arriba y tú te deslizas hacia abajo y ¡listo! Ya te has puesto el chaleco.

Inmersiones en aguas abiertas 3 y 4. Inmersión opcional en apnea

He aquí un anticipo de las técnicas y procedimientos que practicarás durante tus segundas dos Inmersiones en aguas abiertas. La secuencia dentro de cada inmersión puede variar, dependiendo de la logística, y tu instructor puede organizar algunos ejercicios en diferentes inmersiones. Antes de cada inmersión, tu instructor te explicará lo qué vas a hacer y cuándo, junto al resto de información que necesites para la inmersión, como señales de comunicación, orientación al entorno, procedimientos de emergencia, reglas de seguridad, y demás.

También hay una Inmersión opcional en apnea, que tu instructor o un asistente puede organizar si la logística lo permite. Tu instructor programará esta inmersión en el momento más adecuado entre tus inmersiones con equipo autónomo dependiendo de la logística, de las condiciones de la zona y de tus necesidades.

Visión general de la Inmersión en aguas abiertas 3

Briefing

Preparación del equipo

Ponerse y ajustar el equipo

Control de seguridad pre-inmersión

Entrada

Control de flotabilidad/lastre

(Nadar 50 metros/yardas en línea recta en la superficie con una brújula)*

Descenso libre con referencia hasta 6–9 metros/20–30 pies (profundidad máxima de la inmersión 18 metros/60 pies)

Lograr flotabilidad neutra – hinchado oral

Llenar y vaciar por completo la máscara (ACEN)*

Paseo de exploración subacuática

Parada de seguridad*

Ascenso

(Quitarse y volverse a poner el sistema de lastre en la superficie)*

(Quitarse y volverse a poner el equipo autónomo en la superficie)*

Salida

Debriefing y anotar la inmersión en el diario de buceo

Visión general de la Inmersión en aguas abiertas 4

Briefing

Preparación del equipo

Ponerse y ajustar el equipo

Control de seguridad pre-inmersión

Entrada

Control de flotabilidad/lastre

Descenso libre sin referencia hasta una profundidad máxima de 18 metros/60 pies

Control de flotabilidad – flotación inmóvil

Quitarse, volverse a poner y vaciar la máscara

(Navegación subacuática con brújula)*

Paseo de exploración subacuática

Parada de seguridad

Ascenso

Salida

Debriefing y anotar la inmersión en el diario de buceo

Visión general de la Inmersión opcional en apnea

Briefing

Preparación del equipo

Ponerse el equipo

Inspección del equipo

Entrada

Control de flotabilidad/lastre

Nadar en la superficie

Descenso en apnea y nadar bajo el agua

Vaciado del tubo con el método de desplazamiento

Paseo de exploración subacuática

Salida

Debriefing y anotar la inmersión en el diario de buceo

* Estos ejercicios se pueden realizar en secuencia en otras inmersiones dependiendo de la logística.

Enriched Air NITROx

En muchas zonas, el buceo con Aire enriquecido NITROX ha llegado a ser muy popular. Enriched air NITROX (también conocido como aire enriquecido o EANx) es simplemente aire con una cantidad extra de oxígeno añadida a fin de disminuir la proporción del nitrógeno que respiras. Tal como aprendiste en las Secciones Cuatro y Cinco, el nitrógeno limita la cantidad de tiempo de que puedes disponer a una profundidad determinada, por lo tanto, el aire enriquecido te permite permanecer más tiempo, si todo lo demás es exactamente igual, aunque comporta algunas consideraciones especiales de las que debes ser consciente. Tu instructor puede darte la oportunidad de intentar el buceo con EANx en la Inmersión de aguas abiertas Cuatro, y tú puedes conseguir crédito (a criterio de tu instructor) para la certificación PADI Enriched Air Diver.

Resumen de las prácticas de buceo seguro

A continuación se resumen las prácticas de seguridad de buceo que has aprendido en este curso. Repásalas periódicamente y tenlas en cuenta al bucear.

Preparación

1. Manténte en forma y sano para bucear. Come adecuadamente, practica ejercicio regularmente y descansa lo suficiente.

2. Recibe la aprobación para bucear de un médico que te haya realizado un reconocimiento médico y renuévalo cada dos años.

3. Recibe entrenamiento en primeros auxilios y resucitación cardiopulmonar (RCP). Para adquirir entrenamiento en este campo, realiza el programa Emergency First Response ofrecido por Instructores, Dive Center y Resort PADI.

4. Mantén tus técnicas de buceo buceando todo lo que puedas, continuando con tu educación de buceo. Refresca tus conocimientos y técnicas con el Scuba Review después de largos periodos de inactividad.

5. Recibe una orientación a las nuevas condiciones, actividades o zonas de buceo. Cuando planifiques una inmersión en una zona nueva o con la que no estás familiarizado, participa en una experiencia Discover Local Diving. Recuerda que debes tener entrenamiento especial para algunas actividades.

6. Ten y utiliza siempre todo el equipo necesario para las condiciones y el entorno de la zona.

7. Haz revisar tu equipo una vez al año, o siguiendo las recomendaciones del fabricante. Haz que las botellas de buceo sean revisadas visualmente con regularidad y que se realicen las pruebas de presión en las fechas requeridas. Mantén tu equipo de buceo en buen estado y revísalo antes de cada inmersión.

8. Llena tus botellas de buceo sólo con aire comprimido puro y seco de una estación de carga de buena reputación.

Antes de bucear

1. Bucea sólo cuando te encuentres bien tanto física como mentalmente. Debes sentirte seguro acerca de la inmersión. Asegúrate de que la inmersión y sus actividades están dentro de tus capacidades. Recuerda – el buceo se supone que debe ser divertido. Si no crees que será seguro o divertido, no hagas la inmersión.

2. Conoce el sitio de buceo. Evalúa las condiciones y controla los posibles peligros.

3. Controla la previsión meteorológica antes de bucear. Evalúa las condiciones de buceo, las existentes y las previstas, y bucea sólo cuando las condiciones sean tan buenas o mejores que aquellas en las que tienes experiencia y/o entrenamiento. No bucees en malas condiciones.

4. Evita el alcohol, fumar y drogas peligrosas antes o inmediatamente después de bucear.

5. Planifica tus inmersiones con tu compañero. Ponte de acuerdo en los objetivos, dirección y límites de tiempo y profundidad. Repasa las comunicaciones bajo el agua, los procedimientos de emergencia y qué hacer si os separáis.

6. Planifica siempre inmersiones sin descompresión. Consulta el Planificador de Inmersiones Recreativas y deja un margen de seguridad. Evita bucear en los límites máximos del PIR o del ordenador. Haz la inmersión más profunda del día la primera. Aprende cómo realizar una parada de descompresión de emergencia, pero evita hacerlo. Planifica realizar paradas de seguridad siempre que sea posible. Sé consciente de los efectos de volar después de bucear y de bucear en altitudes superiores a 300 metros/1000 pies.

7. Inspecciona tanto tu equipo como el de tu compañero. Aprende cómo funciona el equipo de cada uno. Realiza siempre un control de seguridad pre-inmersión: Cada Persona Trabaja Ayudando al Otro (CPTAO – Chaleco, Plomos, Tiras de sujeción, Aire, OK final).

8. Estáte preparado para emergencias. Ten a mano la información de contactos de emergencia por si acaso.

Buceando

1. Lleva el lastre adecuado para tener flotabilidad neutra. Controla tu flotabilidad en la superficie y evita estar sobrelastrado. Si controlas tu flotabilidad con una botella llena, añade suficiente lastre para compensar el aire que utilizas (normalmente unos 2, 5 kilos/5 libras con una botella normal).

2. Lleva siempre un dispositivo de control de flotabilidad (chaleco) adecuado. Utiliza tu chaleco para controlar tu flotabilidad – para beneficio tuyo y del entorno acuático. Hincha tu chaleco en la superficie para tener suficiente flotabilidad positiva.

3. Muestra la bandera de buceo adecuada en la zona y permanece cerca de ella.

4. Comienza las inmersiones en contra de la corriente, y/o ten en cuenta el efecto que la corriente tendrá durante la inmersión. Planifica tu inmersión de forma que no tengas que luchar contra la corriente para alcanzar el punto de salida.

5. Compensa la presión enseguida y a menudo durante los descensos. Si sientes molestias en un espacio aéreo del cuerpo, asciende hasta que la molestia desaparezca, compensa, y continúa la inmersión. Si no puedes compensar suspende la inmersión.

6. Manténte junto a tu compañero durante toda la inmersión. Acordar cómo reuniros si os separáis accidentalmente.

7. Limita tu profundidad a 18 metros/60 pies o menos como buceador principiante. Recuerda que 18 metros/60 pies es el límite recomendado para los buceadores noveles. El buceo a menor profundidad te ayuda a gastar menos aire, aumenta el tiempo en el fondo y ayuda a reducir el riesgo de enfermedad descompresiva.

8. Los fusiles de pesca son armas peligrosas. No los cargues fuera del agua y descárgalos siempre antes de salir del agua. Manéjalos como si siempre estuvieran cargados – nunca apuntes con él a una persona.

9. Evita contacto con plantas y animales acuáticos desconocidos.

10. Estáte atento a los posibles problemas y evítalos. Controla tu equipo frecuentemente mientras estés bajo el agua, especialmente tus instrumentos: profundímetro, medidor de tiempo, manómetro sumergible, brújula y ordenador de buceo.

11. Sal del agua con un mínimo de 20–40 bar/300–500 psi de presión en tu botella o más si el plan de buceo o las condiciones exigen un margen extra por precaución.

12. Busca tu propio ritmo. Evita el sobreesfuerzo y la pérdida de ritmo respiratorio. Si pierdes el ritmo respiratorio, párate, descansa y recupérate antes de continuar.

13. Respira adecuadamente – lenta, profunda y continuamente. Nunca aguantes la respiración al bucear con equipo autónomo. Exhala lenta y continuamente cada vez que el regulador no esté en tu boca. Evita la excesiva hiperventilación al bucear en apnea (aguantando la respiración).

14. En caso de emergencia, párate, piensa, toma el control y actúa. Actúa basándote en tu entrenamiento, no reacciones según el instinto.

15. Asciende correctamente y con cuidado. Mira hacia arriba durante el ascenso. Asciende a no más de 18 metros/60 pies por minuto. Planifica una parada de seguridad de 3 minutos a 5 metros/15 pies siempre que sea posible. Escucha el ruido de los barcos cuando subas y establece flotabilidad positiva en cuanto llegues a la superficie. Sé un buceador seguro (S.A.F.E. – Slowly Ascent From Every Dive/Sube despacio después de cada inmersión).

16. Deja de bucear cuando tengas frío o estés cansado. No te exijas demasiado.

17. Compórtate según el plan bajo el agua. No cambies un plan de inmersión bajo el agua.

18. Manténte fuera de los entornos cerrados a menos que estés adecuadamente entrenado y equipado para ese entorno cerrado.

Prácticas generales de buceo seguro

1. Sé un buceador activo. Bucea frecuentemente para mantener tu eficacia.

2. Construye tus capacidades y experiencias gradualmente bajo condiciones seguras.

3. Mantén un diario de buceo. Sirve para registrar tu entrenamiento y experiencia y es una fuente de referencia valiosa para futuras inmersiones.

4. No dejes tu equipo a una persona sin entrenamiento. Nunca intentes enseñar a bucear a otra persona. La enseñanza requiere técnicas y entrenamiento especializado. Deja la enseñanza para los profesionales entrenados.

5. Continua tu educación como buceador. Recuerda que un buen buceador nunca deja de aprender.

Repaso de conocimientos

Capítulo 5

(Responde a todas las preguntas, independientemente del tipo de PIR que uses – ePIRML o la versión tabla.)

1. Describe las tres situaciones en las que se debe hacer una parada de seguridad.

   a. > 30 m

   b. GRUPO PRESIÓN DENTRO DE LOS TRES GRUPOS ANTERIORES AL LIMITE SIN DESCOMP.

   c. LIMITE PIR

2. Elige una. Si excedes accidentalmente un límite de no-descompresión o un límite ajustado de no-descompresión en no más de 5 minutos, deberás ascender lentamente a una velocidad no superior a 18 metros/60 pies por minuto hasta llegar a una profundidad de 5 metros/15 pies y permanecer allí durante _____ antes de subir a la superficie. Después de salir a la superficie, no se debe bucear por lo menos durante _____.

   ☒ a. 8 minutos, 6 horas   ❏ b. 15 minutos, 24 horas

3. Menciona la altitud (metros/pies) por encima de la cuál no se deberá usar el Planificador de Inmersiones Recreativas, a menos que se utilicen procedimientos especiales. __300__ metros/pies.

4. Verdadero o Falso.
   Para estar lo bastante seguro de que no experimentarás síntomas de enfermedad de descompresión al viajar en un avión de línea comercial después de bucear, espera 12 horas. ___✓___

5. Explica el procedimiento que deberás seguir al planificar una inmersión en aguas frías o bajo condiciones extenuantes usando el Planificador de Inmersiones Recreativas.

   4 m + PROFUND.

6. ¿Cuál es el intervalo mínimo en superficie requerido entre una inmersión a una profundidad de 18 metros/60 pies durante 40 minutos seguida de una inmersión a 14 metros/50 pies durante 60 minutos?

   Intervalo mínimo en superficie = _____

7. ¿Cuál es el intervalo mínimo en superficie requerido entre una inmersión a una profundidad de 20 metros/70 pies durante 29 minutos seguida de una inmersión a 14 metros/50 pies durante 39 minutos?

Intervalo mínimo en superficie = _____

8. Con referencia al rumbo de brújula que se muestra en la Figura 1, selecciona la letra de la figura que indica su rumbo recíproco.

Figura 1

A   B   C

El rumbo recíproco está representado por la letra de la figura: ____B____

9. ¿Cuál es el propósito del Sistema PADI de formación continua?

_____

_____

10. Menciona el propósito de la experiencia PADI Discover Local Diving:

_____

_____

11. ¿Cuándo debes considerar la posibilidad de realizar el programa PADI Scuba Review?

_____

_____

12. ¿Cuál es la relación entre las Inmersiones de aventura, las inmersiones del curso Advanced Open Water Diver y de los cursos de Buceador de especialidad?

_____

_____

_____

13. ¿Qué es un Cuestionario de Finalización del Curso y cuál es su finalidad?

_____

_____

_____

Declaración del alumno: He completado este Repaso de conocimientos lo mejor posible, y me han explicado y he comprendido todos los fallos de las preguntas que no he respondido o que he respondido incorrectamente.

Nombre _____ Fecha_____

Apéndice

PADI

PADI

Lista de comprobación de la planificación

Planificación anticipada

- ❏ Compañero de buceo
- ❏ Fecha y hora (comprueba la tabla de mareas)_____
- ❏ Objetivo de la inmersión _____
- ❏ Sitio _____
- ❏ Sitio alternativo_____
- ❏ Instrucciones _____
- ❏ Punto y hora de encuentro _____
- ❏ Cualquier equipo especial necesario_____
- ❏ Control previo del tiempo atmosférico y de las condiciones del agua _____

Preparación

- ❏ Botella llena
- ❏ Equipo comprobado
- ❏ Equipo marcado
- ❏ Lista de piezas de repuesto
- ❏ Plomos ajustados
- ❏ Equipo empaquetado
- ❏ Transporte organizado
- ❏ Obtener información sobre el nuevo sitio
- ❏ Obtener la información local de contactos de emergencia

Preparación de último minuto

- ❏ Asegúrate de estar sano, descansado y alimentado.
- ❏ Tener una buena sensación de seguridad sobre la inmersión.
- ❏ Comprobar el tiempo atmosférico y las condiciones del agua.
- ❏ Preparar la comida, bebida, refrigerios.
- ❏ Dejar un plan de buceo con información a alguien que no vaya. (Sitio de buceo, hora de regreso prevista, qué hacer si no hay noticias a la hora acordada, etc.)
- ❏ Asegúrate de tener
  - ❏ Billetes
  - ❏ Bañador
  - ❏ Otros _____
  - ❏ Dinero
  - ❏ Toalla
  - ❏ Medicamentos
  - ❏ Chaqueta
  - ❏ Instrucciones
  - ❏ Gafas de sol

Planificación preinmersión

- ❏ Evaluar las condiciones y decidir si se bucea o no.
- ❏ Localizar y comprobar el medio de comunicación más cercano (teléfono, radio).
- ❏ Elegir los puntos de entrada/salida, métodos, alternativas.
- ❏ Discutir las técnicas del sistema de compañeros.
- ❏ Ponerse de acuerdo en
  - ❏ trazado de rumbos de la inmersión.
  - ❏ límites de la inmersión (profundidad, tiempo aire mínimo).
  - ❏ procedimientos de emergencia.

¿Problemas?

Llamar_____ o _____

Lista de comprobación del equipo para aguas abiertas

PADI

Equipo básico

- ❏ Bolsa de equipo
- ❏ Aletas, máscara, tubo
- ❏ Traje
    - ❏ Chaqueta
    - ❏ Pantalones
    - ❏ Chaleco interior
    - ❏ Capucha
    - ❏ Botines
    - ❏ Guantes
- ❏ Cinturón de plomos
- ❏ Chaleco (Dispositivo de control de flotabilidad)
- ❏ Botella *(llena)*
- ❏ Regulador
  (con manómetro y fuente de aire alternativa)
- ❏ Brújula
- ❏ Profundímetro
- ❏ Cuchillo
- ❏ Reloj
- ❏ Dispositivo señalizador de superficie

Equipo accesorio

- ❏ Boya y bandera
- ❏ Termómetro
- ❏ Linterna de buceo
- ❏ Pizarra y lápiz
- ❏ Boya marcadora
- ❏ Cabo de compañeros
- ❏ Cámara y película
- ❏ Globo elevador

Equipo de repuesto

- ❏ Botella (llena)
- ❏ Plomos
- ❏ Tiras
- ❏ Juntas tóricas
- ❏ Herramientas
- ❏ Tapón de alta presión del regulador
- ❏ Bombilla y baterías
- ❏ Cabo de nylon

Objectos personales

- ❏ Bañador
- ❏ Toalla
- ❏ Chaqueta
- ❏ Ropa de repuesto
- ❏ Dinero
- ❏ Billetes
- ❏ Tarjeta de certificación
- ❏ Diario de buceo
- ❏ Tablas de buceo
- ❏ Gafas de sol
- ❏ Crema solar
- ❏ Medicamentos
- ❏ Artículos de aseo
- ❏ Almuerzo, termo
- ❏ Cubiertos
- ❏ Nevera
- ❏ Saco de dormir

Conversiones Imperial – Métrico

Longitud

1 pulgada	=	2,54 centímetros	1 centímetro	=	0,39 pulgadas
1 pie	=	0,30 metros	1 metro	=	3,28 pies
1 yarda	=	0,91 metros	1 metro	=	1,09 yardas
1 braza	=	1,83 metros/6 pies	1 metro	=	0,55 brazas
1 milla	=	1,61 kilómetros/5280 pies	1 kilómetro	=	0,62 millas
1 milla náutica	=	1,85 kilómetros/6080 pies	1 kilómetro	=	0,54 millas náuticas

Capacidad

1 pulgada cúbica	=	16,38 centímetros cúbicos	1 centímetro cúbico	=	0,06 pies cúbicos
1 pie cúbico	=	0,03 metros cúbicos	1 metro cúbico	=	35,31 pies cúbicos
1 pie cúbico	=	28,32 litros	1 metro cúbico	=	1,31 yardas cúbicas
1 yarda cúbica	=	0,76 metros cúbicos	1 litro (1.000 cc)	=	0,04 yardas cúbicas
1 pinta	=	0,57 litros	1 litro	=	0,264 galones (USA)
1 galón (USA)	=	3,785 litros	1 litro	=	1,76 pintas

Peso

1 onza	=	28,35 gramos	1 pie cúbico de agua dulce	=	62,4 libras
1 libra	=	0,45 kilogramos	1 pie cúbico de agua salada	=	64 libras
1 kilogramo	=	2,21 libras	1 litro de agua dulce	=	1 kilogramo
			1 litro de agua salada	=	1,03 kilogramos

Presión

1 libra por pulgada cuadrada	= 0,07 kilogramos por centímetro cuadrado
1 kilogramo por centímetro cuadrado	= 14,22 libras por pulgada cuadrada
1 atmósfera	= 14,7 libras por pulgada cuadrada
1 atmósfera	= 1,03 kilogramos por centímetro cuadrado

Temperatura

Para convertir grados Fahrenheit en centígrados restar 32 y multiplicar por 5/9.
Para convertir grados centígrados en Fahrenheit, multiplicar por 9/5 y sumar 32.

Conversiones *(aproximadas)*

Millas a kilómetros	multiplicar por 8/5
Kilómetros a millas	multiplicar por 5/8
Millas a millas náuticas	restar 1/8
Millas náuticas a millas	sumar 1/7
Libras por centímetro cuadrado (psi) a atmósferas	dividir entre 14,7
Profundidad (en pies) a bar absolutos	dividir entre 33 y sumar 1 bar
Profundidad (en metros) a bar absolutos	dividir entre 10 y sumar 1 bar
Bar absoluto a pies de profundidad	restar 1 bar, multiplicar por 33
Bar absoluto a metros de profundidad	restar 1 bar, multiplicar por 10

Dirección, velocidad y medidas del viento

La dirección se indica siempre como la dirección desde la que sopla el viento.
(Por ejemplo, un viento del oeste sopla hacia el este.)
La velocidad se expresa en nudos por los marinos/aviadores y en millas por hora
(mph) por los navegantes costeros.
Medidas: 1 nudo = 1,7 pies/0,51 metro por segundo   1 pie por segundo = 0,3 metros por segundo
1 mph = 1,61 kilómetro por hora (kph)   1 kph = 5/8 mph

Los cursos PADI tienen la distinción especial de cumplir los criterios de excelencia académica establecidos por los departamentos de acreditación universitarios y profesionales. Descubre cómo puedes obtener créditos por tu educación PADI.

Australia

Los buceadores PADI pueden recibir créditos para diferentes certificados y diplomas por varios cursos PADI dentro del sistema de entrenamiento nacional australiano. Los siguientes proporcionadores de entrenamiento reconocen algunos cursos PADI y Emergency First Response (EFR) – Technical and Further Education, South Australia; Australia Fisheries Academy, South Australia; Victorian Tertiary Admissions Center, Victoria; y Western Australia Curriculum Council. Para más información, ir a: www.padi.com/scuba/scuba-diving-guide/start-scuba-diving/scuba-lessons-for-college-credit/default.aspx.

Canadá

El British Columbia Ministry of Education (External Credentials Program for Industrial and Occupational Courses) ha aprobado los cursos PADI Open Water Diver (2 créditos), PADI Advanced Open Water y Adventures in Diving Program (4 créditos) y PADI Rescue Diver (4 créditos) como créditos escolares. Los alumnos de los grados 10, 11 y 12 que hayan sido certificados en estos cursos PADI sencillamente presentan su tarjeta de certificación PADI en la administración de la escuela para solicitar los créditos. Para tener más información sobre cómo recibir los créditos ponte en contacto con la administración de tu centro escolar. En casos individuales, basados en méritos, los buceadores en Canadá pueden recibir también crédito por los cursos PADI a través del USA-based American Council on Education's College Credit Recommendation Service como se indica en el apartado de "United States."

Inglaterra, Gales e Irlanda del norte

Los PADI Open Water Scuba Instructors pueden solicitar a PADI el Certificate in Scuba Instruction, a Vocationally Related Qualification (VRQ) reconocida como Nivel 3 en el National Qualifications Framework en Inglaterra, Gales e Irlanda del norte, por el Qualifications and Curriculum Authority (QCA) para Inglaterra, el Department for Education, Lifelong Learning and Skills (DELLS) para Gales y el Council for the Curriculum, Examinations and Assessment (CCEA) para Irlanda del norte. El certificado puede ser aceptado por las instituciones de Educación continuada como prueba de capacitación para asistir cursos de nivel superior. Ponte en contacto con ie@padi.co.uk para pedir un formulario de solicitud.

Europa

Los buceadores han recibido créditos por cursos PADI en instituciones académicas europeas y militares; pero como no hay un proceso formal de reconocimiento, han sido casos individuales. Para tener más información sobre una solicitud en concreto, ponte en contacto con PADI Europe en training@padi.ch.

Japón

Los que quieran enseñar el buceo en los sistemas escolares japoneses (institutos, universidades, escuelas profesionales, etc.) reciben un curso de trabajo general y especializado y una prueba para ser autorizados por la Japan Sports Association (JASA), bajo la jurisdicción del Ministeio de educación, cultura, deportes, ciencia y tecnología. Los PADI Open Water Scuba Instructors están exentos de este curso y prueba especializados, y pueden conseguir una autorización de la JASA realizando un curso general y una prueba de certificación. Para tener más información it a www.japan-sports.or.jp/english.

Nueva Zelanda

Los buceadores PADI pueden cualificar para recibir reconocimiento a través un suministrador acreditado de la New Zealand Qualification Authority. Los Open Water Divers, Advanced Open Water Diver y Rescue Diver cualifican para el National Certificate of Diving: Ejercicios básicos; los Divemasters y Open Water Scuba Instructors cualifican para el National Certificate of Diving: liderazgo; y los Specialty Instructors cualifican para el National Certificate of Diving: Instruction. Para tener más información, ir a www.padi.com/scuba/scuba-diving-guide/start-scuba-diving/scuba-lessons-for-college-credit/default.aspx.

Estados Unidos

El American Council on Education's College Credit Recommendation Service (ACE CREDIT) ha evaluado y recomendado créditos escolares para 15 cursos PADI y DSAT, y para 1 curso de Emergency First Response. El American Council on Education, el principal departamento de coordinación para todas las instituciones de educación superior de la nación, busca proporcionar liderazgo y una voz unificada en los asuntos claves de la educación superior e influencia en las políticas públicas mediante iniciativas de defensa, investigación y programas. Para obtener más información sobre las recomendaciones ACE CREDIT, y para solicitar una transcripción oficial PADI, ir a www.padi.com/scuba/scuba-diving-guide/start-scuba-diving/scuba-lessons-for-college-credit/default.aspx o ponerse en contacto con PADI Americas at training@padi.com.

Indice